歴史の転換期

7

Turning Points in World History

1683年 近世世界の変容

島田竜登 編

山川出版社

監修　木村靖二・岸本美緒・小松久男

はしがき

グローバルヒストリーなど世界史を広い視野から多面的に考えようとする動きが活発な今日、最新の学問的な知見を踏まえ、さまざまな時期の「世界」を新しい切り口で提示してみたい——本シリーズはこのような考えに基づいて企画されました。世界の歴史の大きな転換期となった年代を取り上げ、その年代に各地域の人々がどのように生活し、社会の動きをどのように感じていたのか、世界史の共時性に重点をおきながら考えてみることがこのシリーズの趣旨です。

グローバルな視点から世界史像を描く試みは、今日ではすでに珍しいものではなく、本シリーズもそのような歴史学界の集合的努力の一環といえます。ではそのなかで、本シリーズの狙いと特徴はどこにあるのか。このはしがきでは、それをいくつかの面から述べてみたいと思います。

第一に、「転換期」ということの意味についてです。今日の時点から振り返ってみれば、それぞれの時期の「転換」の方向性は明確であるようにみえます。地域により、早い遅いの差はあれ、また独特の特徴はあれ、歴史はある一定の方向に向かって発展してきたのではないか……。しかしこのような見方は、のちの時代から歴史を振り返る人々の陥りやすい、認識上の罠であるともいえます。その後の歴史の動きを知っている私たちからみると、歴史の軌道は自然に「それしかなかった」ようにみえてしまうのです。それでは、「今日から当時の社会を振り返る」のでなく、「当時の社会から未来をみようとする」立場に立ってみたらどうでしょうか。今日の私たちのなかで、数十年後、百年後の世界がどうなっているかを自信をもって予測できる人はほとんどいないと思いますが、それは過去の人々も同様です。

当時の世界各地に生きる人々の生活に即してみれば、彼ら彼女らは「世の中が大きく変わっている」ことを体感しつつも、彼ら彼女らを押し流すこの潮流がどこに行くのか予測できないまま、不安と希望のなかで日々の選択をおこなっていたといえるでしょう。そのような諸地域の人々の具体的経験をかさね合わせることで、歴史上の諸「転換期」は私たちに、今日の視点から整序された歴史の流れに比べてより複雑な、そしていきいきとした歴史の姿を開示してくれるのではないでしょうか。

第二に世界史的な「共時性」についてです。本シリーズの各巻は、それぞれ特定の一年を西暦表示でタイトルに掲げています。これについては、当然疑問がわくことと思います。その前後数十年間、あるいは百年間をみれば、世界各地で大きな変化がみられ、その意味で一定の相互連関を見て取ることができるとしても、そのような転換は特定の一年で一気に起こるものではないだろう。いくつかの地域では大きな転換が起こったとしても、そのほかの地域では起こらないということもあるだろう。とくに、グローバル化が進んだ十九世紀・二十世紀ならともかく、古代・中世についてそうした世界史的「共時性」(シンクロニシティ)を想定することは意味がないのではないか、と。もちろん、本シリーズの編者、執筆者もそうした厳密な共時性を強引に主張しようとしているのではなく、各巻の諸章の対象を、その年のみについて論じているわけではありません。また、世界史上の「交流」や「衝突」など、地域を超えた動きやそれを担った人々を特別に取り上げてそれだけを強調しようとしているのでもありません。少なくとも十八世紀以前において、絶対多数の人々は、自らの生きる地域や国の外で何が起こっているのかをほとんど知らなかったでしょうし、本シリーズの多くの章においては、そのような普通の人々が主人公になるでしょう。それにもかかわらず、特定の年に焦点をあてて世界各地の状況を眺めてみることには、なお一定の意味があるように思われます。それは、当時のそれぞれの地域の人々が直面していた問題とそれへの対応の多様性と共通性を、ばらばらでなく、広い視野から分析する可能性を開くということです。広域的な気候変動や疫病のように、さまざまな地域が同じ時期に直接に「同じ」問題に直面することもあるでしょう。また、情報や技術の伝播、商品の流れのように、時間差をもちながら世界各地に影響を与えてゆく事象もあるでしょう。なお、問題が類似していたとしても、各地域が同じ対応をするとは限りません。ある地域の対応が隣接した地域の逆の対応を招くこともあるでしょう。類似の状況に直面しながら、ある地域ではそれが既存のシステムを大きく揺るがしたのに対し、他の地域ではほとんど影響を受けない場合もあるでしょう。そのような対応の違いがみられた場合に、それはなぜなのかを考えてみることは、それぞれの社会の特質に対する理解を深めることにも繋がるでしょう。遠く離れた地域で生まれ、相互に何らの情報ももたなかった人々を「同時代人」と呼ぶことは普通はないかもしれませんが、それでも彼ら彼女らがコン・テンポラリーすなわち同じ時のなかに生きていた、ということの面白さを味わってみたいと思います。

第三に「世界史」とは何か、という問題です。今日、グローバルヒストリーという標語を掲げる著作はたくさんありますが、「一国史」の枠組みを超えるという点でほぼ共通するとはいっても、その方法はさまざまです。気候変動・環境や疫病など、自然科学的方法を加味したアプローチによって広域の歴史を扱うものもあります。また、比較史的方法にせよシステム論的方法にせよ、アジアに重心をおいてヨーロッパ中心主義を批判するものもあります。さらに、多言語史料を駆使した海域・交流史をグローバルヒストリーと称する場合もあります。本シリーズは「世界史的」視野をめざしつつも、必ずしもグローバルヒストリーという語は用いず、それぞれの執筆者に任意の方法で執筆していただき、また対象についても自由に選んでいただく方針をとりました。世界史といっても、ある年代の世界をいくつかの部分に分割してそれぞれの部分の概説を書いていただくというかたちではなく、むしろ範囲は狭くても可能な限りヴィヴィッドな実例を扱っていただくようにお願いしました。したがって、それぞれの巻は、その年代の「世界」を網羅的に扱うものには必ずしもなっていません。その結果、一見したところ、いくつかのばらばらのトピックの寄せ集めとみえるかもしれません。しかし、各巻の諸章の対象を一国あるいは一地域の枠のなかに押し込めず、世界に向けて開かれた脈絡のなかで扱っていただくことも、執筆者の方々に同時にお願いしたところです。「世界」をモザイクのように塗り分けるのではなく、いわば具体的事例を中心として広がる水紋のかさなり合い、ぶつかり合いとして描き出そうとすることが、本シリーズの特徴だと考えています。「世界史」とは、一国史を集めて束ねたものでないことはもとよりですが、「世界」という単一の枠組みを前もって想定するようなものでもなく、むしろ、それぞれの地域に根ざした視点がぶつかり合い対話するところにそのいきいきした姿をあらわすものである、と考えることもできるかと思います。

以上、三点にわたって本シリーズのコンセプトを簡略に述べました。歴史の巨視的な動きも、大政治家、学者から庶民にいたる諸階層の人々の模索と選択のなかで形成されていきます。本シリーズの視点はグローバルであることをめざしますが、それは個々の人々の経験を超越した高みから世界史全体を鳥瞰するということではなく、今日の私たちと同様に未来の不可測性に直面しながら選択をおこなっていた各時代の人々の思考や行動のあり方を、広い同時代的視野から比較検討してみたい、そしてそのような視点から世界史的な「転換期」を再考してみたい、という関心に基づいています。このような試みを通じて、歴史におけるマクロとミクロの視点の交差、および横の広がり、縦の広がりの面白さを紹介することが本シリーズの目的です。

本シリーズの巻別構成は、以下のようになっています。

1巻　前二二〇年　帝国と世界史の誕生
2巻　三七八年　失われた古代帝国の秩序
3巻　七五〇年　普遍世界の鼎立
4巻　一一八七年　巨大信仰圏の出現
5巻　一三四八年　気候不順と生存危機
6巻　一五七一年　銀の大流通と国家統合
7巻　一六八三年　近世世界の変容
8巻　一七八九年　自由を求める時代
9巻　一八六一年　改革と試練の時代
10巻　一九〇五年　革命のうねりと連帯の夢
11巻　一九一九年　現代への模索

各巻には、各章の主要な叙述以外に、「補説」としてやや短い論考も収録されています。各巻の巻頭には、全体像を概観する「総論」を設けました。見返しの地図、巻末の参考文献も、役立てていただければ幸いです。

『歴史の転換期』監修　木村靖二・岸本美緒・小松久男

1683年　近世世界の変容

総論

近世世界の変容

島田竜登

世界史における一六八〇年代

一六八三年、台湾に根拠地をおき、明朝の再興を期していた鄭氏政権が清朝に降伏した。鄭氏政権のリーダーは鄭克塽《ていこくそう》（一六七〇～一七〇七）である。彼は鄭成功の孫にあたる人物であるが、その時は、いまだ十代の若者にすぎなかった。しかし、この若者の降伏こそが歴史の転換期を象徴しているのである。

漢民族からなる明朝の復興をめざした鄭成功は、一六二四年に日本の平戸に生まれた。鄭成功の父は、鄭芝龍《ていしりゅう》（一六〇四～六一）で、母は平戸に住む田川まつであった。鄭芝龍はいわゆる後期倭寇の流れをくむ。もともと彼は朱印船貿易家で平戸に拠点をおいた李旦の配下にあった。この李旦は後期倭寇の代表的な頭目であった王直の部下のひとりであった。李旦が一六二五年に死去すると鄭芝龍が李旦の後継者となったのである。鄭芝龍は平戸を拠点の一つとし、東シナ海をまたにかけた海上貿易に従事していた。一方、子の鄭成功は、海上貿易のビジネスは続けながら、明清交替期にあって反清を掲げ、明朝の復興をめざした。中国大陸では劣勢になるも、台湾からオランダを追い出し、台湾を根拠に活動を続けた。

まさしく激動の時代に生きた鄭芝龍と鄭成功の親子であった。しかも、彼らは後期倭寇に代表される東アジアの国際商業ブームがしだいに収束に向かう時代を象徴する父子でもあった。鄭芝龍は、王直、李旦と続く後期倭寇の頭目としての系譜に連なり、東アジア海域での国際商業ブームを先導するポジションにいた人物であった。それにもかかわらず、曾孫の鄭克塽は、清朝に降伏せざるをえなくなり、東アジア海域の華々しい国際商業ブームの時代は終わりを迎えることとなったのである。

一六八三年の鄭氏政権崩壊で時代は安定の時代へと移り変わる。鄭氏政権が降伏したことで、東アジアには平和が訪れたといってもよい。翌一六八四年には清朝は展海令を発し、中国人商人の海外渡航を認めた。それにより、日本の長崎には、中国大陸から中国人商人のジャンク船が大挙して訪れるようになる。日本側がさばききれないほどの数で、結局、日本の貿易政策は大きく舵を取る。海外貿易から利益を得るというよりは、むしろ貿易制限をおこなうことにしたのである。この政策は十八世紀にも原則として継続し、これまで輸入に依存していた生糸などが、国産代替化されていくことになった。

世界史的にみると、この一六八三年は、激動の近世前期の終わりを告げる年であった。なにも鄭氏政権だけが滅びたのではない。同じ一六八三年、オスマン朝の帝国軍はウィーンに向けて進撃を開始した。ハプスブルグ家のウィーンを二カ月ばかり包囲したが、最終的にはオスマン軍の敗北で終わった。いわゆる第二次ウィーン包囲である。かつて一五二九年に発生した第一次ウィーン包囲は、オスマン朝の勝利に終わった。スレイマン一世は大軍を率いてウィーンを包囲した。ウィーン自体は陥落しなかったが、オスマン朝のバルカン半島支配の基盤を固めるとともに、オスマン朝は絶頂期を迎えることになった。この第一次ウィーン包囲の勝利を念頭に、一六八三年の第二次ウィーン包囲とオスマン朝の敗北を考えると、ヨーロッパとアジアのバランスの変化を読み取ることができる。かつて勢力を誇ったオスマン朝は、いまや相対的衰退への道を歩みだす。一方、ヨーロッパはオスマン朝のくびきを脱し、ヨーロッパこそが世界を先導する時代が訪れることに備えて、光を浴びつつ力を蓄えるのであった。

いずれにせよ、明清交替という事例も合わせ、ユーラシアの東西で、これまで勢力を誇示していた明朝とオスマン朝という二つの巨大勢力が衰退した。世界のパワーバランスが変化したのである。そして、このことを象徴する年が一六八三年であった。そもそも、一六八〇年代には世界の各地で大きな変化を経験することになる。のちに本巻の各章でふれるように、一六八三年は、フランスでコルベールが死去したり、果てはスペイン領メキシコの港町で、スペイン本国との貿易活動の拠点都市であったベラクルスが海賊による略奪を受けたりした年でもある。さらに、五年後の一六八八年にも時代の変化を象徴するできごとが発生する。一つにはイギリスにおける名誉革命である。この名誉革命では、ジェームズ二世が王位から追放された。一方、オランダに嫁いでいた彼の娘のメアリー二世と夫でオランダ総督であったウィレム三世(ウィリアム三世)がイギリスにわたり、イングランドの王位に就いた。名誉革命の結果として、「権利の章典」の公布は有名である。だが、名誉革命により、オランダ総督がイングランド王に就いたのであり、このことは、オランダからイギリスへという覇権の交代を象徴するできごとであったことを忘れてはならない。

また、一六八八年には、タイのアユタヤ朝では多方面にわたる外交・貿易の推進をおこなったナーラーイ王が死去したのでもあった。彼はアジア各地に使節を送るばかりでなく、ヨーロッパ各国にまで使節を派遣し、多数の国々と国交を開いた。外交重視とはいえ、体面を重んじるというよりは、現実的な利益を得る方策をとることを堅持した。数多の外国人商人の参入を得て、国際貿易を進展させ、港市国家としてのアユタヤ朝の発展を企図していたのであった。本巻第一章で検討するように、彼の死後、アユタヤ朝の国際貿易政策は大きく変化した。経済的に成長しつつあった中国を重視する方針に変化するとともに、西洋諸国との貿易は、フランス等との関係が薄れ、オランダ東インド会社ばかりとなる。ナーラーイ王の死去はたんに東南アジアの一港市国家の君主が亡くなったわけではない。アジアの海上貿易のバランスの変化を象徴するできごとでもあったのである。

結局のところ、以上にみた一六八〇年代における世界各地での事件は、近世という時代のなかで、社会の本質が世界的に変容していったことを象徴するできごとであったといえるだろう。本巻は、この十七世紀の後半に生じた近世世界の変容を、さまざまな事例をもとにしてグローバルな現象として描き出すことを目的とする。

グローバル・ヒストリーと時代区分

グローバル・ヒストリーとは、本来の意味では、地球規模的視点から歴史を検討するということである。世界史を時系列的に輪切りにした本シリーズでは、とくにグローバル・ヒストリーであることを全巻で共通させることにはしないとしている。だが、本巻自身はグローバル・ヒストリーであることを試みたい。一六八三年ないしは十七世紀後半を世界史上の転換期の一つとして措定し、世界各地がいかに変化したのかを共時的にとらえることとする。たしかに共時的に世界史を考えるということは難しいが、ほぼ同時期に世界各地で同一の方向性をもった変化を析出することで、一つのグローバル・ヒストリーとなることをめざすのである。

もっとも、近年、グローバル・ヒストリーがもてはやされているが、グローバル・ヒストリーの時代区分が一般に認められた形で歴然と存在しているわけではない。グローバルに歴史を検討すること自体に意義があるとするのが、グローバル・ヒストリー研究の現状なので、時代区分に関して共通理解ができるのはまだ先のことなのであろう。しかも、グローバル・ヒストリーが、必ずしもグローバル化の歴史を扱うだけではないことも確かである。歴史を地球規模的に検討することとグローバル化の流れを理解することとは必ずしも一致しない。しいていえば、グローバル化の歴史分析は、グローバル・ヒストリー研究の一部をなすにすぎないといえるだろう。この二つの点に留意して、以下では、グローバル化を考察するというグローバル・ヒストリー的な見地から、本巻が取り扱う時代区分について考えてみることとしよう。

現在、歴史学の時代区分は、地域別ないしは各国別となっていることが通常である。地域別ということであれば、西ヨーロッパとか、西アジアといった単位のなかでの時期区分である。あるいは各国史であれば、イギリス史とかフランス史、あるいはアラブ史やイラン史といった具合である。こうした地域別や各国別の歴史研究において、時代区分をおこなうとすると、同じ時期であっても、あるところでは古代であり、隣接するある場所では中世といったことも、しばしば起こりうる。また、ある地域や国の歴史でも、研究者や学派によって時代区分が異なるということも現に存在する。例えば、日本における中国史研究では、大きく二つの学派が存在し、一方は近世という時代を認めるが、他方は近世という時期区分を受け入れない。インド史においても、これまで一般には、古代・中世・近代という時代区分が一般的であり、近年みられるインド近世なる時代区分は一種の歴史修正主義とみなされることもある。

とまれ、時代区分というものは、基本的に何らかの社会変化が生じ、それを指標として時代を区切ることである。かつて史的唯物論が主流を占めた時代には、生産手段をめぐる社会の生産関係のあり方が時代を区切る指標であった。そして、指標が異なれば、当然、時代区分はそれだけ多様となる。

それではグローバル・ヒストリーにおける時代区分は、どのようなものがふさわしいであろうか。もちろん、この場合、グローバル化の歴史の時代区分ということになるが、人々に広く受け入れられたグローバル化の時代区分が存在するわけではないので、研究者各自が自ら時代区分案を提案していくしかないであろう。これはある意味、大変な作業であるが、魅力的なことでもある。

時代区分を考えるにあたって、ある社会では中世の段階にあり、同じ時期に別の社会では古代であるというのは、いささか戸惑いを覚える。このような時代区分のとらえ方は、ある社会は「進んで」いて、ある別の社会は「遅れて」いるという認識を生み出しかねない。少なくとも、グローバル・ヒストリーの時代区分のあり方としては適切なものといえるのかどうか疑わしい。むしろ、時代区分のために、新たに別の指標や尺度をつくり出して、用いたほうがよい。そもそも、グローバル・ヒストリー研究の意義の一つとして、地球規模での共時性を重んじるという視点がある。進んでみえるような社会も、遅れているかのごとき社会も、同じ時間を地球上で共有している。ならば、同じ時代にあらゆる社会が存在していることを強調して考えてもよいのではないだろうか。その場合、グローバル化の進み具合が時代区分の標識となるであろう。人の移動やモノの移動、情報伝達のあり方が地球規模でどのようにおこなわれるかが時代区分の尺度となる。以上のごとくに指標を定めると、いわゆる大航海時代の開始が一つの時代の幕開けとなる。真の意味で、アメリカ大陸を含んだ地球上の社会が結びついていき、グローバル化が進展するのである。

グローバル・ヒストリーにおける近世

グローバル・ヒストリーの時代区分として、「コロンブス交換」開始後の時代を広義の近代としてとらえることができよう。「旧大陸」と「新大陸」という呼び名は今となっては古いかもしれない。なぜなら、どちらが新しいと中立的にいえず、アメリカ大陸を「新大陸」と呼ぶのはたんにヨーロッパからの見方にすぎないからである。とはいえ、「旧大陸」と呼ばれるアジア・アフリカ・ヨーロッパというアフロ・ユーラシアと「新大陸」とされるアメリカ大陸が有機的に結びついたことの意義は大きい。アフリカから大西洋を渡った黒人奴隷やヨーロッパからの移住者という人の移動と連鎖が生じるとともに、両大陸にそれぞれ新たなモノがもたらされた。ジャガイモ・サツマイモ・トウモロコシ・トウガラシ・タバコなどはアメリカ大陸原産の作物であり、急速にアフロ・ユーラシアに伝播した。一方、アメリカ大陸にはサトウキビやコーヒーが移植され、ヨーロッパ市場向けに大規模に生産されることになった。もちろん、モノの移動は新作物の導入ばかりではない。日本や中南米で十六世紀から大量に生産され始めた銀が世界を廻ることで、世界的な規模でも、日常的な小さな市場圏内でも、貿易・商業活動が盛んとなった。貿易や商業が活発化すると、それにともなって生産が刺激を受け、換金作物や商品の生産が増加し、個別社会は大きく変容した。モノに加えて、さらに、人の出入りが盛んになると、情報のやりとりも活発化する。ヨーロッパ人が各地を旅行し、多数の旅行記が記され、出版されることになったし、キリスト教の布教も盛んとなり、それに対応して既存のキリスト教以外の宗教も先鋭化することとなった。

それゆえ、十五世紀末にグローバル・ヒストリー的な視点からは広義の近代が始まったと考えることができる。そもそも、英語で近代とは modern period という。加えて、近代のうちの初期の部分が初期近代ということで、early modern period となる。これを近世と呼び、十九世紀後半の一八七〇年ごろに本格的な狭義の近代が始まると定義する。狭義の近代の開始を一八七〇年ごろに定めるのは、この時期を境にグローバル化のスピードが突如速まるためである。人やモノの移動という点では、蒸気船が世界的に往来するようになり、これまでの風頼みの帆船とは桁違いに往来が活発となる。実際、一八六九年にスエズ運河が開通するとアジア各地に蒸気船が来航するようになり、しだいに帆船貿易を量的に駆逐し、貿易量や人の移動は急増した。また、情報の伝達という観点からは、十九世紀後半に世界中に電信ケーブルがひかれるようになった。十九世紀の半ば過ぎにドーバー海峡に海底ケーブルが敷設されたが、一八七一年には長崎まで海底ケーブルが到達したように、アジア各地を含む世界中に海底ケーブルが張りめぐらされるのである。

かくして、初期近代たる近世は十五世紀末から一八七〇年ごろまでとすると、三七〇年強の長い時間が近世となる。その後の狭義の近代は、現在までとしても一五〇年程度となる。これでは近代が非常に短いともいえるが、この一五〇年間で急速にグローバル化が進んだことを考えると、長い近世と短い狭義の近代もそれなりに妥当性があり、一つの時代区分として成立しうるであろう。もっとも、四〇〇年近い長い近世は、実際には二つの時期に分かれる。近世のなかでの転換期が一六八〇年代であった。それ以前が、近世前期とすれば、以後は近世後期ないしは「長期の十八世紀」と呼ぶことができる。本巻が歴史の転換点の一つとして一六八三年を標榜しているのは、長い近世のうち、近世前期と近世後期の分かれ目だからである。

さて、近世前期の世界を秩序づけたのは、銀の大量生産の開始とその国際流通の大規模な展開であった。十六世紀前半の世界では銀の大量生産が開始される。日本では石見銀山が開鉱し、日本で生産された銀はアジアなかんずく中国に流入した。一方、一五四〇年代にはアメリカ大陸で銀山が開発される。現在のボリビアにあるポトシ銀山、メキシコにあるサカテカス銀山を代表とするスペイン支配下の中南米の銀山は、この時期に採掘を開始した。アメリカ大陸で生産された銀の一部はスペイン人の手でヨーロッパに運ばれ、さらにその一部は陸路と海路を通じてアジアに流れていった。また、アメリカ大陸で生産された銀の一部は、アカプルコから太平洋を渡って、当時はスペイン領であったフィリピンのマニラに届けられた。いわゆるマニラ・ガレオン貿易である。マニラからはおもに中国へ銀が流出していった。いずれにせよ、銀は生産され次第、その地にとどまることは少なく、西や東に世界を廻り、そしてアジアに行き着いた。

しかし、銀が世界を廻り、世界経済に刺激を与えるという図式は十六世紀半ばに始まったものの、一〇〇年が過ぎ、十七世紀後半となると、こうした楽観的で単純な見取り図だけで済まなくなった。たしかに、近世前期には銀の流通が世界経済に刺激を与えたのだろう。だが、その刺激は、意識せずして世界各地の社会の隅々までに浸透し、庶民の日常を支えるミクロな社会それぞれが変容を経験する時期が到来したのであった。まさしく、その社会の変容の開始こそが近世後期たる「長期の十八世紀」の始まりであった。

「長期の十八世紀」の始まり

近世後期たる「長期の十八世紀」は、どちらかといえば地味な時代である。しかし、静かに社会が変容し、近世的な成熟を成し遂げる時代であった。およそ、十七世紀の半ばを過ぎると、これまでの華美な社会から実質的で豊かな社会へと変化し始める。本巻第一章で言及されるように、大航海時代の幕開けとともに始まった近世前期は、国際貿易で取引される商品からいえば、奢侈品貿易の時代であった。銀が世界を廻り、当時は高価な香辛料や生糸が取り引きされる。一方、近世後期たる「長期の十八世紀」は安価で嵩高な商品が貿易品の中心となるバルク商品貿易の時代となった。つまり奢侈品を消費する富裕な人々の消費を支える国際貿易が遠距離貿易の中心であった近世前期から、庶民が消費する商品が国際的に流通する近世後期となったのである。世界各地に、いわば庶民の時代が到来し、一定程度の豊かさを備える成熟した近世的な地域社会が成立するのが「長期の十八世紀」なのである。「近世的世界の成熟」という言葉、あるいは、そうした見方は、日本史家の荒野泰典の言葉であるが、世界史一般にも適用して検討すべきと思われる。

もちろん、近世後期に成し遂げられる成熟した社会は、「成熟」とはいえ、たいていは身分制の社会であった。現代のわれわれの視点からすると、もちろん手放しで評価すべき社会ではなかった。だが、そうした身分制のような自由を制約する社会制度に対して矛盾を見出し、それを打破しようとする社会が生み出されていった世界的な基盤を近世後期が提供することになったことは確かである。

しかも、同じく貿易についていえば、重要な点をもう一つ指摘できる。貿易から利得を得ることに加えて、布教もめざしたポルトガルと比べ、ビジネスに徹したオランダ東インド会社が十七世紀を通じてアジアの海上貿易で勢力を伸ばしたのである。このことは、この時代の変化を象徴するできごとであったであろう。ある意味、スマートで合理的な組織が社会で歓迎されたということであり、即物的な豊かさを求めることが優先する社会ができつつあったことを示しているのである。

ちなみに、この近世後期の時代に、世界各地の社会は近世的な成熟を迎えるが、人々の欲望がすべて満たされることはなかった。欲望には限りがない。むしろ、世界各地の人々は、政治的自由や経済活動の自由など、さまざまな自由を求めることになる。それは何も、アメリカ合衆国の独立やフランス革命だけではなく、アジアの各地でも生じた。また、成熟しつつある社会は社会をさらに発展させるべくあらゆる努力をおこなった。そうしたなかで、成功をおさめたのが、イギリス産業革命である。イギリス産業革命の世界史的意義は無数にあるが、K・ポメランツやR・C・アレンが近年、指摘するように、なかでも重要なことは石炭という化石燃料の利用である。蒸気機関を発明し、改良を加え、生産機械の動力源とすることに成功した。こうした十八世紀における社会の成熟、その結果として、イギリスが産業革命に成功する時代に、人々がさらなる自由を求める動きをみせることについては、本シリーズの次巻である第八巻『一七八九年　自由を求める時代』で詳細に検討することになる。

十七世紀後半の変動と社会

本巻は十七世紀を対象とする。とりわけ、一六八三年に焦点をあてながら、十七世紀後半を中心に世界各地で生じた社会の変化を分析する。全体として、きらびやかで、一種のバブルの時代が終焉し、世界がゆっくりとはしつつも、成熟に向けて前進する時代へと変化したことを明らかにする。換言すれば、近世社会が変容し、「長期の十八世紀」とも呼びうる近世後期に突入し、世界各地の社会が成熟を迎えつつ、近代の萌芽を紡ぎ始める時代が登場したのであった。

第一章「アジア海上貿易の転換」は、十七世紀後半に生じた海域アジアでの貿易活動の変化を論じる。まず、オランダ東インド会社によるアジア域内貿易について検討したのち、中国ジャンク船貿易の台頭、アユタヤ朝の海外貿易といった事例をもとに、アジア人商人による貿易ネットワークの重要性やアジア現地政権の貿易活動を検討する。さらに、ヨーロッパ・アジア間貿易の商品の構成の変化を明らかにし、十七世紀末には「アジア貿易」が全体として大きく変化したことを論じる。すなわち、これまでは銀貿易に象徴されるごとく奢侈品中心の華々しい商業の時代であった。だが、十七世紀後半には、一般庶民が消費することになる商品も海上貿易で広く取り引きされるようになった。そして、それにともない、海域アジア各地の生産のあり方も変化したのであった。いうなれば、国際貿易の加速であるとともに、質的な変化が生じたのである。

第二章「あるアルメニア人改宗者の遍歴にみる宗教と近世社会」は、宗教という観点から社会変容の分析に挑む。アブガルという名のアルメニア人に焦点をあてる。アブガルはサファヴィー朝期イランの王都イスファハーン郊外にある新ジュルファーで生まれた。この新ジュルファーはキリスト教徒であるアルメニア人の街区である。彼は当然、生まれながらにしてアルメニアのキリスト教徒であった。しかし、彼は若くしてイスラーム教に改宗する。大商人の家に生まれた彼は、改宗したことを心配する家族に勧められ、親類のいるオスマン朝下の港町イズミールに送り出される。その後、彼は、イタリアのヴェネツィア、イスタンブールやアルメニアのエレヴァンなどに遍歴し、最終的にはイスファハーンに戻る。この生涯をかけた長い旅の間で、彼はカトリック教会とアルメニア教会というキリスト教の宗派、さらにはシーア派とスンナ派というイスラーム教の宗派のなかで精神的に翻弄される。本章は、このアブガルの事例を材料として、いわゆるアルメニア人の商業ネットワークを概観するとともに、十七世紀、西アジアから地中海北部にかけての諸社会で、宗教的寛容さが失われているさまを描き出す。

第三章「海賊と先住民に悩まされるスペイン領ユカタン植民地」は、視点をアメリカ大陸に移し、スペインの植民地社会の問題について検討する。一六三〇年代から中南米のスペイン植民地での銀生産量は減少し、本国の王室向けの送金額も落ち込んだ。このような条件のもとで、植民地当局は二つの問題に苦しめられる。第一の問題とは、バッカニアによる襲撃である。プランテーションの年季奉公人や船舶の乗組員のヨーロッパ人やアフリカ系奴隷が逃亡して野営生活を営み、彼らはバッカニアと呼ばれた。彼らは徒党を組み、海賊となったのである。第二の問題とは、先住民がスペイン支配をきらい、ユカタン半島南部の森林地帯各地に逃げ込んだことである。先住民の逃亡が増加することで、彼らが提供する貢納物や労働奉仕は減少し、植民地経済の停滞を引き起こした。このような二つの問題に対応するために、植民地当局はいかなる方策をとらなくてはならなくなったのであろうか。欧米向けの一次産品供給地としての従属社会に改変され、十九世紀的な植民地経済をつくり出す一連の動きが十七世紀末から始まっていったことを論じる。

第四章「中国福建省の社会空間」は、十七世紀中国を事例に地域社会の空間を検討する。ここで取り上げる中国社会は、中国南東部の福建である。明清交替期にあって、福建は激動の時代であったといえる。清朝の支配が中国南部にまで達し、南明の亡命諸政権が滅ぼされる一方、福建は一六七三年に発生する三藩の乱の舞台ともなった。また、海峡を隔てた台湾では鄭氏政権が存在する時代でもあった。そうした混乱期にあって、福建の地方社会はどのような状態にあったのであろうか。本章は、清朝の官僚で汀州府知府であった王廷掄《おうていろん》や地方士大夫の李世熊《りせいゆう》といった人物、さらには商人の活動や地主・佃戸関係といった社会のさまざまな側面に焦点をあてることで、十七世紀後半に、それまでの時代を継承するような、ある意味、重層的な豊かな社会空間が成立していたことを明らかにする。

第五章「近世西欧諸国のアメリカ植民地体制における法と経済」では、法と経済をテーマとして、西ヨーロッパ、とりわけイギリスの事例を検討する。具体的には、イギリスの西インド貿易についての諸政策を分析対象とする。まず、イギリスが数度発した航海法を詳しく検討する。航海法とは一六五一年ばかりでなく、数百以上にわたって制定された法である。当初はオランダ船の中継貿易排除を目的としていたが、しだいにイギリス本国を全植民地貿易の中継地とすることを目的とするように変化していった。つまり、オランダの覇権からイギリスの覇権へのシフトがその根底にある。本章では、十七世紀の五つの航海法について分析し、さらに十八世紀における変化について明らかにする。ついで、スペイン・フランスの植民地体制とイギリスとの関係について、とくにアフリカ大陸とアメリカ大陸とも視野に入れ、大西洋貿易圏のなかで考察する。最終的には、十八世紀後半以降のイギリスの自由港開設、さらには十九世紀以降の自由貿易主義について概観し、本シリーズ第八巻『一七八九年 自由を求める時代』への橋渡しをする。

以上にみたように、本書はまず海域アジアの域内貿易やアジア・ヨーロッパ間の遠距離貿易から始まり、イランから南ヨーロッパにかけて生涯をかけて旅した改宗者、スペイン支配時代のユカタン半島と植民地支配、と進む。さらには、中国福建の地域社会の重層的社会空間といった比較的小さな空間を対象としたのち、イギリスを中心とした西ヨーロッパの大西洋貿易に関する法や政策の変遷を検討する。一見するところ、世界各地を駆け足で追うだけがグローバル・ヒストリーなのかと読者が誤解することを恐れる。本巻が課題としているのは、十七世紀後半を中心に世界各地の社会が変容したこと、つまり、近世前期から近世後期へと時代が進み、銀に象徴されるきらびやかな社会から、銅が印象づけるがごとき、庶民が社会の主体となる時代へと移った。そして、近世社会が成熟を迎えるとともに、さらなる近代へと飛躍するための準備を社会がなした時代が始まった。こうした近世社会の変容を検証するために、貿易、宗教、支配、社会空間、法と経済といった側面を各章が扱っている。そして、こうした分析をおこなうことが、グローバル・ヒストリーとしての一つの試みなのである。

一章　アジア海上貿易の転換

島田竜登

1　オランダのアジア貿易

オランダ東インド会社の誕生

ヨーロッパ史において、十七世紀はオランダの黄金時代と呼ばれる。南ヨーロッパから北ヨーロッパにかけての海上貿易の中心拠点都市でもあり、内陸部への河川交通の拠点でもあった。一五六八年に始まるスペインからの独立戦争のさなか、八五年にアントウェルペンがスペインに陥落すると、アムステルダムがアントウェルペンにかわって繁栄の道を歩み始める。オランダ、とくにアムステルダムには、フランスの新教徒カルヴァン派であったユグノー、スペインの改宗ユダヤ人、さらにはアルメニア人など、自由を求めるさまざまな人々が移住した。証券取引所(一六〇二年)や振替銀行(〇九年)が設立され、アムステルダムは国際商業の一大センターとなった。スペインから独立をはたしたオランダは正式にはネーデルランド連邦共和国といい、王制を敷かぬ一種の共和制をとり、各州からの代表者によって構成される連邦議会が国家の最高権限をもっていた。

オランダの歴史上の重要性は、何も西部ヨーロッパ地域に限ったことではなかった。いわゆる両インドへの進出は世界史的に重要なできごとであった。西インド、つまりアメリカ大陸へ進出する一方、東インド、すなわち海域アジアにはオランダ東インド会社という巨大商事会社が貿易に乗り出した。すでに十五世紀末から海域アジアにはポルトガルが進出し、インドのゴア、マレー半島のムラカ(マラッカ)、中国南部のマカオなどに植民都市を構築していたし、例えばタイのアユタヤなど現地の王権が支配する港市にも商業拠点(商館)を築いていた。

オランダ東インド会社は連邦議会の特許をえて、一六〇二年に設立された。オランダの経済的繁栄を背景に、膨大な資金力を確保していた。一六〇〇年に設立されていたイギリスの東インド会社は、イギリス東インド会社をはるかにしのぐ資金力があった。しかも、オランダ東インド会社は永続性を前提としており、イギリス東インド会社のように一回の航海ごとに清算するのではなく、内部に利益を留保し、再投資することになっていた。また、取締役や株主の有限責任制度が導入され、近代的な企業制度を一部、取り入れていた。連邦議会の特許というのは、この会社に与えられたさまざまな権利を意味していたが、もっとも重要なことは、喜望峰より東、マゼラン海峡より西というアジア・太平洋地域とオランダ本国との貿易を唯一許された存在ということであった。換言すると、オランダと海域アジアとの貿易は、オランダ国内ではオランダ東インド会社以外には認めないということである。そのほか、会社独自の貨幣を発行すること、城塞を築くこと、自衛戦争をおこなうこと、アジアの現地政権と条約を結ぶことなど、アジアではいわば国家に類する権利が認められたのであった。

オランダのアジア域内貿易

かくしてオランダ東インド会社は海域アジアに進出することになった。当初はポルトガルがすでに構築していた権益を打ち破ろうとする闘いがさまざまになされた。一例として、日本の事例を考えてみよう。ポルトガルはすでに十六世紀から日本に進出しており、十七世紀の初めには長崎を拠点として大規模な貿易活動に従事していた。一方のオランダは平戸に商館を設けたが、長崎のポルトガル貿易と比べ、小さな存在でしかなかった。しかし、日本でのキリシタン禁令が厳しくなると、ポルトガルとの貿易が禁止され、オランダとの貿易が脚光をあびるようになった。一六四一年に平戸から長崎出島にオランダ東インド会社の商館は移転し、江戸時代のいわゆる鎖国体制下において、ヨーロッパ諸国のうちでオランダのみが日本との貿易を許されるようになった。

日本とオランダとの貿易はどのような貿易だったのであろうか。オランダとの貿易というと、日本の商品がオランダにわたり、一方、オランダやヨーロッパの商品が日本に持ち込まれたかの印象を受ける。たしかに、日本・オランダとのあいだを結ぶ貿易がなかったわけではない。しかし、日本のオランダ貿易の実態は、日本とアジア諸国との貿易であり、それを実現したのがオランダ東インド会社であった。

例えば、十七世紀前半の日本の輸出品は銀が中心であった。オランダは台湾の台南にゼーランディア城という拠点を設けており、日本から銀を台南の拠点に送り、一方、台南からは中国製の生糸を日本に送っていた。この生糸は台湾で生産されたものではない。中国人商人によって中国大陸から台南に運ばれていたのであった。もちろん、彼らは生糸と引き換えに、日本銀を手に入れた。つまり、台南の拠点は、日中間の中継貿易の拠点だった。当時、オランダは中国大陸に拠点を設けることは実現していなかったので、台湾が中継拠点に選ばれたのである。

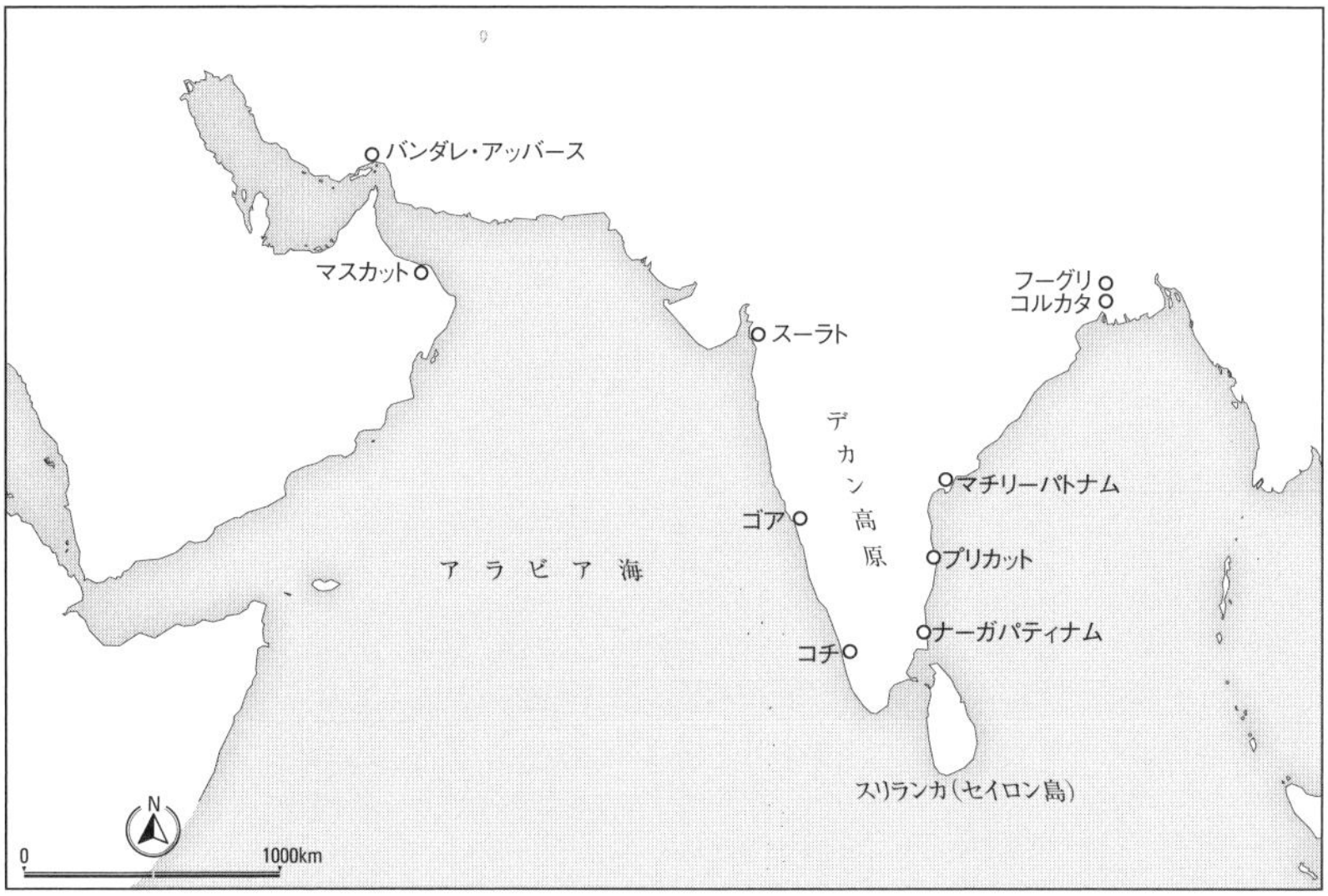

インド洋，アラビア海の諸都市

なお、この中継貿易は、オランダ東インド会社によるアジア域内貿易の一つであったということは容易に理解できるであろう。もっとも、オランダ東インド会社が台南に拠点を設けていたのは、一六二四年から一六六二年にかけてにすぎない。最後には、明朝の復活を模索する鄭成功の集団に台湾から追放され、オランダ東インド会社による台湾を介した日中間の貿易はとだえてしまった。

もっとも、日本銀は、台湾での中継貿易に用いられただけではなく、インド洋各地にも運ばれていた。オランダ東インド会社はインド洋各地に多数の拠点を設けていた。ムガル朝支配下で、インド亜大陸北西部の港湾都市スーラトが十七世紀前半には最も重要であった。後背地からは綿織物や青色染料のインディゴなどが供給され、それらを求めて、各地からスーラトに海上貿易商人たちが集まってきていたのである。スーラトから輸出される商品のうち、オランダ東インド会社にとって最も重要な商品は綿織物であった。綿織物はとくに東南アジア各地で売却されることになっていた。

ちなみに、オランダ東インド会社のインド洋地域での拠点は何もスーラトだけではなかった。インド亜大陸北東部、現在のコルカタ(カルカッタ)を流れるのはフーグリ川だが、コルカタの上流部に位置するフーグリにもオランダ東インド会社は拠点を設置したし、亜大陸南西部のマラバール海岸地方ではコチ(コーチン)をはじめとした各地に、また、亜大陸東南部のコロマンデル海岸地方では、マチリーパトナム(マスリパトナム)、プリカット、ナーガパティナムを代表に無数の商館や出張所が設けられていた。マチリーパトナムはゴールコンダ王国の外港として現地王権の支配下にあった都市であり、外国人商人たちは現地政権の庇護をえて商館を設けていたのに対し、プリカットやナーガパティナムはオランダ東インド会社が支配する一種の植民都市であった。さらに、忘れてはならないのは、スリランカ(セイロン)であり、オランダの植民都市コロンボを中心に島の沿岸部はオランダ東インド会社の支配下にあった。もっとも、スリランカの場合は、インド亜大陸でのように綿織物を入手するためではなく、島内で栽培され、出荷されるシナモンを得るためであった。ともあれ、こうした南アジア各地のうち、スーラトやベンガル地方、コロマンデル地方は綿織物生産地であり、オランダ東インド会社にとって極めて重要であった。

このようにインドで購入した綿織物は東南アジア各地に運ばれ、売却された。インド産の綿織物の一部は東南アジアで香辛料を入手するため、また一部は日本向けの東南アジア産物を購入するために売却された。十七世紀においては、タイの鹿皮や鮫皮、蘇木などやジャワの砂糖が日本に向けてオランダ東

16世紀から17世紀にかけてデカン高原にあったゴールコンダ王国の外港マチリーパトナム
ベンガル湾に面し，オランダをはじめ多数の外国人商人が訪れ，綿織物を購入した。

オランダ東インド会社の社章の入った銀貨
アジアへの輸出用としてオランダ国内で鋳造された。アジアではこのまま通用することもあったが，多くの場合アジアの現地政権の鋳造所で鋳つぶされ，現地の銀貨の鋳造原料となった。

インド会社が取り扱っていた東南アジア産物であり、タイでこれらの商品を獲得するために、インド産綿織物を必要としていたのである。

以上にみたようなアジア各地の拠点を結ぶ貿易は、アジア域内貿易あるいはアジア間貿易と呼ばれる。どちらにせよ Intra-Asian trade の訳語である。台南を中継拠点とした日本と中国との貿易もアジア域内貿易であるし、日本・インド・東南アジアを結ぶ三角貿易もオランダ東インド会社のアジア域内貿易の一つであった。いずれにせよ、オランダにとってアジア域内貿易は、会社のビジネスとして両軸の片方であった。一方、両軸のもう片方は、ヨーロッパとアジアを結ぶ貿易(ヨーロッパ・アジア間貿易)であった。アジア域内貿易で利益を上げ、その利益をヨーロッパ市場向けの商品購入資金の一部とする。そうすれば、オランダ本国から持ち出す銀の量を減らすことができるというのがポイントであった。

オランダ東インド会社がオランダ本国から持ち出した銀を中心とする貴金属の趨勢をみると興味深いことがわかる。一六一〇年以降八〇年にかけて、一〇年単位でみて約一〇〇〇万ギルダーほどの貴金属を本国からアジアに持ち出している。年間では一〇〇万ギルダーほどとなる。もっとも、詳しく一〇年ごとの推移をみると、一六三〇年代から六〇年代にかけては、年間で一〇〇万ギルダーを下回っている。これこそが日本銀の効果であるといえる。この時期、日本からも銀を多量に入手することができたので、その分、オランダ本国から持ち出す貴金属の量を減らすことに成功できたのである。ちなみに、一六八〇年以降には、オランダ本国から持ち出す銀の量が急増した。十八世紀全般にわたって、十七世紀の水準の四倍から六倍程度に膨れ上がる。この点はのちにふれるが、十七世紀末以降、ヨーロッパ・

（単位：ギルダー）

期間	輸出額	期間	輸出額
1602-1610	5.207.000	1700-1710	39.275.000
1610-1620	10.186.000	1710-1720	38.827.000
1620-1630	12.360.000	1720-1730	66.030.000
1630-1640	8.500.000	1730-1740	40.124.000
1640-1650	9.200.000	1740-1750	38.275.000
1650-1660	8.400.000	1750-1760	58.396.000
1660-1670	12.100.000	1760-1770	53.542.000
1670-1680	11.295.000	1770-1780	48.317.000
1680-1690	19.720.000	1780-1790	47.896.000
1690-1700	28.605.000	1790-1795	16.972.000

オランダ東インド会社の貴金属輸出額
おもに銀の輸出であり，毎年多量の銀がアジアに流出した。
18世紀，銀の流出量は数倍に膨れた。
出典：Gaastra, Femme S., *The Dutch East India Company: Expansion and Decline*, Zuphen: Walburg Pers, 2003.

アジア間貿易の全体量が飛躍的に拡大したためであった。

一六二〇年前後における四つのできごと

アジア域内貿易とヨーロッパ・アジア間貿易という二つのタイプの貿易を有機的に結びつけ、巨額の利益を得るというビジネス・モデルは、一六二〇年頃に形成された。そもそも、オランダ東インド会社がインドのスーラトに商館を設置したのは、一六一六年であった。これにより、安定的にスーラトの後背地で生産される綿織物の入手が可能となった。また、ほぼ同じ時期、オランダ東インド会社にとって重要な三つのできごとが東南アジアと東アジアで生じ、全体として、成功のビジネス・モデルが完成していったのである。

東南アジアで第一に重要なできごとは、バタヴィアを植民都市として建設し、発展させたことである。一六一九年、オランダ東インド会社は現在のジャカルタの地に商館建設の許可を現地の領主から得て、都市の建設を開始した。総督などオランダ東インド会社の幹部が駐在するバタヴィア城を構築し、さらに周辺を壁に囲まれた都市を造り上げた。会社の業務上、アジア内での最高司令拠点とするほか、先に述べた二つのタイプの貿易の拠点としての機能をはたすことになった。ヨーロッパとアジアを結ぶ貿易では、バタヴィアは極めて重要であった。オランダ本国から到来する船舶を迎え、バタヴィアでヨーロッパ市場向けの商品を積み込んだ。もちろん、こうしたアジア商品は前もってアジア各地からバタヴィアに集荷させておいた商品であった。一方、アジア域内貿易についても、バタヴィアは重要拠点であった。マラッカ海峡近くにバタヴィアが存在したことに注目すべきである。夏に南から北に吹く季節風によって東アジアや南アジア各地に船を出帆させ、冬に北から南に風が吹くときには、東アジアや南アジア各地からの会社船をバタヴィアに迎えることができた。貿易風や季節風の関係からみても、商品の国際流通上の観点からも、ヨーロッパ・アジア間貿易とアジア域内貿易とで、バタヴィアは鍵となる最重要拠点であった。

もう一つの東南アジアでの重要なできごとは、一六二三年に発生したアンボン(アンボイナ)事件である。アンボンは、インドネシア東部にあるマルク諸島(モルッカ諸島、香料諸島)の貿易中心地であった。当時、オランダとイギリスが現地で覇権を競っていたが、最終的にはオランダ側が勝利し、イギリスがマルク諸島から撤退することになった。アンボンを中心とする周辺の島々では高級香辛料が産出される。ナツメグやナツメグの実の内皮であるメース、さらにはクローヴである。これらの高級香辛料は十

台湾の台南に拠点を設けたオランダ東インド会社
当時は砂州の上にゼーランディア城と町が建設されていた。
オランダ船のほか，城の前面に中国ジャンク船がみえる。

七世紀の当時には、世界中でこの地でしか栽培されていなかった。販路としては、ヨーロッパが一般に知られているが、ほかにもインドなどのアジアも重要なマーケットであった。つまり、ヨーロッパ・アジア間貿易でも、アジア域内貿易でも重要な商品だったのであり、マルク諸島の貿易を独占することは、これら二つのタイプの貿易で独占者としての利益を手にすることが可能となることを意味していたのである。

さらに、東アジアでの重要なできごととして、一六二四年の台南占領をあげることができる。先に述べたように、台湾の台南はオランダ東インド会社にとって、東アジアでの重要拠点となった。中国大陸と日本とを結ぶ中継貿易拠点であったとともに、のちには日本から入手する銀をアジア各地に配分する拠点ともなり、また砂糖を台南近郊で生産し、日本やイランなどに輸出するための生産拠点ともなった。

結局のところ、オランダ東インド会社は、まずスーラトに商館を開設し、できるだけ安定的に綿織物を入手する手はずを整えた。この綿織物は東南アジアで特産物を入手するために必要不可欠な商品であった。そして、バタヴィアや台南といった貿易活動を中継する拠点を設けるとともに、アンボン事件で、高級香辛料を独占的に獲得できる状況をつくり出した。かくして、一六二〇年前後に、オランダ東インド会社は、ヨーロッパ・アジア間貿易とアジア域内貿易という二つのタイプの貿易を円滑におこなうための条件を整備したのである。会社設立から約二〇年をへて、確実に利益を生み出すシステムをつくり出した。さらに、一六三〇年代になると、日本でポルトガルが放逐され、日本銀を多量に入手することが可能となり、二つのタイプの貿易がますます有機的に結合されることになった。だが、オランダ東インド会社の貿易は十七世紀後半になると、質的に大きく変化するようになる。そこで、以下では十七世紀後半の変化について検討することにしよう。

銅や錫の時代

オランダ東インド会社にとって日本から輸出する重要商品は銀であった。日本から銀を入手して、まず、それをアジア域内貿易に投下する。そして利益をヨーロッパ市場向けの商品購入に充てれば、オランダ本国から持ち出す銀を節約することができたのであった。しかし、一六六八年にオランダ東インド会社は日本からの銀輸出を幕府に禁じられてしまう。日本国内での銀の産出量が減少し、日本としては禁輸せざるをえなかったのである。これはオランダ東インド会社にとって一大危機であった。日本銀を入手できなくなると、アジア域内貿易とヨーロッパ・アジア間貿易を有機的に結びつけることが不可能となってしまうからである。なぜならば、ヨーロッパから持ち出す銀のほかに、アジア域内貿易で入手する日本銀も、オランダ東インド会社の二つのタイプを貿易を順調に進ませる資金となっていたからである。

そのため、オランダ東インド会社は、銀にかわって、日本から金や銅を輸出することとした。金は、とくにインドのコロマンデル海岸地方で高い需要があった。インド亜大陸の北部と比べて、コロマンデル地方では金貨は銀貨よりも貨幣として好まれており、金高の傾向にあった。日本からコロマンデル海岸地方に金を持ち込み、かわってコロマンデル海岸地方産の綿織物を入手することは、オランダ東インド会社にとって、それなりの意味があった。もっとも、十七世紀末の一六九五年、日本の元禄改鋳で小判の金含有量が減らされることになった。これまでの慶長小判は約八六％の金含有量があったが、このたび新たに発行された元禄小判の金含有量は、五六％程度となった。こうした悪鋳貨の通用自体は日本国内経済の問題ではあったが、一六九八年以降には、この新たな改鋳後の小判をオランダ東インド会社は輸出用に受け取らなければならなくなった。しかも、驚くべきことに、オランダは従来どおりの小判価格で改鋳後の金を購入することとされた。当然、日本金貿易は下火とならざるをえなくなった。

一方、日本銅が、日本金同様、銀にかわって注目すべき商品となった。十七世紀後半にはオランダによる日本銅の輸出は急増する。銅はインドでの需要が高く、インドで綿織物を入手するため、銀や金と並んで重要商品であった。インドでは、鍋などの調理器具、宗教上の銅像、そして小額貨幣の原料などとして旺盛な需要があり、インド国内産銅だけでは不十分であった。おりしも日本では別子銅山や秋田銅山など各地の銅山の開発が進んでいた。また、日本銅は、長崎からはオランダのほかに、中国ジャンク船によって中国や東南アジアにも輸出され、対馬藩の対朝鮮貿易でも日本銅が取引された。日本にとっては、輸出品として、銀や金といった貴金属輸出貿易の時代から、しだいに銅輸出の時代へと変化していったのである。

たしかに、日本銅はオランダ東インド会社によって、オランダにも運ばれた。経済学の父と呼ばれるアダム・スミスは主著『諸国民の富(国富論)』(一七七六年)で日本銅について言及している。

金属鉱山の生産物は、もっとも遠く離れていてもしばしば競争しあうことがありうるし、また事実普通に競争しあっている。したがって世界でもっとも多産な鉱山での卑金属の価格、まして貴金属の価格は、世界のほかのすべての鉱山での金属価格に、多かれ少なかれ影響せずにはいない。日本の銅の価格は、ヨーロッパの銅山の銅価格にある影響を与えるに違いない。

スミスは、競争というメカニズムによって価格が決められること、また、こうした価格決定メカニズムは世界的な競争のもとでおこなわれているということを主張する。このことの例証として、日本やヨーロッパの銅について言及したのであった。

とはいえ、実際に日本銅がオランダにまで運ばれる割合は、日本銅総取扱高のうち、極めて小さな割合でしかなかった。ヨーロッパには、スウェーデンやドイツなど各地に銅山がある。そのため、戦争が発生し、軍事物資の一つである銅価格が上昇したときだけ、日本銅がオランダまで運ばれた。平時にはオランダが日本から入手した銅は大部分、インド市場に向けられた。インドでは高価格で日本銅を売却できたし、インド産綿織物を入手するための支払い手段の一つとして日本銅は必要不可欠であった。さらに、日本から銅をオランダ本国まで送付するとなると、輸送費用が高くついてしまう。結局、日本銅はオランダ東インド会社のアジア域内貿易のための重要商品の一つとして価値があったのである。

ちなみに、オランダ東インド会社は十八世紀になると、もう一つの金属貿易を大規模におこなうようになる。具体的には錫貿易である。十七世紀にも錫はタイ南部で生産され、輸出されていた。ナコーンシータマラート（リゴール）はタイ南部のタイ湾側に位置する港町であるが、錫の集荷ならびに輸出拠点であった。オランダ東インド会社は、このタイ錫を入手して貿易をおこなっていた。しかし、続く十八世紀になると、インドネシアのバンカ島で大規模な錫の生産が開始される。バンカ島はスマトラ島北東部に面して位置する小さな島だが、伝説によると一七一〇年に発生した火災によって錫が発見され、以後、鉱山開発が進んだという。スマトラ島にあったパレンバン王国の支配下にあったが、オランダ東インド会社は、このバンカ錫を入手して貿易をおこなったのである。ちなみに、バンカ錫の輸出先は、十八世紀前半まではオランダ本国と、インド亜大陸各地やイランといった南アジアや西アジアであった。もっとも十八世紀半ば以降、バンカ島の錫生産量は増大し、中国市場がその引き受け手となり、相対的に西南アジア市場の重要性は衰えるのであった。

結局のところ、十七世紀後半から十八世紀初頭にかけて、アジア域内貿易の構成商品は大きく変化した。銀を中心とする貴金属貿易から銅や錫の貿易が繁栄しだすという貿易商品構成の変化である。こうした十七世紀後半からの変化は何もオランダ東インド会社の貿易活動だけにみられたわけではなかった。そもそも、アジア域内ではさまざまなアジア人やヨーロッパ人の貿易ネットワークがつくられており、彼らもまた、アジア域内貿易に従事していたのである。そこで、つぎに、アジア域内貿易の大きな担い手であった中国人商人のアジア域内貿易について検討する。

2 中国ジャンク船貿易の台頭

十七世紀初頭の中国人貿易ネットワーク

十七世紀以前から、中国人によるアジアでの貿易活動は活発であった。中国人による海外進出の事例として有名なのは、鄭和による遠征である。十五世紀前半の明の時代、ムスリムで宦官であった鄭和の艦隊は、東南アジアばかりでなく、インド洋方面にまで派遣された。彼の艦隊は、現在のベトナムやタイといった東南アジア大陸部ばかりでなく、インドネシアのジャワ島やスマトラ島、マレーシアといった東南アジア島嶼部を訪れ、現地の政権に朝貢というかたちで、外交関係や貿易関係の樹立を促した。さらに、彼の艦隊はインド洋にまで進出し、インドや現在のスリランカ、さらにはアラビア半島や東アフリカにまで達した。かくして明朝による国家事業として海外進出が企図され、鄭和の艦隊派遣は七度におよんだ。

こうした国家事業としての海外進出のほかに、民間商人による海外進出もはかられた。彼らの貿易活動は基本的に東アジアから東南アジアに限られていたが、それでも地理的に広大な範囲であった。なぜなら朝鮮半島から日本やフィリピンをへて、マルク諸島を含む東南アジア各地に貿易ネットワークを構築したからである。明朝としては、海禁令を発したりし、民間貿易を国家のコントロール下におこうとしたが、完全に統制できたわけではなかった。民間商人は、海外の港市に拠点を設け、そこに定住する者もあらわれたし、そうした海外拠点をベースに中国との貿易のほかに、中国を除くアジア域内の貿易にも従事しており、とうてい明朝がコントロールできる相手ではなかった。

こうした状況を背景として、十七世紀初頭の段階で、東アジアから東南アジアにかけての海域では、中国人商人の貿易ネットワークは極めて重要な存在となった。オランダが東南アジアに進出し始めたとき、すぐに理解したことは、ヨーロッパ人としての競走相手であるポルトガル人がすでに大きな権益をアジアで確保していたこととともに、中国人商人がさまざまな取引において重要な役割をはたしていたということである。

オランダ東インド会社設立前、オランダが初めてアジアに派遣したのはコルネリス・デ・ハウトマンの率いる船隊であったが、その船隊の一員であったウィレム・ローデウェイクスゾーンの記録には、一五九六年、バンテン沖に停泊するオランダ船に、中国人商人が胡椒を売り込みに来る様子が描かれている。

> 連日、さまざまな民族が胡椒の売り込みで船隊に来た。とくに中国人が、ある価格――ここに明記するにもおよぶまい――で多量に提供しようと申し出た。だが、わが幹部は、新たに収穫される品質優良の胡椒を期待していたので、いまこれを買うのは得策ではないと考えた。

そもそも、

> バンテンに居住している中国人は農民から胡椒を買い付ける人々である。竿秤を携えて内陸の村々へ出かけて行き、まず胡椒の目方をはかり、それから相手の売値を聞いて値をつける。こうしてシナ船が来航する頃までに胡椒を集荷する。

とある。つまり、バンテンに居住する中国人は中国船が到着する前に胡椒を内陸から買い付けておき、バンテンに中国船が到着すると胡椒を転売するということを主たる仕事としていた。
ちなみに、ポルトガル人についての叙述も紹介しておこう。

ポルトガル人は、わが方の悪口をやめるどころか、いろいろ約束してバンテンの要人の何人かを買収した。

とあり、ポルトガル人はオランダ人の進出に敵対的であった。彼らのバンテンでの仕事については、

クローヴ、ナツメグ、メース、白檀、クベブ、長胡椒など、東インド諸島に産する薬種を、織物などの商品と交換して買い占めることである。このため、織物などの商品は、マラッカに居住する、彼らの雇い主から彼らのもとに送られて来る。雇い主というのは、おおむね長官や司教などに属する商務員である。

と記されている。結局、香辛料を購入するわけであるが、ポルトガル人の場合は、購入のために、インド産の綿織物などを用意していたことが理解できる。ポルトガル人は南アジア各地に拠点を築いており、南アジアと東南アジアとを結ぶ商品流通網を整備していたのであった。

中国人貿易ネットワークと日本

中国人の貿易ネットワークを分析するにあたって、最初に日本の事例を考えてみよう。十七世紀の初めには、博多や長崎などといった九州各地には中国人が定住し、彼らが中国人商人による国際貿易の主たる担い手となっていた。江戸時代初期の朱印船貿易家は日本人ばかりでなく、外国人も多数おり、もちろん日本に定住する中国人も含まれていた。十七世紀前半に幕府の力が強まると、中国人による貿易

バンテンに居住する中国人　16世紀末，ハウトマン指揮下にあったオランダ初のアジア向け船隊は，ジャワのバンテンに達した。バンテンに居住する中国人は内地から胡椒を買い入れ，おもに中国からの船の到来前に，胡椒などの輸出品を準備していた。

は長崎のみに限定されることになった。いわゆる鎖国時代となり、長崎ではオランダ人と中国人による貿易がおこなわれたとされる。オランダ人の場合、平戸から移転してきたときから、出島に隔離された状態におかれたが、中国人については、当初は、長崎の市内に居住することが許されていた。相対的な行動の自由を獲得していたのである。

いわゆる鎖国時代における彼らの日本貿易は、明清交替という独特な東アジアの政治変動の状況下にあり、決して安定的な貿易が営まれたわけではない。中国大陸の政治的不安定性により、中国人による日本の貿易相手は福建の各地や台湾、さらには東南アジア各地におよんでいた。台湾との貿易については、とくに鄭氏政権が台湾に存在した時期には盛んであった。また、ベトナム北部のトンキンやタイのアユタヤといった東南アジアとの貿易が中国人ネットワークを介しておこなわれていた。

こうした日本と東南アジアを結ぶ貿易の実態を示す一事例として、一六八二年に長崎に来航したジャンク船のうち、東南アジアを出発地とし、積み荷が判明するものを抽出するとつぎのとおりとなる。以下では、出発地、隻数さらには主要商品を記すこととする。ちなみに、これらの情報はオランダ東インド会社の文書に記録されているものである。オランダの出島商館は、貿易ビジネス上、自らのライバルである中国人によるジャンク船貿易に関する情報の入手に力を注いでいた。

東京《トンキン》船　二隻：東京生糸、各種絹織物、肉桂
交趾《こうし》船、一隻：砂糖、鹿皮などの獣皮、鮫皮、沈香や伽羅などの香木
柬埔寨《カンボジア》船、一隻：砂糖、黒漆、蘇木、鹿皮などの獣皮
暹羅《シャム》船、六隻：鮫皮、鹿皮などの獣皮、黒漆、綿織物、白糸、蘇木、砂糖、錫
咬嵧吧《からは》船、二隻：砂糖、絹織物、綿織物、牛皮などの獣皮

このうち、東京船とはベトナム北部を支配していた鄭氏政権の所在地であるトンキン、すなわち現在のハノイから長崎に向かった船である。トンキン近郊で生産された生糸や絹織物を日本にもたらしたほか、シナモン(肉桂)も積荷に含まれていた。通常、シナモンといえば、スリランカが著名な生産地である。スリランカのシナモンの入手のため、ポルトガルやオランダが覇権を競って、スリランカ島の沿岸部の支配をおこなっていたほどである。ベトナム北部産のシナモンの輸出は数量的にはわずかであったが、距離的な近さもあり、日本はベトナム産のシナモンを輸入していた。

交趾船は、コーチシナからの船のことである。ベトナム中部の港町で、阮氏政権下にあったホイアン

を出発したジャンク船と考えられる。ベトナム北部からの東京船と比べると積荷に違いがあった。ベトナム中部が砂糖の生産地であったことを反映し、積荷には砂糖が含まれている。また、鹿皮や鮫皮などタイからのジャンク船と同様の商品も見出せる一方、沈香や伽羅などの高級香木が特産品として日本に輸入されていた。

柬埔寨船はその名のとおりカンボジアからの到来船である。積荷は一般的に、バラエティは少ないが、一部の商品構成はアユタヤからもたらされる商品構成に類似する。一方、暹羅船はシャムからの船ということで、アユタヤから出帆してきたジャンク船であり、六隻と船数も飛びぬけて多い。鮫皮や鹿皮、黒漆、蘇木などの代表的なタイ製品のほか、タイ南部で生産された錫や、おそらくはインドからの再輸出品であろう綿織物も日本に輸入されていた。

最後の咬𠺕吧船はバタヴィアからの来航ジャンク船である。代表的ジャワの特産品として砂糖があった。オランダ東インド会社船もジャワ産砂糖を日本にもたらしていたが、ジャンク船も同じくジャワ産砂糖を扱っていた。そのほか、バタヴィアで再輸出された絹や綿の織物、さらには牛皮なども取り扱っていた。

このように、ジャンク船が東南アジア各地と長崎とを結ぶ貿易が盛んにおこなわれていたわけであるが、この事例は一六八二年の事例であることに注意する必要がある。この一六八二年というのは本書の主題で転換の年とされている一六八三年の前年にあたり、以後、長崎を訪れるジャンク船の出帆地は、じつに大きく変化するからである。

十七世紀末の変化

台湾に拠点をおいていた鄭氏の勢力は自ら貿易活動を通じて資金を得るとともに、明朝の復活をもくろんでいたが、一六八三年、ついに清朝に降りることになった。当時、台湾の鄭氏政権は、鄭成功の孫の鄭克塽《ていこくそう》によって担われていたが、清朝の攻撃を受けて彼は降参した。これにより、清朝は中国海域部の支配を確実なものとしたのであった。平和が確立された以上、もはや清朝は海上貿易を抑制する必要はなくなり、民間商人の貿易をコントロールすることが可能となったのである。そこで、清朝は一六八四年に展海令を発した。中国のジャンク船貿易家は、アジア各地に貿易船を派遣することになった。

日本の長崎では、一六八五年には八五隻、八六年には一〇二隻、八七年には一三七隻といった具合に、入港する中国船が激増した。一六八二年には二六隻、八三年には二七隻、八四年には二四隻であったことを考えると、大激増といえる。日本側としては、これらすべてのジャンク船と取引をおこなうことは事実上、不可能であった、隻数を制限するなど、この時を境に、長崎での中国人貿易はしだいに制限され始めることとなった。以前は比較的自由貿易の要素が強かったが、日本側は中国ジャンク船の貿易に介入することを開始した。一六八五年には貞享令《じょうきょうれい》を発して、中国船の年間貿易総額を六〇〇〇貫に限ったり、糸割符制度を再興したりした。また、一六八八年には翌年から年間の中国船数を七〇隻に限ることにした。このように貿易量を制限すると、自然と密貿易が増える。それを回避するために、日本側が対抗策を講じた。一つに唐人屋敷の建設である。唐人屋敷は一六八九年に完成し、壁に囲まれた一帯に中国人を集住させることになった。さらに、一七〇二年には新地蔵《しんちくら》が完成した。唐人屋敷に面した海上を埋め立て、一つの人工島を建設し、中国ジャンク船用の蔵を建築した。当然、中国人商人の商品はこの人工島に置かざるをえず、ますます密貿易は物理的に難しくなった。結局、オランダ人を相手とする貿易と同じく、日本側が国家として中国人の貿易も統制するというシステムが十七世紀末に形成されていった。

中国人商人が日本に来航した目的は日本から銀、さもなければ銅を入手することであった。日本の銀生産の産出量減少にともない、日本から銀を持ち出すことはしだいに困難となっていったので、中国人商人たちは日本から多量の銅を輸出した。中国に平和が回復し、経済的な成長が十七世紀後半以降なされるようになると、自然と小額貨幣需要が増大することとなった。清朝は銅銭を国家が自ら鋳造することとしていたので、国内銅山の開発を進めるとともに、日本からの銅の供給を必要としていた。

長崎の中国貿易についてみると、十七世紀末から十八世紀にかけて一つの興味深い現象が起きている。一六八〇年代に鄭氏が清朝に降伏し、その後、中国大陸から多数のジャンク船が来航することになったが、それ以前は、東南アジア各地からの来航船が比較的多かったことは先に述べた。しかし、以後、十八世紀半ばにかけて、東南アジアからの中国来航船は減少し、しまいにはとだえてしまった。日本が輸出するものは銅や海産物であり、それは中国大陸で大きな需要があった。しかも、十八世紀を通じて中国ジャンク船による中国本土と東南アジア各地を結ぶ貿易ネットワークが整備されると、日本が必要とする東南アジア産品は、いったん中国大陸に運ばれ、そこから再輸出されるかたちで日本にもたらすことが可能となった。そのため、東南アジアと日本とを直接に結ぶ貿易は不要となったのである。

このような中国ジャンク船貿易の発展は、何も長崎だけで生じたわけではなかった。例えば、記録の残るバタヴィアにおいても同様に変化が生じていた。バタヴィアへ中国からのジャンク船は、十七世紀末からしだいに安定的に来航するようになった。判明する限り、バタヴィアに中国本土から来航したジャンク船は一六八四年と八五年には皆無であったが、八六年には厦門から六隻のジャンク船がバタヴィアに来航した。以後、一六九〇年には一〇隻、一七〇〇年は一〇隻、一〇年は八隻、二〇年は〇隻、三〇年は二〇隻、四〇年は一三隻といった具合である。もちろん、一七二〇年には来航船はなかったように、一時的に清朝がジャンク船の海外渡航を禁止することもあったが、全体的にはバタヴィアと中国本土を結ぶジャンク船貿易は順調であったといえる。

バタヴィアの中国人船の貿易についていえば、決して中国大陸との貿易だけであったわけではない。東南アジア各地とバタヴィアを結ぶジャンク船貿易も盛んであった。トンキンやアユタヤ、マニラといった東南アジア各地間を結ぶ貿易ネットワークの拠点の一つとしても機能していた。さらに、バタヴィアのあったジャワ島のスラバヤやスマランなどを結ぶ沿岸貿易、バリ島やスマトラ島とバタヴィアを結ぶ比較的近距離の域内貿易も中国人商人が営んでいた。こうした東南アジア域内を結ぶ貿易は各地に居住する中国人商人がネットワークを形成させるかたちで実現されており、十七世紀後半から十八世紀前半にかけて充実していった。

東南アジアの農業開発

東南アジア各地に中国人が商業ネットワークを充実させたことの裏側には、中国から東南アジアへの移民の増加があった。とくに十七世紀から十八世紀にかけては福建からの東南アジアへの移民が増加した。国際商業を営む中国人商人は華人のなかでも富裕層にあたるが、彼らは当初から裕福であったわけでもない。福建からは男性の比較的貧しい中国人が東南アジアにわたり、肉体労働に従事した。人生のうちの一部を東南アジアで過ごし、最終的には本国に帰国する者もあれば、現地人女性と結婚し、家庭を築き、生涯を東南アジアの移民先で終える者もあった。後者は現在にいたる東南アジアの華人の起源でもある。

中国からの移民が従事した仕事はさまざまであったが、東南アジアに移住した直後は肉体労働が中心であった。港で貨物の運搬をする港湾労働、錫や金鉱山での鉱夫などがあったが、代表的な仕事の一つとして、砂糖プランテーションでの農業労働があった。中国南部ではサトウキビ栽培と製糖という一連の糖業が盛んであったため、福建からの移民はサトウキビのプランテーションで労働に従事することがしばしばあった。ジャワ島では中国人経営のサトウキビ・プランテーションが十七世紀には発展しつつあった。すでに、ジャワ北東海岸では、中国人による糖業が芽生えつつあり、この東南アジアでの中国人資本と技術、加えて中国人移民労働力という一式の組み合わせに着目したのが、オランダ東インド会社であった。

まずオランダ東インド会社が試みたことは、台湾でのサトウキビ栽培である。オランダは台湾の台南に拠点を築いており、その近郊地帯でサトウキビの栽培をもくろんだ。栽培技術と製糖技術を導入し、労働力を確保するため、バタヴィアの華人グループのリーダーであった蘇鳴崗(ベンコン)をバタヴィアから台湾に招聘し、福建から技術導入と労働者の確保の手立てをはからせた。その結果、台南での糖業は発展し、一六五〇年頃には一応の成功をみた。台湾産の砂糖を日本やイラン(サファヴィー朝ペルシア)へ輸出するほどに発展した。だが、オランダ東インド会社が一六六二年に鄭成功により駆逐される

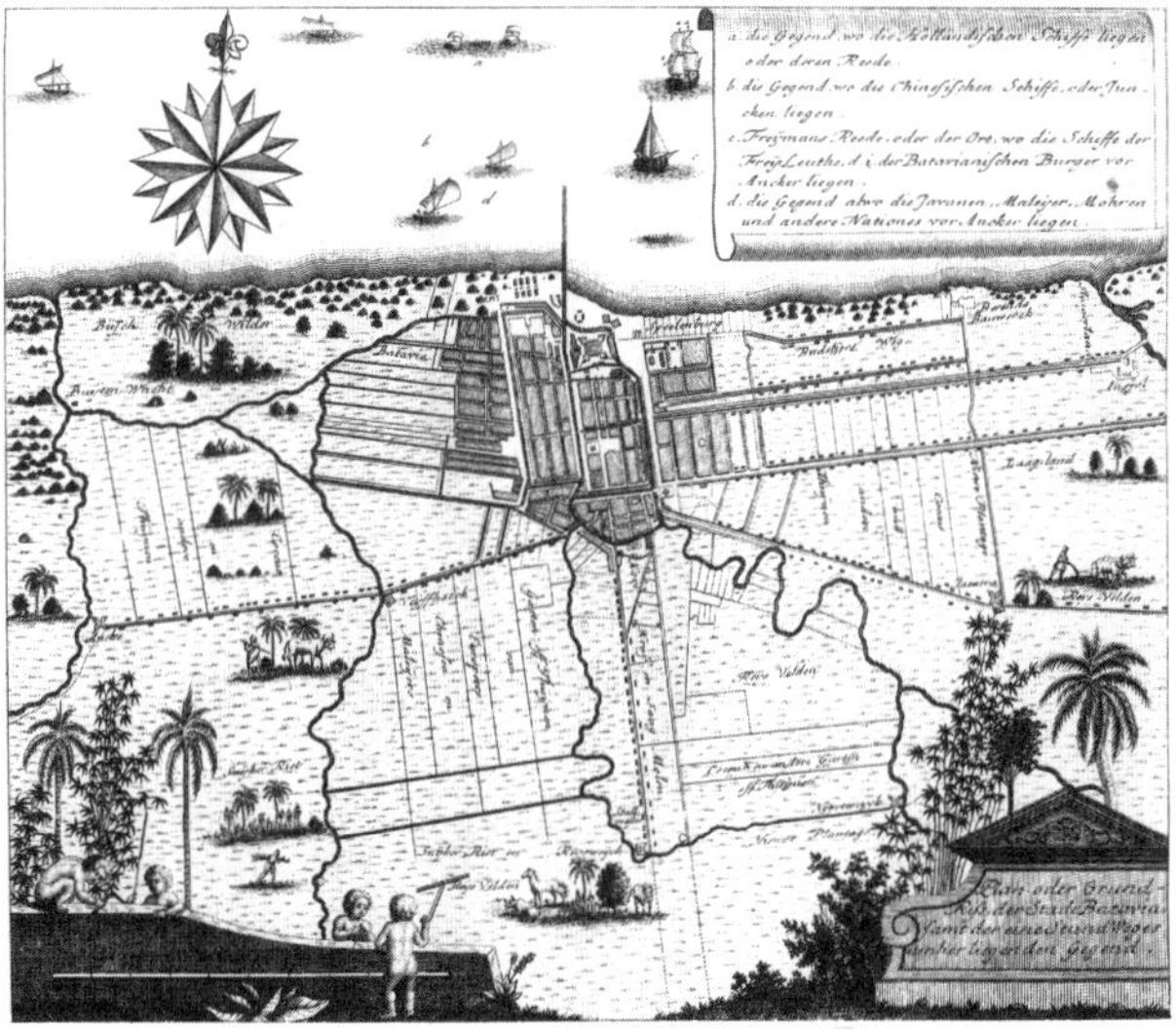

バタヴィア　近世植民都市の一つであるバタヴィアの郊外（オンメランデン）は17世紀後半以降，サトウキビ栽培が盛んとなった。短冊状の農地には，サトウキビ栽培ないしは稲作がなされていたことが記されている。

と、必然的にオランダ東インド会社のこのサトウキビ栽培事業はとだえることとなった。

台湾にかわってオランダがおこなったことがバタヴィア近郊地帯での砂糖生産である。バタヴィア近郊地域（オランダ語でオンメランデンと呼ばれた）を、サトウキビ栽培農地として開発し、そこに労働者を集め、サトウキビを栽培し、さらに砂糖精製工場を設けた。この土地は、オランダ東インド会社を退職し、バタヴィアに居住するヨーロッパ人自由市民が中心だったが、農地を華人資本家に貸与した。華人の農業資本家は経営者という立場から、一連の砂糖生産を管理・運営した。労働力は、東南アジア各地から集められたアジア人奴隷、あるいは近郊地帯の現地人を一時的に雇用することもあったが、中心となる労働者は男子の中国人移民であった。

このバタヴィア近郊での砂糖生産は十七世紀末頃までには大きな成功をおさめる。多量に生産されたバタヴィア砂糖はアジア各地に向けてオランダ東インド会社の船舶で輸出された。主たる販売先としては、日本、インド各地、イランなどがあった。十九世紀半ば過ぎの幕末開港まで長崎にはオランダ船によってじつに多量の砂糖がもたらされたが、その砂糖はこのジャワ島で生産された砂糖だった。いずれにせよ、砂糖はオランダ東インド会社のアジア域内貿易の主要商品であった。大量生産が進むほど、砂糖価格は低下し、アジア内でも多くの人がしだいに口にできる商品となりつつあった。一方、アメリカ大陸で生産された砂糖の輸入量が年を追って増加していたヨーロッパ市場に向けて輸出されるジャワ砂糖は少量にすぎず、オランダに送られたとしても、帆船を順調に運航させるためのバラストとしての意味合いが強かった。

3　アユタヤ朝の海外貿易

港市国家アユタヤ

アユタヤ朝シャムは現在のタイにほぼ相当する。王都はアユタヤにおかれた。アユタヤはタイ湾にあるチャオプラヤー川河口から一〇〇キロほど上流に位置するが、十七世紀における国際商業都市の一つとされている。アユタヤには世界各地から人々が集まり、民族集団ごとに居住区が設けられていた。山田長政が日本人町のリーダーであったことはよく知られている。自治組織として日本人町を支配するとともに、国王のもとに官職をえて、国王に軍事的貢献などをおこなっていた。こうした民族別の居住区と一定の自治は日本人町に限られたのではなく、多数の民族に認められていた。知られているだけでも、日本人のほかに、中国人、モン人、マレー人、コーチシナ人、マカッサル人、イラン人、ポルトガル人、イギリス人などの居住区があった。これだけ多数の民族集団別の居住区をもっていたアユタヤはまさしく国際都市としての十分な要素を備えていたといえる。

アユタヤ朝の財政収入のうち、大きな比重を占めたと考えられているのが、国家自らがおこなう貿易や貿易・商業活動に付随する関税収入であった。極論すると、国際商業を主要財政基盤として成立している国家だったのである。農業生産の余剰を国家歳入の基盤とする国家と違い、国際商業をおもな基盤とする国家は港市国家と呼ばれる。東南アジアはインドと中国というアジアにおける二大経済地域の中間に位置したため、国際商業の結節点にあたり、古来より貿易に財政収入を大きく依存する港市国家が多数存在してきた。十六世紀にポルトガルが占領する前のムラカ王国(マラッカ王国)は港市国家の代表例である。十七世紀においても、バンテン王国やパレンバン王国、アチェ王国などの港市国家があった。

もちろん、アユタヤ朝がまったく農業生産に依存していなかったわけではない。国王は隷属民をかかえ、彼らの労働から生産物を手にしていた。食料などの貢納物もあれば、輸出向けの鹿皮といった獣皮や蘇木もあった。それらの生産物は貢納品として王室におさめられ、国内で消費されることもあった

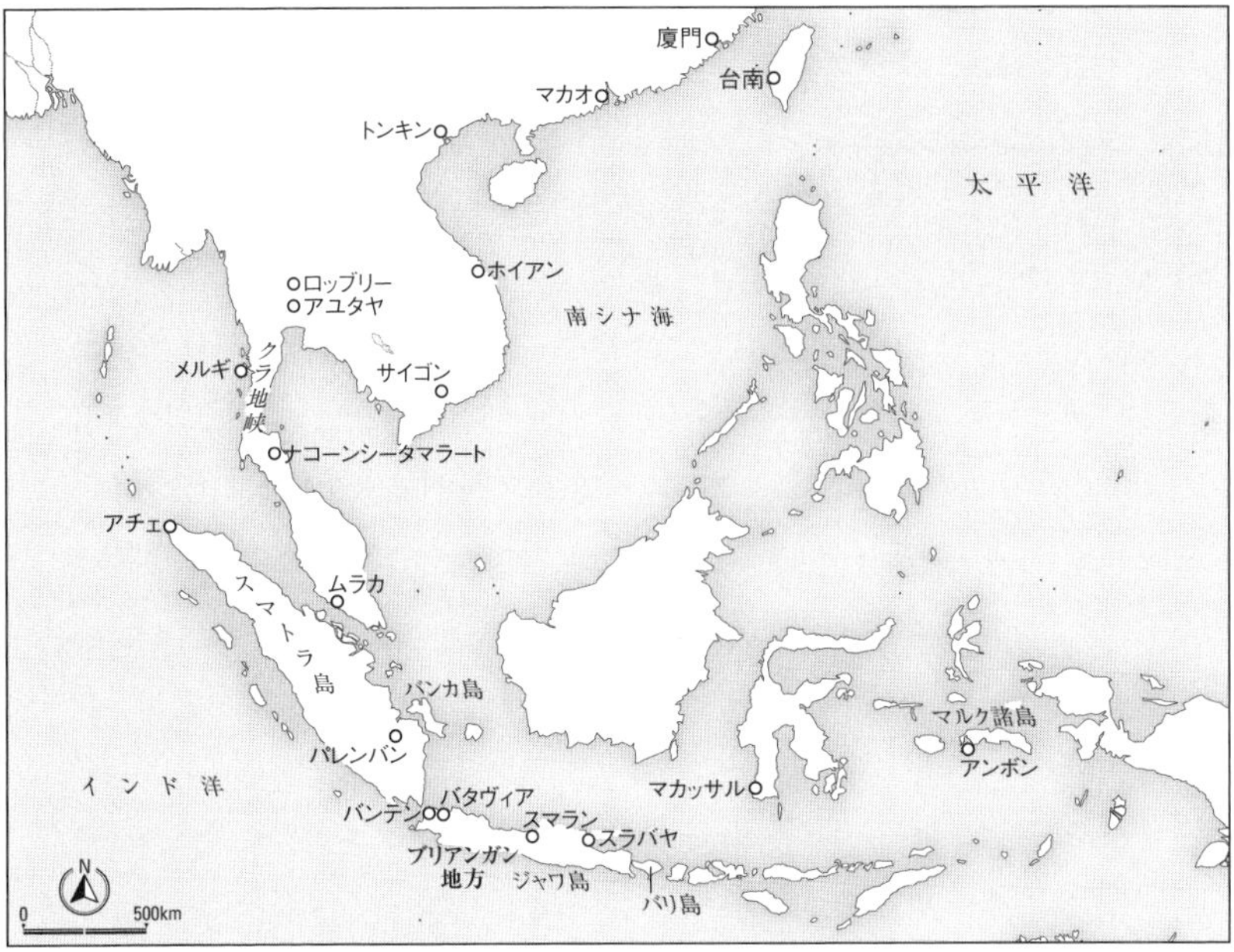

南シナ海・東南アジアの諸都市

し、王室の商業活動の一環として、外来商人に売却されたり、王室出資の船舶により、国外に輸出されたりすることもあった。こうしたことを考慮すると、港市国家が後背地の農業生産の余剰にまったく依存していなかったと考えることは危険である。

外国人商人間の競争

アユタヤ朝の国王はみごとなほどの商人としての優れた才覚をもっていた。自ら船を仕立てて航海をするわけではなく、王都に鎮座しながら、さまざまな外国人商人を競わせていたのである。日本の長崎貿易は、中国人とオランダ人による貿易のみを許していた。それは、ある意味では特定民族の商人に独占的な特許を与えていたといえる。この場合、長崎で貿易できることの利益は特許を与えられた商人側がその多くを手にする。一方、アユタヤ朝の場合は日本とはまったく逆の方針をとった。できる限り、多くの貿易集団の参入を許し、彼らのあいだでの競争を促していたのが、アユタヤ朝の対外貿易政策の根幹であった。

アユタヤ朝支配地域での貿易拠点はおもに三つの地点でおこなわれていた。第一が王都のアユタヤである。チャオプラヤー川は大河川であるが、すべてのアユタヤに向かう外国船がチャオプラヤー川をそのまま遡上してアユタヤに向かったわけではない。例えば、オランダ東インド会社の場合、チャオプラヤー川の河口付近にアムステルダム倉庫と名づけた施設を所有していた。オランダ船は基本、河口付近に停泊し、このアムステルダム倉庫を利用した。アユタヤと河口とのあいだの往来は小舟を仕立てることですましていた。

アユタヤ以外の大きな貿易拠点としては、ナコーンシータマラートやメルギがあった。ナコーンシータマラートは先述したように、後背地からの錫を集荷し、輸出する拠点であった。オランダ東インド会社は錫を入手するために、船舶をナコーンシータマラートに派遣していた。もう一つの貿易拠点は、インド洋に面したメルギである。この地は現在ではビルマ(ミャンマー)領となっている。とくにインド亜大陸東岸との貿易拠点として重要であった。マレー半島の付け根の部分に相当するクラ地峡は陸路を通じて、古来より、東西間、すなわちタイ湾側とベンガル湾側との物流を可能にしていた。とくに十七世紀には、このクラ地峡を越えるベンガル湾側の港町メルギから王都アユタヤへといたる陸路の諸拠点にはイラン人系の役人が任命されていた。彼らはイラン系とされるタイへの移住者ないしはその子孫たちであった。

十七世紀、アユタヤに居住区を構える諸民族のうち、有力な集団はオランダであった。もちろん、オランダ東インド会社のことである。歴代のアユタヤ朝の国王たちは、このオランダによる貿易を抑制するために、さまざま民族集団を優遇した。その代表例は、イラン人系であったり、フランス人系であったり、中国人系でもあった。時期により、オランダへの対抗勢力として優遇する集団を微妙なバランスで変えてきた。

ナーラーイ王の多方面外交

一六五六年、ナーラーイ王がアユタヤ朝の王位についた。彼はこれまでの国王たちと比べてより積極的かつ現実的に外交通商戦略を展開した。まず、多方面にわたる外交を樹立させ、アユタヤ貿易への参入者をより多様にし、結果として貿易からの財政収入を増大させることを狙ったのであった。

各国へ使節を派遣したりもした。後述のようにイランにも使節を三度、派遣したが、フランスやバチカンなどにも使節を送っている。一方、日本に対しては現実的な方策をとり、貿易の拡大に努めた。実質上の前王であるプラーサートトーン王（在位一六二九〜五六）は、国書を数度送り、日本との正式な外交関係再開に努めていた。もちろん、「再開」という言葉が示すとおり、以前には外交関係が存在していた。だが、一六二九年に発生した山田長政の暗殺ならびにアユタヤの日本人町焼き討ちを境に、国交関係はとだえていた。そのため、プラーサートトーン王は、使節や国書を日本に送り続け、日本との外交関係の再興を願ったのである。

この国書は、受け取り手の日本では金札と呼ばれるもので、黄金版に彫り込まれたアユタヤ朝の格式の高い国書であった。タイではスパンナバットと呼ばれ、漢文では金字表、金葉表と称される。日本に対し、外交の再開を願う国書であったが、いずれにせよ、日本側は国交再開ばかりか、国書の受け取りすら拒否した。そこで、こうした国交再開を試みた前王であるプラーサートトーン王がとった政策とは異なる方法をナーラーイ王はとった。すなわち、ナーラーイ王は国交再開の試みをやめ、現実的な方策をとったのである。あえて、国書を送り、正式の外交関係を樹立させるのではなく、実際に長崎へアユタヤの船を送り、長崎で取引を実施することができればよいという方針であった。こうした政策は日本側にとっても受け入れられた。以後には日本とタイとのジャンク船による貿易が継続的に実施されるようになったのである。これらのアユタヤから長崎を結ぶジャンク船の運航はアユタヤ在住の中国人によっておこなわれた。一方、国王はこのジャンク船貿易の出資者となった。オランダ東インド会社の文書には、「国王の船」と記される王室貿易であり、国王やその妻などが出資者となった。

フランスへの使節派遣やバチカンへの使節の派遣は、一定程度の成功をおさめた。この背景には、ナーラーイ王が、ギリシア出身で、アジア各地で自由貿易商人として活躍していたコンスタンティン・フォールコン(一六五〇〜八八年)に官職を与え、高位にすえたことが考えられる。フォールコンはもともとイギリス東インド会社の船員としてアジアにわたり、会社を辞めたのち、自由貿易商人としてアジアの海で貿易活動をおこない、最終的にアユタヤに定住するようになった。タイ語やヨーロッパ諸語など外国語に長け、ナーラーイ王の寵愛を受け、ナーラーイ王の多方面外交政策を推進する懐刀として役割をはたしたのであった。海外貿易はオランダ東インド会社やイラン系居住者が中心となっていたが、そ

アユタヤ朝の副王都であるロッブリーの宮殿で天体観測をするナーラーイ王
フランスからの贈物として天体望遠鏡を手に入れていた。

うした寡占状態を打ち破り、新たな貿易参入者を優遇することに努めた。とりわけ、フォールコンはフランス勢力を優遇した。ルイ十四世は宣教師をアユタヤに送り、国王のキリスト教への改宗をもくろんだり、貿易の拡大をめざしていたといわれる。最終的にナーラーイ王はキリスト教への改宗は拒絶したが、タイ国内ないしは王都アユタヤや副王都のロッブリーの宮廷内部でのフランス勢力の影響力が増大したことは確かであった。

イラン系移住者

タイのイラン系の移住者とはペルシア語話者の集団のことであり、イランばかりか、インドからの移住者であることもあった。十七世紀初めには、イランないしはインドから、主としてシーア派と考えられるムスリムの移住者が増加した。当時のイランはサファヴィー朝でシーア派のムスリム国家であった。また、同じくインドのハイデラバードからベンガル湾側のマチリーパトナムにかけての地域を支配していたゴールコンダ王国も同じくシーア派であったことを考慮に入れると、イラン・ゴールコンダ・タイを結ぶインド洋をまたがる商業ネットワークを構築していたことがわかる。

タイ居住のイラン人が大きな勢力を占めたのは、おおよそ十七世紀半ばであった。しかし、十七世紀後半にはしだいに力を失っていった。起死回生のため、アユタヤのイラン人たちはアユタヤ国王に請願し、サファヴィー朝への使節派遣を実現した。三度、タイ使節がイランに派遣された。一六八〇年代に派遣された大使は、アユタヤに居住するイラン系の人物で、言葉が直接通じたこともあり、イラン側はこれに応えて、返礼の使節をタイに派遣した。このイラン使節のペルシア語の記録として『スレイマーンの船』がある。この記録はイラン使節の行動記録であるとともに、使節が往路と復路で経由した諸都市についての記事も掲載されている。さらに重要なことには、十七世紀のタイ史にとって貴重な史料でもある。タイ国内居住のイラン人系の人々についての情報を含むばかりか、タイ人の生活文化一般にも言及する。とくに、国王の象狩りに随行し、象狩りの詳細を記録した個所などはタイ史にとっても極めて貴重な記録である。

この『スレイマーンの船』によれば、「現王が玉座についたのはイラン人居住者の助けがあった」からだという。より詳しくはつぎのような叙述がある。

現王の治世の初期から近年にいたるまで、国家のあらゆる重要な事業はイラン人の掌中にあった。彼らイラン人こそが王の権力の源泉であった。しかし、国王の側近であったアーガー・ムハン

バンコクの国立博物館に残るチェスト
オランダ人とケークと呼ばれたイラン系のムスリム商人が描かれている。

マド・アスタラーバーディーが死すと、国家の支配のあり方に無秩序がはびこり、国家の方向性に変化が生じた。権力のこうした変化は、イラン人の犯した誤りであり、彼らの偽善的行為のためでもあり、彼ら内部での合意がまったく欠けていたためでもあった。

と述べている。実際、アーガー・ムハンマドの死後に、ナーラーイ王はフォールコンを重用し始めたと記し、『スレイマーンの船』ではフォールコンは最大の悪者として侮蔑的な言辞とともに描かれている。

かくして、タイにおけるイラン系の人々はナーラーイ王の時代の初期には王を支える集団として栄華を極めたが、ナーラーイ王治下の後半には、フォールコンの登場とともに、フランス系の人々が優遇され、一方、団結を欠いたイラン人の勢力は衰退し始めた。さらにはゴールコンダ王国が一六八七年にムガル朝に滅ぼされると、アユタヤ朝の有力勢力としての地位は確実に失われたのであった。

ちなみに、長島弘の研究によると、このイラン系のネットワークは長崎まで伸びていたという。長崎にはさまざまな言語の通訳者がいた。オランダ語の通訳者は通詞《つうじ》と呼ばれ、アジア系の言語の通訳者は通事《つうじ》と称されていた。アジア系言語は各種の方言を含む中国語のほかに、ベトナム語を専門としたトンキン通事、タイ語のシャム通事、そしてペルシア語のモウル通事がいた。このモウル通事こそ、アユタヤから長崎に渡航するイラン系の商人を担当する通訳者だったのである。

そもそも、長崎貿易はオランダ人と中国人に限られていたと一般的に説明されるが、実際にはさまざまなアジア人が長崎にやってきていたのである。「唐船《とうせん》」と呼ばれるジャンク船貿易の枠組みでは、中国から来航する船のほかに、東南アジア各港から長崎に来航するジャンク船もあった。たしかに、船舶としては、基本はジャンク船で、東南アジア在住の華人が運航を担当していたが、商人としての乗船者には、中国人以外のアジア人も含まれていた。アユタヤから長崎に来航するジャンク船は「暹羅船」として知られている。船員はおもにタイ居住の中国人であったが、数名のタイ人が乗船してきていることもあった。彼らは航海の出資者である王の代理人として貨物管理と監督の業務にあたっていた。もっとも、一時的には、イラン人と考えられる人物も荷主として乗船し、長崎に来航したこともあった。長島によれば、一六三〇年代にはアユタヤからのジャンク船にムスリムが乗船していたことが確認できるが、その後、ムスリムの乗船はとだえたと考えられるという。しかし、一六六〇年代には、再びムスリムが乗船してくるようになる。まさしく、このムスリムがアユタヤ在住のイラン系の人々であった。

彼らのもたらした商品は、通常、タイからもたらされる商品とは異なっていた。さまざまなインド産の綿織物、コロマンデル海岸地方産の鮫皮などであった。もちろん、イラン人系のネットワークを介して入手した商品である。インド亜大陸からベンガル湾を越えて、メルギに入り、陸路でアユタヤに運ばれた。そして、さらに、タイから日本に再輸出されてきたのであった。ただし、確認できるところ、一六八〇年を最後にアユタヤからのジャンク船にムスリムが乗ってくることはなくなった。これはすなわち、アユタヤ朝におけるイラン人グループの衰退と軌を一にしていたのであった。

ナーラーイ王死後のアユタヤ朝

ナーラーイ王が一六八八年に死去すると、アユタヤ朝の政治体制は急速に変化した。すでにナーラーイ王が病床にあったときに、それまでナーラーイ王の寵愛を受けていたギリシア人のフォールコンは暗殺されたが、その暗殺者であった人物が王位についたのである。このフォールコンを殺害した人物こそがペートラーチャー王であった。彼はアユタヤ王家の血を受け継ぐ人物ではなかったため、一般に簒奪王とみなされている。

このペートラーチャー王以後の諸王がとったアユタヤ朝の外交政策は、ナーラーイ王の華々しい多方面外交と積極的な貿易推進とは異なっていた。まず、フォールコンが優遇したフランス人の勢力は排除されたし、イラン系の人々も勢力としては衰退していった。とはいえ、鎖国政策が推進されたわけではなかったことには留意する必要がある。オランダ東インド会社によるアユタヤ貿易は継続されたし、中国との貿易も進展していった。とくに、中国とのジャンク船貿易は十八世紀以降、飛躍的に発展した。十七世紀後半に戦乱の明清交替が終わりを告げ、平和な時代が到来すると中国の人口が増大し、それにともないタイ米の需要が増大した。これに対応するかたちで、タイの中国輸出向けコメ生産が拡大し、タイと中国との貿易が上昇に転じていったのである。

たしかに、ナーラーイ王の死後、アユタヤ朝が、オランダ人と中国人のみに貿易の担い手を依存したわけではなく、時期によりインド系の人々が活躍する時期もあった。だが、一般的にいえば、十七世紀にみられた多方面外交政策に基づき、アユタヤにやってくる外国人商人たちを競争にさらさせ、その分の利得をアユタヤ王室が得るという色彩はしだいに失われていった。ある意味では、タイ経済の中国への依存度を高めさせた。さらに、コメの輸出先であった中国からの移住者をタイに受け入れるようになり、彼らが商業面などでのタイ経済を握るという十九世紀から現在につながるタイの社会経済状況が生み出されていったのである。

4 ヨーロッパ・アジア間貿易

アジア商品構成の変化

十七世紀になると、ヨーロッパとアジアを結ぶ貿易は、おもに海路を通じておこなわれるようになっていた。もちろん、この場合、アフリカ大陸南端の喜望峰を経由する航路による貿易のことで、ヨーロッパ人によって担われていた。もっとも、地中海から陸路を通じてペルシア湾に抜ける陸路も存在していた。このルートを介した貿易の規模は判然としないので、確実に喜望峰経由の貿易のみとなっていたという断言をすることは避けたほうがよい。今後の実証研究次第では、この陸路の規模的な重要性が明らかになるかもしれないからである。

ともあれ、ここでは、喜望峰を経由したヨーロッパ人の貿易を検討することにする。十六世紀以来、十七世紀初めにかけて、ヨーロッパ人がアジアからヨーロッパに持ち帰った商品の中心は胡椒や高級香辛料であった。これらの香辛料を安価に入手するため、自ら船団を仕立て、アジア産物の購入資金として、ヨーロッパから銀をアジアへ持ち出したのである。とくに十六世紀中葉以降にはアメリカ大陸から銀が多量にヨーロッパに供給されたので、全体としてみると、ヨーロッパからアメリカ銀がアジアへ流出したということになる。もっとも、十七世紀後半からアジアからヨーロッパに運ばれるアジア産品の構成はしだいに変化していった。オランダ東インド会社の事例を検討してみよう。

一六六八年から一六七〇年にかけてアムステルダムでオランダ東インド会社が販売したアジア商品の売り上げは、一七七六万ギルダーであった。そのうち、胡椒の売り上げだけで二九％を占め、その他の高級香辛料(クローヴ、ナツメグ、メース、シナモン)が二九％であった。じつに六割近くが香辛料であった。これに加えて絹や綿の織物が二四％であった。しかし、こうした商品構成は七〇年後には大きく変化する。一七三八年から一七四〇年にかけて、約二三二〇万ギルダーの売り上げを得た。じつに、三割程度売り上げが伸びたことになる。もっとも、胡椒やその他の高級香辛料の比重は、一一％、二四％と低下した。かわって重要商品として台頭したのは、茶やコーヒーである。一六六八年から一六七〇年にかけての時点では、アムステルダムでの販売額は皆無であったが、七〇年後には総売上額のうち四分の一を占めるほどの重要商品となった。また、織物のシェアも二四％から二八％へと増加している。いう

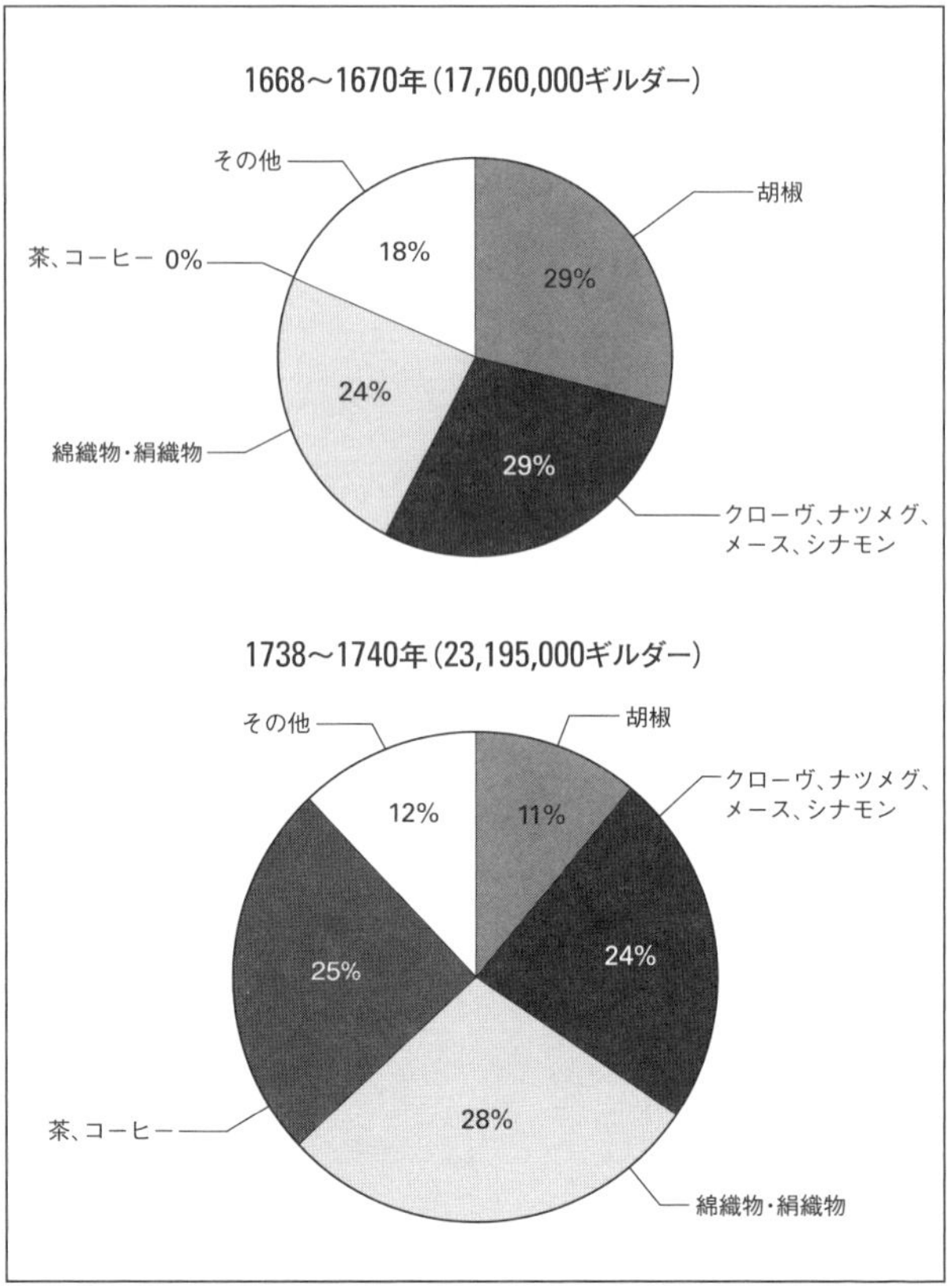

オランダ東インド会社のアムステルダム商品販売額構成
17世紀では胡椒や他の高級香辛料がアジアから輸入される主たる商品であったが，18世紀になると商品は多様化し，茶やコーヒーなども登場した。

出典：Gaastra, Femme S., *The Dutch East India Company: Expansion and Decline*, Zuphen: Walburg Pers, 2003.

までもなく、これは西ヨーロッパ社会でのインド産綿織物への需要が高まったことを背景としていた。オランダ東インド会社の場合、インド産綿織物、中国茶、ジャワ産コーヒーといったものが新たな重要商品として、十七世紀後半から十八世紀前半にかけて台頭したのであった。

西ヨーロッパの文化変容

以上は、オランダ東インド会社がアジアから本国にもたらした商品の構成変化の事例である。また綿織物や茶の取扱量増加という点では、イギリス東インド会社なども同様の傾向にあった。かくして、十七世紀後半からアジア産品の取扱商品が多様化したのであるが、その意義は二つある。第一にヨーロッパでの人々の物質生活を変化させたことであり、第二にはヨーロッパの新たな商品に対する需要に応じて、アジアの生産体制にも変化が生じ、結果的にアジア社会を変容させたということである。

十七世紀後半にはインドで生産された綿織物への需要がヨーロッパで強まり、インドからヨーロッパへの綿織物輸出は増大した。丈夫で洗濯も容易、絹織物と比べて安価であり、デザインはヨーロッパの消費者サイドの要望にできるだけそえるような生産システムをインドで確立させ、多量のインド産綿織物がヨーロッパ市場にもたらされることになった。キャラコ輸入禁止法などでイギリスの綿織物ブームはよく知られている。一七〇〇年に色つきの綿織物の輸入を禁止した。もっとも、無染色の綿織物は輸入できたわけではあったし、ヨーロッパ諸国からの密輸入が存在したとはいわれる。フランスも同様に、一六八六年に色つきの錦織物の輸入を禁じている。このように、綿織物ブームはイギリスに限られたわけではなく、ヨーロッパ各地で発生し、ヨーロッパ人の衣料を大きく変化させたのであった。

同様のことは、続く十八世紀にもみられた。コーヒーと茶についてである。ジャワ島のコーヒー栽培は一七〇〇年前後から本格的に開始された。いわゆる義務供出制度とよばれるルールをオランダ東インド会社が栽培地であるプリアンガン地方の現地首長層に押しつけ、毎年、一定量のコーヒーを、決まった価格で売りわたす限り、現地首長層の支配権を認めるというもので、十九世紀のいわゆる強制栽培制度の原型であった。また、オランダやイギリスの東インド会社による中国南部の広州からの茶輸出貿易は、福建での茶栽培の発展へ大きな刺激を与えたことはいうまでもない。他方、需要サイドのヨーロッパ社会の立場からみると、コーヒーや茶が多量に輸入され、しだいに一般の人々の消費も可能となっていった。ロンドンで最初のコーヒーハウスが開店したのは一六五二年であった。社交場としての機能をもち、政治談議の場として、民主主義や自由主義の論調を生み出していったといわれる。もちろん、イギリスばかりか、フランスやオランダなどでも十七世紀後半を通じてコーヒーの飲用が広まっていった。こうしたコーヒーや茶を飲用する習慣は、同時に、砂糖の消費の増大を意味していた。結局、アメリカ大陸で生産される砂糖への需要も増大し、コーヒーや茶を媒介に、西ヨーロッパ世界はアジアやアメリカ大陸との結びつきを深めていった。

いずれにせよ、十七世紀後半からの商品構成の変化の特徴は、輸出向けの大量生産品でありながら、商品構成全体でみると多様化したということである。こうした商品を通じてアジアとヨーロッパ社会とが連鎖して発展していった。しかも十七世紀以降の変化の要点は、しだいに一般庶民の生活を変化させるようになったことは見逃すことができない。

銀流出の継続

ただ一方、アジアとヨーロッパとの貿易はしだいに拡大し、アジア産品輸入の支払い手段として、ヨーロッパからアジアへ流れ込む銀の量が増加した。銅や錫の時代だとはいっても、依然としてアジアへの銀供給は十七世紀後半以降も継続したのである。

（単位：百万ギルダー）

期間	イギリス	オランダ	フランス	ポルトガル	デンマーク	その他	合計
1581-1600				0.81		0.2	1.01
1601-1625	0.35	0.86		0.47		0.1	1.78
1626-1650	0.48	0.96				0.34	1.78
1651-1675	1.91	1.05				0.48	3.44
1676-1700	3.06	2.16				1.01	6.23
1701-1725	4.69	4.44				2.2	11.33
1726-1750	6.16	4.46	3.99		1.06	0.98	16.65
1751-1775	3.83	5.47	2.93		1.54	1.39	15.16
1776-1795	3.14	4.45				8.06	15.65

ヨーロッパからのアジア向け年平均貴金属輸出額
喜望峰経由の貴金属輸出額を集計した数値。全体として16世紀末以降，基本的に輸出額が増加していったことがわかる。なお，17世紀第２四半期以降のポルトガルの輸出についてはその他の項目に算入されている。

出典：Jan de Vries, "Connecting Europe and Asia: A Quantitative Analysis of the Cape-route Trade, 1497-1795," in: Dennis O. Flynn et al. (eds.) *Global Connections and Monetary History, 1470-1800*, Aldershot: Ashgate, 2003.

アメリカ合衆国の経済史家であるヤン・デ・フリースは、喜望峰経由でのヨーロッパからアジアへの銀を中心とした貴金属の流入についてのさまざまな実証研究を集計している。彼の研究によれば、十六世紀末には年間約百万ギルダー分の貴金属が喜望峰経由でアジアへ流出したという。その後、十七世紀、十八世紀と貴金属の流出は継続的に増加する。十七世紀の第３四半期は年間三四四万ギルダーが、十八世紀の第１四半期には年間一一三三万ギルダーが流出し、十八世紀後半には年間一五〇〇万ギルダーを超えるようになった。

たしかにイギリスの場合、一七六五年にインドのベンガル、オリッサ、ビハールの徴税権を獲得すると、イギリス本国からの貴金属輸出を大幅に削減することに成功したが、ほかのヨーロッパ諸国からの銀の流出は続いたのであった。結局、全体としてみると、銅や錫という一般庶民が多く使う金属が多量に流通されるようになり、そのこと自体は新たな時代の象徴ともいえるだろう。もっとも、ヨーロッパ・アジア間という遠距離貿易を検討すると、十七世紀から十八世紀にかけてヨーロッパからアジアへの銀の流出は続き、しかもその流出量は増大していたのであった。しかし、ヨーロッパからアジアへの銀流入はアジア経済にとって成長と変化の通奏低音となった。ヨーロッパ市場の多様なアジア商品に対する旺盛な需要がアジア社会内部での変化を引き起こし、銅や錫を消費する一般庶民の人々の生活も向上させていったと考えられる。

また、十七世紀後半以降、ヨーロッパとアジアとを結ぶ貿易が質的に変化していったことにも気づく。従来の貿易は、銀がヨーロッパから流れ、香辛料がアジアから輸出されるという単純な構造にすぎなかった。実際のところ、アジアの海域世界では域内貿易が盛んであり、ヨーロッパとのアジアの側にとってみるとそれほど重要ではなかった。ヨーロッパ人が豊かなアジア域内貿易に新規参入した。銀という貨幣を多量にもたらしたので、アジア内部には銀が豊富になり、それだけ経済が活性化されたことであろう。他方、ヨーロッパ向け市場の生産地は東南アジアや南アジアの香辛料生産地に限られていたので、アジア全体の生産活動からすると大きな変化をもたらさなかった。

だが、十七世紀後半以降、ヨーロッパ市場向けの商品が多様化すると、海域アジア地域のより多くの地域でヨーロッパでの需要の増大によって刺激を受け、特定産物の生産量が増加し、時には生産のシステム自体が変化することもあった。とりわけ南アジアの海外貿易についてはヨーロッパ市場の重要性が上昇したといえる。旧来の綿織物輸出は東南アジアや西アジア各地であったが、新たにヨーロッパ市場が加わった。その分、生産量が増大したことは当然であるし、流入するヨーロッパからの銀も増加した。とくに日本からの銀供給が十七世紀半ば過ぎにとだえたから、なおさらである。換言すれば、インド経済は、海上貿易から考えると、ヨーロッパ市場により近接したといえるだろう。

5　十七世紀末における貿易構造変化の意味

グローバル・ヒストリーのなかの近世とその変容

十五世紀末、いわゆる大航海時代の幕開けにともない、世界経済は貿易を中心に密接に結びつき始めた。十六世紀になると、日本銀やアメリカ大陸で生産された銀が世界を廻ることで、経済的結びつきはより強まった。また、生糸や絹織物、あるいは胡椒や高級香辛料、さらに、当時は高価であった砂糖が取引され、世界を廻るようになった。貿易が世界を結ぶということは間違いのないことではあった。銀や商品とともに、商人も世界を廻った。ある者は、ヨーロッパからアジアへと長距離の移動をおこなったし、ある者は比較的に短い距離ではあったが、頻繁に海上貿易で行き来をおこなった。かくして、銀や奢侈品をめぐって人々は移動をおこなうという華々しい活動が十六世紀から十七世紀にかけておこなわれていた。世界史全体をまとめる時期区分は困難だが、あえて十五世紀末の大航海時代の幕開けをグローバル化の一段階として近世の開始と名づけるのならば、近世はまさしくきらびやかな奢侈品の時代と考えることもできるだろう。

しかしながら、変化が生じたのが十七世紀後半から十八世紀前半にかけてである。アジア域内貿易をみると、取扱商品に銅や錫などといった銀と比較して安価な金属が大規模に流通し始めたのである。それはすなわち、華やかな銀の時代から、銅や錫といった渋めで、豪華さに欠ける時代が到来したことを意味するのであろうか。例えば、アユタヤ朝が多方面にわたる輝かしく、きらびやかな外交と貿易の時代から、十七世紀末以降、おもにオランダ東インド会社と中国人商人ばかりを相手にするような貿易をおこなうという、比較的魅力の乏しい時代が到来したというのであろうか。

たしかに一見すると華々しさの欠けた時代が到来したことは事実であろう。たとえば東南アジアのほぼ同時代を描いた概説書に『Southeast Asia in the Age of Commerce, 1450-1680』がある。これは東南アジア史研究の大家アンソニー・リードの著作であり、東南アジア全般を自然環境や生活文化から、政治や経済まで概観しており、概説書とはいえ、一九八八年に第一巻が、一九九三年に第二巻が刊行された二巻本の重厚な著作である。当書のタイトルを日本語に訳せば、『東南アジアの商業の時代』ということになり、その時期は、一四五〇年から一六八〇年にかけてということになる。開始時期がいわゆる大航海時代の幕開け以前であるから、リードにとっては、ヨーロッパ人が到来する以前から、東南アジアは商業の時代に突入していたというのが主張の一つであろう。他方、商業の時代の終焉は一六八〇年となっている。リードによれば、やはり十七世紀後半には、華々しい時代が終わったということになる。

もっとも、十七世紀後半以降にシフトする社会は華々しさが欠け、魅力のないものがつくられていったと考えるのは早計である。むしろ、一般庶民の生活が変化し始め、近代的なあり方に向けてしだいに社会全般が変容していく時代の幕開けであったととらえた方がよい。庶民の金属ともいうべき、銅や錫が大規模に流通する。アジアにおいても、砂糖価格は安価になり、しだいに一般の人々が口にすることができるようになった。世界貿易の一般的傾向が、十七世紀的な奢侈品貿易から十八世紀的な安価で嵩高なバルク商品貿易へと変化していった。東南アジア各地に中国人商人のネットワークが形成される一方、中国からの移民が増加し、現在の東南アジアにおける華人社会の起源ともなるべき時代が訪れたのである。言い換えてみると、十七世紀後半から、世界的な分業体制が本格的に構築され始め、静かなる社会変容の時代が開始したのであった。

二章 あるアルメニア人改宗者の遍歴にみる宗教と近世社会

守川知子

1 西アジアの東西大国とアルメニア人

キリスト教世界の宗教対立と西アジア

一五一七年にドイツでマルティン・ルター(一四八三〜一五四六)が「九十五カ条の論題」として教会に対して投げかけた批判を嚆矢《こうし》として、ヨーロッパではローマ・カトリック教会に対する宗教改革の荒波が押し寄せた。ルターやジャン・カルヴァン(一五〇九〜六四)らによる改革以降、教皇位を世俗化し、聖職者の堕落が目に余る状態であったカトリックの権威はおおいに揺らぐこととなり、イングランド国教会の離脱、ユグノー戦争や三十年戦争など、ヨーロッパ全土でプロテスタントとカトリックの宗派対立に起因する戦争があいついだ。

宗教改革という激震に危機感をいだいたローマ・カトリック教会は自己改革を進めると同時に、「新大陸」やアジアへの新たな布教活動に活路を見出した。ドミニコ会やカプチン会、そして一五三四年に設立されたイエズス会などの修道会を積極的に支援することにより、ローマ教皇はカトリックの教会秩序を世界中に構築しようとしたのである。

ヨーロッパでの宗派闘争と、ポルトガルやスペイン、さらにはオランダやイギリスの東インド会社のアジア進出は、ヨーロッパの「宗派対立」をアジア地域でも呼び起こした。プロテスタント系のオランダやイギリスの東インド会社は宗教にはさほど拘泥しなかったが、ポルトガルやスペインはカトリックの牙城として、ローマ教皇の認可を受けたカトリックの宣教師らをアジアへの布教に派遣した。このようなヨーロッパ人の到来によって、東アジアや西アジアなど、世界各地で宗派や宗教による対立が激化することは十七世紀の大きな特徴である。

ヨーロッパが宗教戦争に明け暮れていた十六世紀以降、西アジアでもまた、オスマン朝(一二九九〜一九二二年)とサファヴィー朝(一五〇一〜一七三六年)がそれぞれスンナ派とシーア派を擁して対立する。十七世紀に両者の関係は比較的穏やかになるものの、それは逆に、宗教が領域や領土に「固定化」されることを意味し、それぞれの領域内ごとに「固有の宗教」が息づいていくことを含意する。本章では、一人のアルメニア人改宗者の回想録をひもとき、西アジアでの国家や社会と宗教の諸相について検討する。このアルメニア人は十七世紀中葉にキリスト教徒としてイランに生まれ、若くしてシーア派ムスリムに改宗し、その後、イズミール、ヴェネツィア、ブルガリア、アルメニアを遍歴した。晩年にイランに戻ったこの人物の足跡からは、十七世紀後半の西アジアや地中海地域における個人の信仰と地域社会、および国家と宗教との極めて濃密な関係をみることができる。ひとりの宗教・民族マイノリティの遍歴の軌跡を通して、多様な宗教を内包する社会から、宗教の土着化、もしくは宗派・教派の地域ごとの固定化へと宗教的に社会が「完成」する十七世紀をみていこう。

アルメニア人の歴史

アルメニアは、カスピ海と黒海のあいだの南コーカサス地方にある内陸国で、ジョージア（グルジア）、アゼルバイジャン、イラン、トルコと国境を接している。現在のアルメニアの人口は三〇〇万人ほどだが、本国以上の人々（三〇〇万人から八〇〇万人と説によって異なる）が世界中に「離散」して暮らしている。「アルメニア」という呼び名は、ペルシアやギリシア側からの他称であり、自分たちアルメニア人のことは「ハイ」、国は「ハイク」や「ハヤスタン」と呼んでいる。その長い歴史のなかで、アルメニア人は独自の政権を樹立することもあったが、多くは東西の大国のはざまでいずれかにくみしながら従属する道を歩んできた。

最初にアルメニアの名があがるのは、アケメネス（ハカーマニシュ）帝国（前五五〇〜前三三〇年）のダレイオス一世による紀元前五二〇年頃の戦勝碑ビヒストゥーン（ビーソトゥーン）碑文である。碑文には「アルミナ（Armina）」で反乱が起こり、それをダレイオスが鎮圧したことが記されている。アケメネス帝国下でアルメニアは帝国の主要な行政州の一つとなり、サトラップ（州長官）がおかれた。ペルシアの信仰や言語・文化面での影響を大きく受けながら、アルメニア人たちは同帝国の衰退によって自立したが、ほどなく台頭したセレウコス朝（前三〇五〜前六三年）やパルティア（前二四七〜後二二八年）、ローマの進出にさらされ、これらの東西大国の攻防に翻弄される。

複数の貴族の系統からなるアルメニア王国（前三二一〜後四二八年）が最大版図を誇ったのは、ティグラン大王（在位前九五〜前五五）の時代のことである。ティグランは弱体化していたパルティアやセレウコス朝に攻め込んで勝利すると、カスピ海から地中海までの、およそ今のアルメニアから北イラクとシ

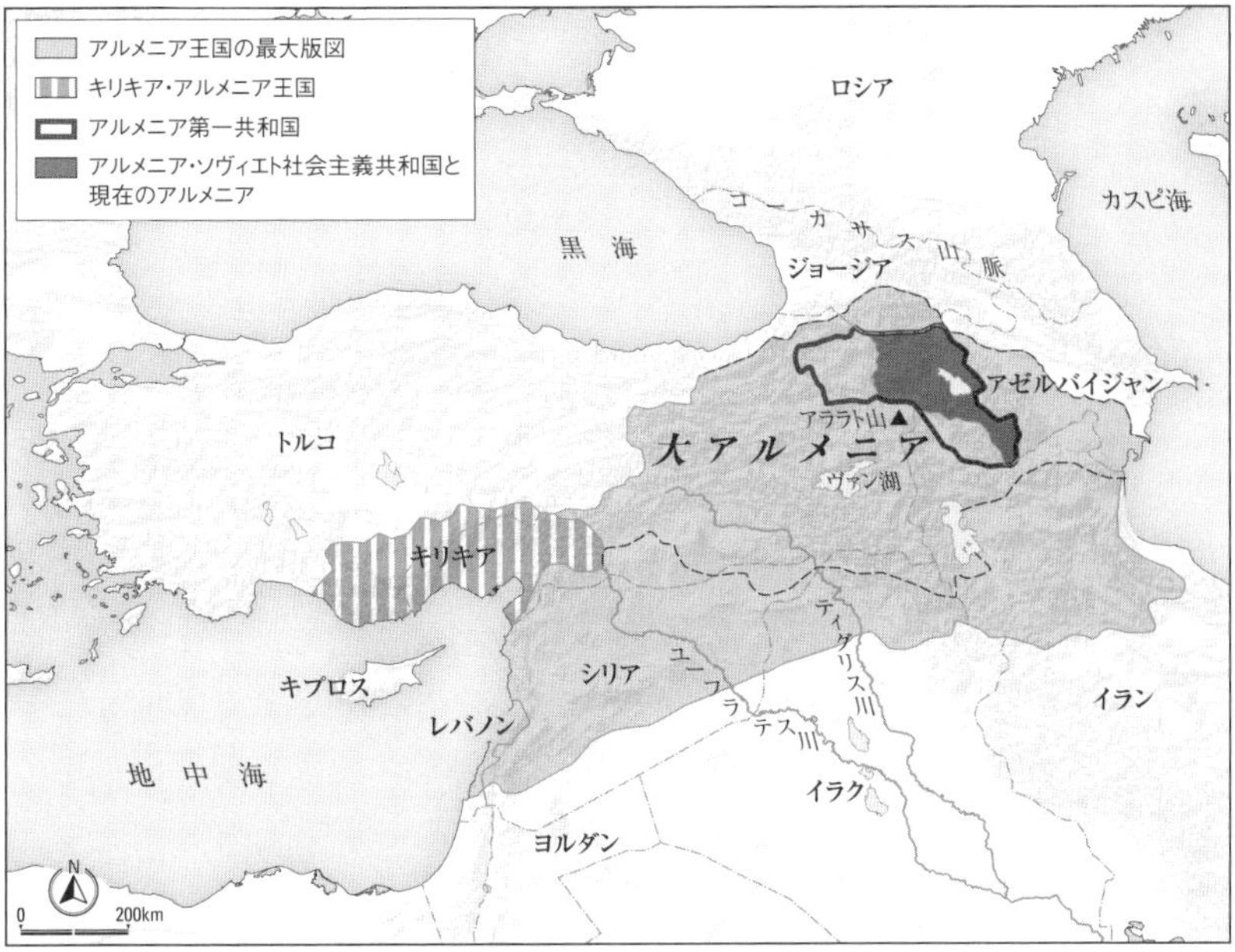

アルメニア側からアララト山を望む

リア・レバノンにいたる広大な領土を手に入れた。しかし、「王のなかの王」を称したティグラン大王のこの「帝国」も長くは続かず、晩年にはローマとのあいつぐ戦いに敗れ、アルメニア高原の本土をのぞき、新たに獲得した領土をほぼすべて失うこととなった。パルティアが滅亡したのち、ヘレニズムの影響を受けていたアルメニアはサーサーン朝(二二六~六五一年)の脅威と、さらにはサーサーン朝が国教としたゾロアスター教と対峙しなければならなかった。アルメニアは四世紀初頭にキリスト教を国教としてローマ側につくが、ローマとサーサーン朝の長きにわたる戦争の結果、三八七年にアルメニアは東西に分割される。ビザンツ領アルメニア(西アルメニア)とペルシア領アルメニア(東アルメニア)はそれぞれ異なる道を歩み、以後、アルメニア人がかつての版図を取り戻すことはなく、おおむね「東アルメニア」を中心に、いくつかの小領主による地方政権が分立した(詳しくはブルヌティアン『アルメニア人の歴史』参照)。

五~六世紀に激化した東西両帝国の戦争の結果、コンスタンティノープルやキプロスに多くのアルメニア人が移住し、またキリキア(現在のトルコ南岸部)にもビザンツ皇帝の政策としてアルメニア人は強制的に移住させられた。一方彼らはビザンツ帝国(三九五~一四五三年)下で重用され、将軍などの要職に就き、八世紀や九世紀にはアルメニア人の出自ながら皇帝になる者もあらわれる。

その後、現在のトルコ南岸部に成立したキリキア・アルメニア王国(一一九九~一三七五年)は、アルメニア人の歴史のなかで唯一「故地」ではない地域に成立した点で異彩を放つ。おりしもサラーフ・アッディーン(在位一一六九~九三)がイェルサレムを奪還した時期であり、キリキアのアルメニア公はローマ教皇や神聖ローマ帝国と手を結び、彼らの承認を受けて「王国」に格上げされた。王国はその後、カトリック諸勢力と関係を密にするが、国内のアルメニア信徒の反発を受け支持を失っていく。十三世紀後半からは新興のマムルーク朝(一二五〇〜一五一七年)に攻め込まれて領土縮小を余儀なくされ、モンゴル軍に援助を求めるも一三七五年に滅亡した。

アルメニアは三〇一年に世界史上はじめてキリスト教を国教としたとされる。これは、ローマ帝国によるキリスト教の公認(三一三年のミラノ勅令)より一〇年以上も早い。アルメニア使徒教会(アルメニア正教会とも呼ばれる)は、シリア正教会やコプト正教会とともに、四五一年のカルケドン公会議で排斥された単性説《たんせい》を主張する非カルケドン派に属す。教会は総主教のカトリコスを筆頭に、主教や司祭、修道士たちから組織される。現在のアルメニア西部のエチミアジンに総本山・総主教座があり、その大聖堂のバシリカは四世紀初頭に建設されたといわれている。五世紀初頭には独自のアルファベットによるアルメニア文字が発明され、聖書の翻訳がおこなわれた。典礼にはアルメニア語が用いられるが、基本的にはシリア正教など東方キリスト教との共通点が多くみられる。なお、イェルサレムの旧市街は「神殿の丘」の聖域以外が四分割されており、ユダヤ教徒地区、ムスリム地区、キリスト教徒地区に並び、南西の一区画がアルメニア人地区となっている。アルメニアがキリスト教を国教とした四世紀にはアルメニア人たちがこの地に移り住み、十二世紀の十字軍時代に再建された聖ヤコブ主教座聖堂を中心に暮らしてきた。イエスが眠る聖墳墓教会は、アルメニア使徒教会の総主教座でもある。また、現在はトルコ共和国領内に位置する標高五〇〇〇メートルのアララト山は、大洪水のあとにノアの箱舟がたどり着いた山といわれており、アルメニアの国章にあしらわれるなど、アルメニア人たちの心の拠り所となっている。

ビザンツ帝国の滅亡後、「イスラーム化」する西アジアにあってアルメニア人は、アルメニア語を話し、アルメニア文字を用い、そしてキリスト教の一宗派であるアルメニア使徒教会の信徒として、独自の言語・文化・宗教アイデンティティを保ちながら暮らしてきた。ただし、アルメニア本土にあってさえも彼らはつねに「マイノリティ」の立場にあり、そのような状況が改善されるのは、十九世紀初頭のロシアによる「アルメニア州」の形成と、住民の入れ替えを目的とした移住促進を待たなければならない。

オスマン朝とサファヴィー朝の抗争

十六世紀初頭にイラン北西部のタブリーズで成立したサファヴィー朝に対し、オスマン朝は即座に反応した。それは、オスマン朝の東方領土を侵食する新たな勢力の台頭に脅威をいだいたためである。しかしそれ以上に、サファヴィー朝がシーア派信仰を掲げたことがスンナ派の盟主を自認するオスマン朝を刺激した。シーア派は、預言者ムハンマドの従弟かつ娘婿のアリー・イブン・アビー＝ターリブを初代イマーム、すなわち「真の指導者」として尊崇する一派であり（シーア派の名称は、「シーア・アリー〈アリーの党派〉」からきている）、十六世紀末にペルシア湾のホルムズ島にやってきたポルトガル人旅行者テイシェイラが「シーア派はアリーに従い、スンナ派はムハンマドに従う」と述べているように、サファヴィー朝成立以降の両派は明確に区別される。こうして東のサファヴィー朝と西のオスマン朝は、とくにアルメニア人やジョージア人、クルド人らが暮らすコーカサスからアナトリア地方（のちにはイラク地方も）の帰属をめぐって激しい抗争を繰り広げる。

サファヴィー朝の創始者であるシャー・イスマーイール一世(在位一五〇一〜二四)は、サファヴィー教団と呼ばれるスーフィー教団の若き指導者(シャイフ)であり、アゼルバイジャン地方から東アナトリアを中心に勢力を広げていき、一五〇一年にアクコユンル朝(十四世紀後半〜一五〇八年)を破ってタブリーズで即位した。この時、イスマーイールはシーア派を国教とすることを宣言し、「アッラーのほかに神はなし。ムハンマドは神の使徒なり」に続けて、「アリーは神の友なり」というシーア派を明示する文言を刻んだ銀貨を発行した。この銀貨には、アリー、ハサン、フサインら十二人のイマームの名も刻まれた。成立当初のサファヴィー朝のシーア派信仰は、支持者であるトルコ系の遊牧民らにわかりやすくあるために、教団のシャイフであるイスマーイールを「神」と崇めるほどに「過激」で「逸脱」したものであった。オスマン朝は自分たちの東部領域を侵食するサファヴィー朝に苛立ち、さまざまな口実を設けて、「シーア派」を標榜するサファヴィー朝政権への攻撃を正当化した。

最初にイランに攻め込んだのはセリム一世(在位一五一二〜二〇)である。彼は一五一四年のチャルディラーンの戦いで大砲や銃などの火器を用いてシャー・イスマーイールの軍勢を敗走させた。この敗戦により、イスマーイールの「神性」は失われ、以後のサファヴィー朝は十二イマーム派を基盤とした「正統な」シーア派信仰の確立と、オスマン朝の挟み撃ちを目的としたヨーロッパ諸国との軍事同盟の道を模索する。一方のセリム一世はシリアに転じてマムルーク朝を滅亡させ、東アナトリアからイラク、アラビア半島のヒジャーズ地方、シリア、エジプトを押さえると、その子スレイマン(在位一五二〇〜六六)はヨーロッパ遠征でハンガリーを平定し、一五二九年にはハプスブルク家の都ウイーンに迫った(第一次ウイーン包囲)。さらにプレヴェザの海戦ではスペイン・ヴェネツィア・ローマ教皇の連合艦隊を打ち破って地中海の制海権を掌握するなど、十六〜十七世紀を通じてヨーロッパ諸国に脅威を与え続けることになる。

一五五五年にオスマン朝とサファヴィー朝は最初の和議を結ぶが、その後もコーカサスからイラクにかけての両国の領土争いは収束せず、一進一退の攻防が続く。この係争の際、八二年に東アルメニアの首府エレヴァンはオスマン軍に占領される。内紛続きであったサファヴィー朝でシャー・アッバース一世(在位一五八八〜一六二九)が即位し国内を平定すると、彼はコーカサスやアゼルバイジャンを奪還し、イラクをも支配下においた。しかしアッバースの死後、オスマン朝は再度イラクの支配権を獲得し、結果、一六三九年に新たな協定が締結され、東アルメニアはサファヴィー朝に、ジョージア西部、西アルメニア、イラクはオスマン領となる両王朝間の「国境」が定められた。この和平条約によりオスマン朝は東方問題に決着をつけ、ヨーロッパに転戦する。メフメト四世(在位一六四八〜八七)治下の一六八三年、大宰相のカラ・ムスタファ・パシャ(大宰相位一六七六〜八三)率いるオスマン軍は二度目のウイーン包囲を敢行したが、わずか二カ月の包囲ののち、ポーランドやドイツ諸侯の援軍の総攻撃を受けて敗走した。この第二次ウイーン包囲とその失敗はヨーロッパとオスマン朝の力関係が大きく変化する潮目であった。

このように、十六世紀から十七世紀にかけてオスマン朝とサファヴィー朝が東アナトリアやコーカサス、アゼルバイジャン地方をめぐって争うなかで、渦中のアルメニア人は両王朝の攻撃にさらされ、焦土作戦のすえに土地を失い、捕虜として、またなかば強制的にイスタンブールやイランに連行されていくのである。

サファヴィー朝下のアルメニア人と新ジュルファー街区

シャー・アッバースは一六〇三年に失地回復のためコーカサスへ遠征をおこなった。オスマン朝の再度の侵攻を避けられないと考えたアッバースは同時に、アルメニア人の交易ネットワークを高く評価し、この地がオスマン軍の手に落ちることを避けるため、アラス川北岸のジュルファー（ジュガー）村（現在はアゼルバイジャン領）を筆頭に住民をイランに避難させ、焦土作戦に出ることにした。この遠征全体で連行されたアルメニア人の数は、ペルシア語史料では三〇〇〇戸、ヨーロッパ人の旅行記では一五万人から六万戸の三〇万人まで、史料によって大きく異なる。彼らはサファヴィー朝の新都イスファハーンや、カスピ海南岸のギーラーン地方やマーザンダラーン地方、ザグロス山中の古都ハマダーンなど各地に送られ、農民として、また一部は温暖湿潤なカスピ海南岸で蚕を育て生糸の生産に携わった。冬を前にした大移動であったことや、気候が異なる不慣れな地での彼らの境遇は苦しく、大方が病に倒れたとされる。もっとも、十七世紀のアルメニア人の史料では、アッバースの遠征に先立ち、コーカサスのムスリムやキリスト教徒が多数、アッバースにくみしてペルシア（イラン）に移住した理由は、「オスマン人たちが彼らを極めて苛烈に扱い、彼らの所有物を強奪していたからであり、彼らに重税を課し、土地を荒らしまわり、彼らの信仰（キリスト教）をあざ笑い、ほかにも似たような苛斂誅求《かれんちゅうきゅう》を加えていた」からだという。しかも、オスマン朝によるこのような仕打ちは何もアルメニア人に限ったことではなく、ジョージア人やムスリムに対してもおこなわれていた。「このような圧制ゆえに、彼らはペルシアのシャーのもとに行き、シャーの援助を期待し、オスマンのくびきから逃れる術を見つけたいと望んだのであった」（アラキエル『歴史』）。

こうして一六〇五年、数千戸のアルメニア人に、イスファハーンのザーヤンデルード川南岸の土地が与えられた。そのうちの二〇〇〇戸がジュルファー村からの移住者であったため、故郷の名にちなみ、この街区は「ノル(新)・ジュルファー」と呼ばれた。新ジュルファーに移り住んだアルメニア人たちはこの街区に教会を建設し、ここを拠点に商人として広く海外に展開した。新ジュルファー街区は壁で囲まれ、イラン高原で主流の日干し煉瓦ではなく石造りの家々が立ち並んだ。最初の教会は一六〇五年に着工されたヴァンク教会であり、ここにアルメニア使徒教会の主教座がおかれた。シャー・アッバース、シャー・サフィー(在位一六二九～四二)、シャー・アッバース二世(在位一六四二～六六)ら歴代の君主たちは、イースターやキリストの昇天などのアルメニア人たちの祝祭日には新ジュルファーの教会を訪れ、祭りを楽しんだとされる。また、ムスリムには禁止されているワインづくりが認められていたため、新ジュルファーの内外には大きなぶどう園がいくつもあった。

信仰の自由と自治が認められたアルメニア人は、「カラーンタル」と呼ばれる区長のもと、サファヴィー王家の「御用商人」として、また何よりも「対オスマン同盟」を模索する際のヨーロッパへの使節や通訳として重用された。すなわち、同王朝にとって、彼らは諸外国との軍事と経済の関係強化の際の橋渡し役を担ったのである。そのため、新ジュルファー居住のアルメニア人には王室が管理する生糸の独占交易や免税などの特権が与えられ、ネットワークを駆使して大商人として活躍する者が多数あらわれた。

十七世紀後半にイスファハーンに滞在したフランスの宝石商シャルダンは、新ジュルファーが「おそらく世界一大きな村」だと述べ、村には新旧二つの移民居住区《コローニー》があり、五本の大通りと何本もの小路、そして教会が一一、修道院が一つ、女子修道院が一つ、三四〇〇から三五〇〇戸の家があると述べている。このうち、「旧移民居住区」がアラス河畔のジュルファーからの移住者たちが住む区域で、サファヴィー朝の君主たちに保護され、商売で成功をおさめた裕福なアルメニア人たちのとりわけ豪奢で立派

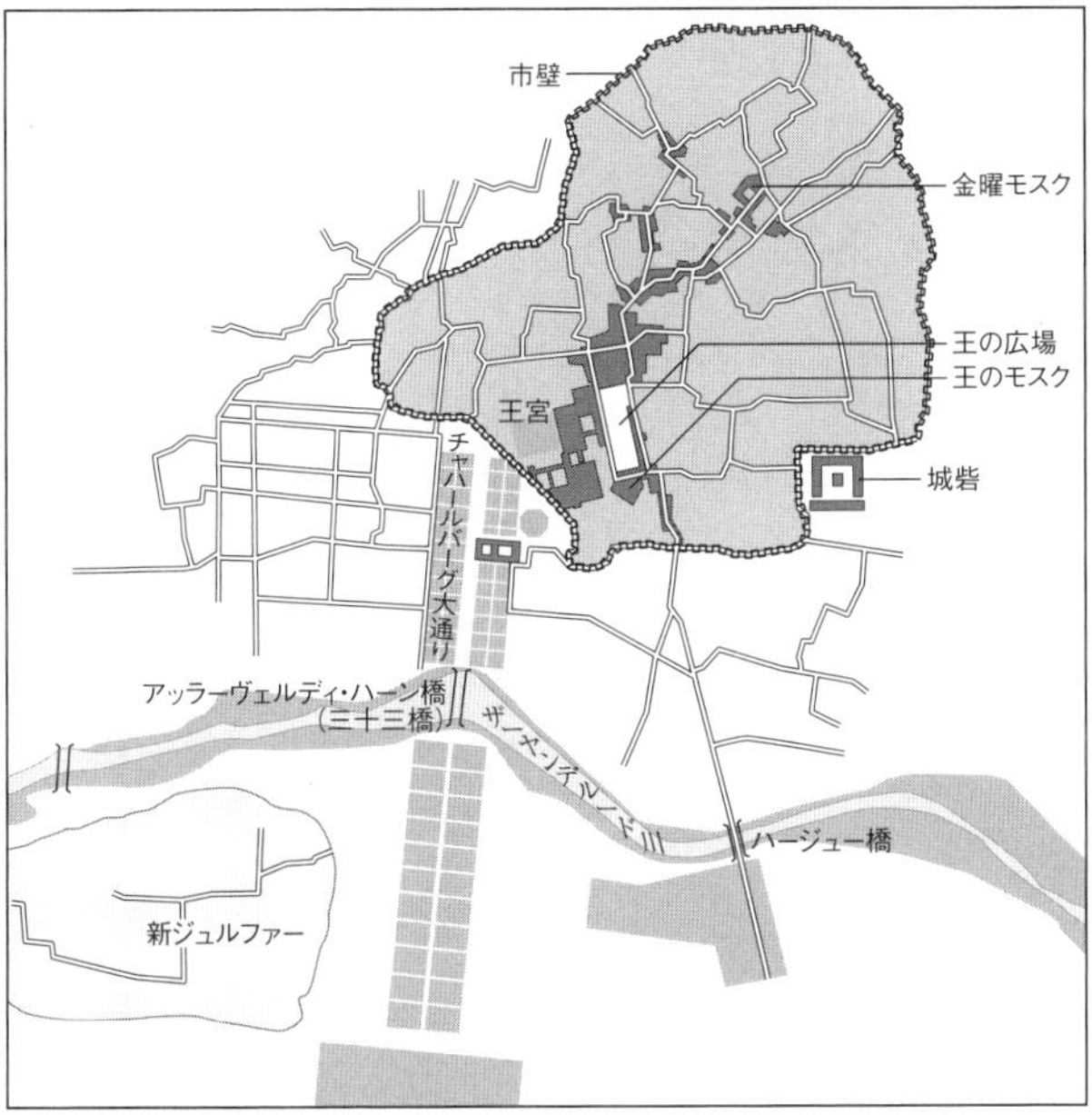

サファヴィー朝期のイスファハーン
川の南岸に新ジュルファー街区が広がる。

17世紀中葉のイスファハーン(オレアリウスの旅行記より)
左上端の小さな区画に「ジュルファー」と書き込まれているが，位置関係は正しくない。

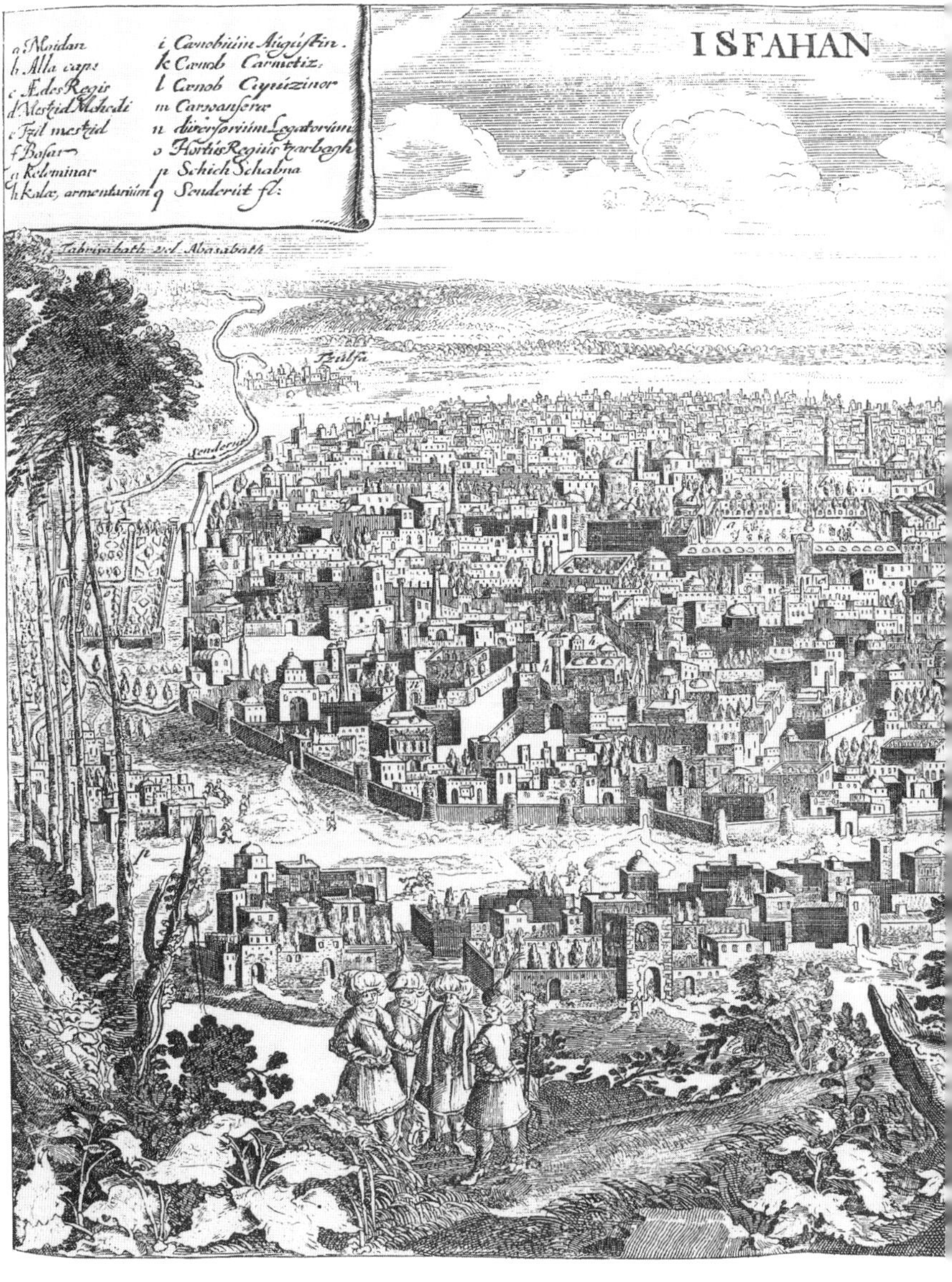
ISFAHAN
a Maidan
b Alla caps
c Ædes Regis
d Meszid Mehedi
e Tzil meszid
f Basar
g Kelminar
h Kalæ, armentarium
i Cœnobium Augustin.
k Cœnob Carmetiz.
l Cœnob Cyruzinor
m Carwanserae
n diversorium Legatorum
o Hortus Regius tzarbagh
p Schich Schabna
q Senderut fl:
Tabrisabath vel Abasabath
Tzulfa
Senderut

な家々が立ち並び、また「新移民居住区」はゾロアスター教徒やアルメニア本国のエレヴァンからきたアルメニア人たち、さらにはイスファハーンの市中に居を構えることを認められなかったイエズス会宣教師を含めたヨーロッパのキリスト教徒など、「非イスラーム教徒」が暮らす区域であった(シャルダン『イスファハーン誌』)。

新ジュルファーのアルメニア商人たちは、イスファハーンを中心に、ヨーロッパからアジアへ広がる交易ネットワークを形成した。十七世紀のイランでは、国内交易は「ペルシア人やユダヤ教徒」が担い、国際交易は「アルメニア人」が担うという分業体制にあったといわれている。ムスリムが国際交易に携わらない理由は、利子の禁止や食事の禁忌など、イスラーム教の戒律が守りきれないからであり、この点、キリスト教徒のアルメニア人にとっては、同じキリスト教徒のヨーロッパ諸国との取引は何らの支障もない。またアルメニア人は、その歴史的経緯からもアルメニア語に加えてペルシア語やトルコ語に堪能であり、ヨーロッパ方面で商いをする者たちはイタリア語やフランス語にも通じていた。アルメニア系のバイブルティアンやアスラニアンらの近年の研究によると、アレッポ、ヴェネツィア、リヴォルノ、インド西海岸のゴアやスーラトには、早くも十六世紀後半にはアルメニア人の居留区が認められ、その後十七世紀にはいると、マルセイユ、アムステルダム、イズミール、ベンガル、下ビルマのペグーなどに居留区が確認される。同世紀後半には、ロンドン、パリ、モスクワなどのヨーロッパの主要都市に加えて、チェンナイ(マドラス)、ムンバイ、さらにフィリピンのマニラにも彼らは拠点を設けた。

このように、十七世紀の彼らの商業ネットワークは世界中に張りめぐらされていた。商人たちの本拠はイスファハーンの新ジュルファー街区にあり、家長と長兄を中心に兄弟がすべて交易に携わり、一族によって運営されていた。ここに親族や縁者から広くリクルートされた百人ほどの構成員がエージェントとして加わった。イランの生糸を独占的に扱った新ジュルファーのアルメニア商人は、ムガル朝下のインドではイギリス東インド会社と協定を結んで特権商人として優遇され、また一六六七年にはモスクワ大公のアレクセイ・ミハイロヴィチからロシア国内での生糸販売の免税特権を獲得した。あるいはイタリアにわたってローマ教皇と良好な関係を築いた一族も数多く確認される。十七世紀中葉に六度にわたってイランやインドを旅した(途中東南アジアの大陸部やジャワ島も訪問)フランス商人のタヴェルニエは、新ジュルファーのアルメニア商人について、つぎのように語っている。

この者たちはわずかな期間で交易の達人となり、いまや彼らが扱わない取引はないほどである。彼らは、ヨーロッパだけではなく、インド、トンキン(ベトナムのハノイ)、ジャワ、フィリピンなどアジア中、オリエントの全域に出かけていく。ただし、中国と日本は除く。彼らは成功をおさめない限り、決してイスファハーンに戻ることはない。(中略)実際、アルメニア人ほど交易にかなった人々はいない。というのも、彼らはとても質素で実直だからである。(中略)誰もが自分用の敷物と上掛け、自炊道具――これこそ倹約の最たる要素――を持ち運ぶ。キリスト教国へ旅する場合、彼らはサフラン、コショウ、ナツメグといった香辛料をもっていき、地方の村でパン、ワイン、バター、チーズ、乳製品などと交換する。キリスト教国から帰るときは、織物、ニュルンベルクやヴェネツィアの金物類、例えば小さな手鏡、真鍮や琺瑯《ほうろう》のリング、偽真珠といった類のものを持ち帰り、村々での食費に充てる。彼らが交易を始めた当初は、二〇万エキュの銀貨、数えきれないくら

い の量のイギリスやオランダ製の布地、上質の薄織物、ガラス鏡〔銀鏡〕、ヴェネツィア産の真珠、コチニール、時計などを船載せずにペルシアに戻るキャラバンはなかった。これらの商品こそは、ペルシアやインドで売るのに最適だと彼らが考えた品々であった。（タヴェルニエ『六つの旅』）

質素で倹約家のアルメニア商人たちは、ヨーロッパの旅先では地方に出かけて行商をおこない、イランやインドで売るために当時のヨーロッパの産品を大量に仕入れ、それらを各地で売りさばくことで莫大な利益を得ていたことがうかがわれよう。

サファヴィー朝のもとで、信仰の自由を保障されながら国際交易に従事し、繁栄を極めた新ジュルファーのアルメニア商人たちであるが、一六七〇年代にはすでに「彼らが享受していた繁栄はいまやみるかげもなく」、サファヴィー朝の斜陽とともに、彼らの栄耀にもかげりがみられた。一七二二年にアフガン人がイスファハーンに侵攻した際、新ジュルファーのアルメニア人たちは街区を捨て、それまでに築きあげていたアジアやヨーロッパの各地の拠点に離散した。アフガン人の侵攻から百年後、イギリス外交官のマルコムは、「ペルシアのアルメニア人は、ジュルファーの司教の命での算出によると一万二八八三人である。これは、アフガン人の侵入以前の六分の一にも満たない」と述べている。

2　あるアルメニア人改宗者の生涯

アルメニア人アブガル

十七世紀中葉に、イスファハーンのアルメニア人街区の新ジュルファーで一人の男の子が生まれた。名前はアブガル。紀元前後に栄えたアルメニア王国の王の名であり、アルメニア人にとってはありふれた名前である。彼は数十年にわたる遍歴ののちにイランに戻り、ペルシア語で回想録を執筆した。ヒジュラ暦一一一九年第十一月四日(西暦一七〇八年一月二十六日)の日付のあるこの回想録は冒頭部分が欠落しており、書写完了の日付のあとにも数葉が書き加えられているうえに欠損も多いため、全体像は必ずしも明らかではない。同時代の宮廷書記官らがあらわす年代記とは異なり、会話文が多用され、非常に平易なペルシア語で記されている。唯一確認されるテヘラン大学所蔵の写本が著者の直筆本かどうかは不明であるが、おそらくは口述筆記かそれに近いかたちであらわされたのではないかと考えられる。

アブガルの一族はシャー・アッバース一世の政策によってイランに移住したジュルファー出身の裕福なアルメニア商人であった。彼の回想録によると、祖父が新ジュルファー街区内に教会を建設したことや、父親がインドでなくなったこと、そして兄弟や従兄弟が外国で商いをしていること、その際、家族の代理人《エージェント》がつねに同行していることが明らかとなる。さらに別の史料とつきあわせると、祖父が建てた教会は「ベツレヘム教会」であろうと推察される。新ジュルファーの主たる広場のそばにあるベツレヘム教会には、ホージャ・ペトロス・ヴァリージャーニアンなる人物がアルメニア暦一〇七七年(西暦一六二七年)に私財によって建設したとの銘文が残る。「ホージャ」は十七世紀の富裕な大商人に広く用いられた尊称であり、ヴァリージャーニアン家はそのような尊称を名乗ることのできる豪商かつ新ジュルファーの約二〇ある名家の一つであった。移住から二十数年後に私財を投じて一族のために教会を建設した大商人ペトロスには、ポゴス、ミナス、ホヴハンネス、グカスという息子たちがおり、なかでもポゴスは商売に失敗したもののシャー・スレイマーン(在位一六六六〜九四)から資金援助を受けて立て直したという逸話が残っており、さらにこのポゴスの二人の息子の一人(名はホヴハンジャーン)は「イスラームに改宗した」と後世の新ジュルファー出身のアルメニア人による記録にみられる(ホヴハニアン『イスファハーン・ジュルファー史』)。これらのことから、アブガルはジュルファーのなかでも名家に数えられる豪商ヴァリージャーニアン家の者であり、ホヴハンジャーン(愛しのヨハネの意であり、洗礼名か愛称であろう)として名前のあがる人物とみて問題なかろう。すなわち移住者のペトロスがアブガルの祖父にあたり、インドでなくなった父がポゴスで、兄弟にはハコブジャーンがいた(なお、ハコブジャーンの息子はアフガン人のイスファハーン侵攻後に巨万の富をもってチェンナイに移住し、イギリス東インド会社の顧問に任じられると同時に同地のアルメニア人らの長として商人らをとりまとめ、大金を投じてアダヤル川にかかる初の橋を建設する活躍をみせている)。

アブガルの生没年については不明な点が多いものの、アブガルの幼少時に存命であった祖父ペトロスの没年が一六四九年頃なので、アブガルの誕生は一六四〇年代後半と想定される。またアブガルは最初の妻とのあいだに娘(ファーティマ)、二人目の妻とのあいだに息子(ムハンマド)をもうけた。ベツレヘム教会には、「ホージャ・ホヴハンジャーン」と彼の両親、妻、息子、娘、なくなった娘を記念したアルメニア暦一一六〇年(西暦一七一一年)の碑がある。この碑文のみ，教会内のほかの一族を記念した碑と異なり「キリストのもとにありて」という文言が記されていないが，回想録の執筆が一七〇八年のことなので，その数年後のこの頃，彼は六〇代でなくなったと推察される。

このようにアブガルは，十七世紀中葉のサファヴィー朝の都イスファハーンで，移住者第一世代の祖父が私財で教会を建設するほどキリスト教への信仰心が厚く，また相当裕福なアルメニア人貿易商の家に生まれた。それにもかかわらず，幼い頃から感受性が強く，曲がったことがきらいな性格の彼は，祖

新ジュルファーのベツレヘム教会の内部
サファヴィー朝の建築様式の特徴であるトルコ石やラピスラズリによる青色の彩色が多用されており，ドーム型の丸天井を備える。

父の建てた教会のなかで過ごしつつも、キリスト教信仰への疑問を覚えるようになっていく。家の貯蔵庫の扉を開けて貧者に施しをなし、地獄の業火を畏《おそ》れ、「神様、ぼくを地獄に落とさないで」と、いつも神に祈っているような少年であった。

一七、八歳の頃(実際には二〇代前半か)、聖書に書かれている文言からイスラーム教の優位性を悟ったアブガルは、キリスト教からイスラーム教への改宗を表明し、ムスリム名の「アリー・アクバル(偉大なアリー)」を名乗る。新ジュルファーという新設のアルメニア人地区で育った若者にとって、同胞の宗教を棄ててイスラーム教徒になるという改宗の表明は本人にとっても大きな葛藤をともなった。家族や街区の人々から猛反対を受けた彼自身は、あまりの心労ゆえに三カ月間床に伏せる。

「新ムスリム《ジャディード・アル＝イスラーム》」となったアブガルは、この後ほどなくして親族のいるイズミールへと送り出され、ここから彼の遍歴の生涯が始まる。彼が親元を離れたのは、若い時分に海外で修行をさせるアルメニア商人の慣行であるのと同時に、ムスリムへの改宗があいついでいたこの時期、イランにとどめおくことはできないと判断した家族の計らいでもあろう。

遍歴の生涯

「新ムスリム」となったのちの彼の遍歴をたどると、つぎのようになる。

①イスファハーン→②イズミール→③ヴェネツィア→④ベラート?(テキストでは BRRQAT と表記)→⑤ヤンボル→⑥イスタンブール→⑦イズミット→⑧バトゥーミ→⑨トラブゾン→⑩エレヴァン→⑪タブリーズ→⑫イスファハーン

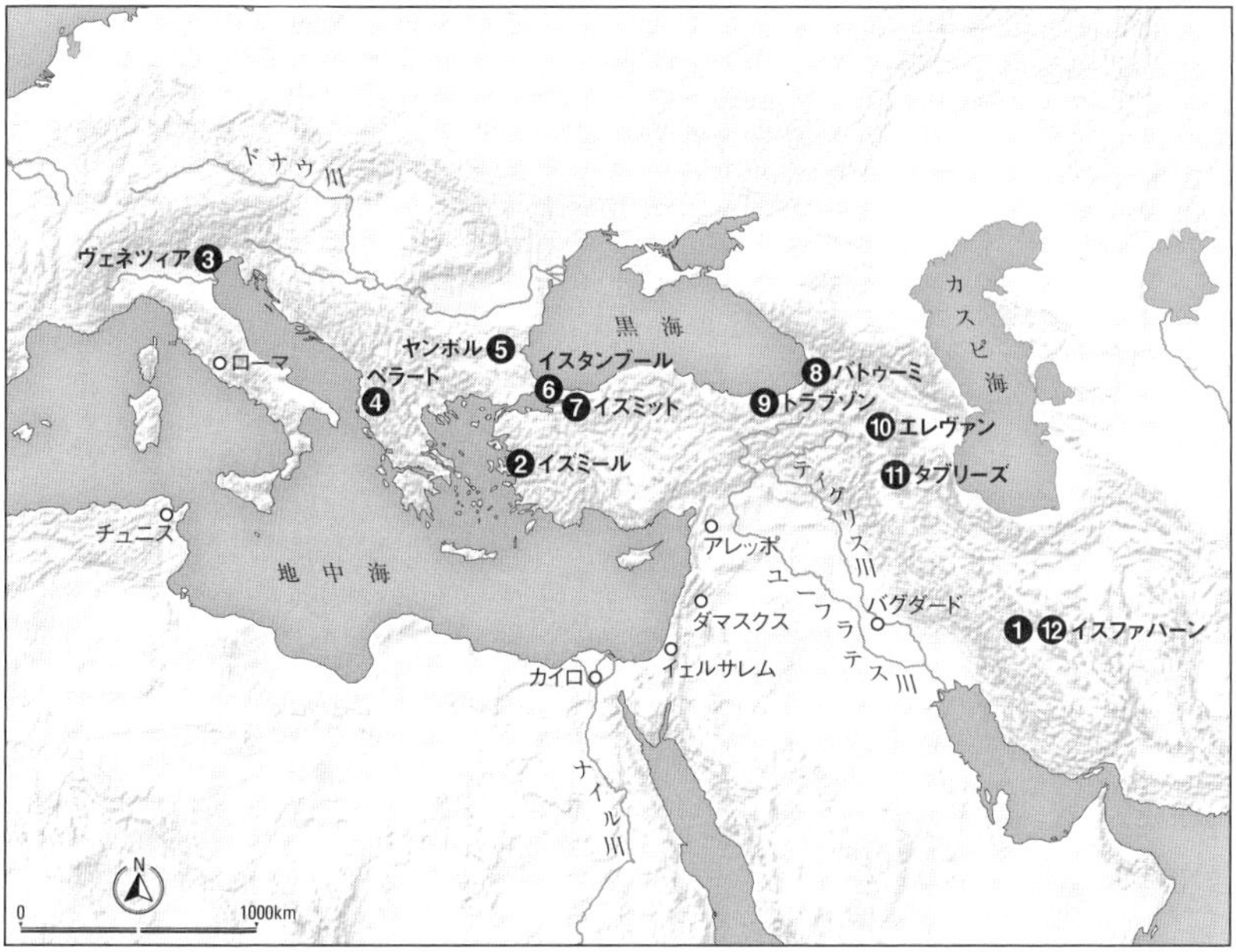
ドナウ川
ヴェネツィア 3
ローマ
ペラート
4
ヤンボル 5
黒海
イスタンブール
6
7 イズミット
2 イズミール
8 バトゥーミ
9 トラブゾン
カスピ海
10 エレヴァン
11 タブリーズ
ティグリス川
チュニス
地中海
アレッポ
ユーフラテス川
ダマスクス
バグダード
1 12 イスファハーン
イェルサレム
カイロ
ナイル川
N
0
1000km

アブガルの遍歴の軌跡

新ジュルファーを出立した彼が最初に向かったのはオスマン領のイズミールである。イズミールはエーゲ海の東岸に位置する港市で、現在ではイスタンブール、アンカラにつぐトルコ第三の都市である。ギリシア語ではスミルナと呼ばれ、イオニア同盟の主要都市の一つでもあった。オスマン朝下では随一の港市として繁栄し、レヴァント交易を求めるヴェネツィアやフィレンツェ、フランス、オランダ、イギリスの商人らが駐在した。早くも十一～十二世紀からこの地に進出していたアルメニア商人にとって十七世紀のイズミールは、イランの生糸をタブリーズやアレッポ経由の陸路で運び、ヨーロッパ商人らに売りさばく拠点であり、アブガルの一族もまた、この交易に従事していたと考えられる。ところが若きアブガルのイズミール滞在時に、新ジュルファーのカラーンタル(区長)がイスラームへ改宗するという事件が起こった(一六七三年のこと。後述)。たちどころにイズミールにも伝わったこの事件が影響したのか、アブガルのイズミール滞在はわずか九カ月であった。彼は従兄弟の誘いでヴェネツィアに行くことになり、一行は船でヴェネツィアにわたった。

ヴェネツィアは六世紀頃からアルメニア人と関係し、遅くとも十二世紀にはアルメニア人のコミュニティがあり、十三世紀中葉には、ヴェネツィアのドージェがアルメニア商人のためのホスピスを建設するほど関係が深かった。運河がめぐらされた旧市街の中心地であるサン・マルコ広場のすぐ近くには、「アルメニア人通り」という小路があり、一六八〇年代に再建された小さなアルメニア教会(サンタ・クローチェ教会)が現存する。アブガルは回想録のなかでこの町をつぎのように描写している。

ヴェネツィア(Venedik)の町は、小路のあいだに深い川〔運河〕がある町で、駄馬ではなく小舟で物を運んでいる。川の両側が陸地であり、人々はそこを移動する。駄馬はそこにはほとんどいない。

ヴェネツィアの「アルメニア人通り」
この左側にサンタ・クローチェ教会がある。

またその地にはムスリムが一人としていない。

彼はこの地で家業である交易よりも、絵画や工芸を学んだようである。七〜八年たって技芸を習得した頃（おそらく帰国の念をいだいたのであろう）、アブガルはジュルファー商人の代理人たちの讒言により、ヴェネツィアで投獄されてしまう。罪状は、イランでイエスを冒瀆《ぼうとく》し、盗みを働いたりキリスト教徒を殺害した、というものであった。アブガルの改宗に納得していない彼の親族は、一族の代理人にその動向を監視させており、アブガルが故郷のイスファハーンに帰る意思表示をした場合には、どのようなかたちであれ彼をヴェネツィアにとどめおくように画策した。その結果がこの投獄であり、アブガルは祭りの日に官憲たちに黒いぼろ布をかぶせられ、庁舎の真っ暗な牢に投獄された。ヴェネツィアまでやってきた実の兄弟のとりなしによって規定の四〇日目にようやく釈放されるが、彼にとっては「ムスリムである」がゆえのこの投獄は屈辱以外の何ものでもなかった。アブガルはこのような親族の圧力に嫌気がさし、自立の道を模索した。投獄中の夢にあらわれた預言者ムハンマドのお告げもあり、アブガルはついに「ムスリムのいない」ヴェネツィアを離れる決心をする。

一族の代理人たちと船でイタリアからオスマン領に向かったアブガルは、商品の荷物とともに一人で船室にいたときに、ムスリムの大商人に声をかけられる。この時のやりとりは非常に興味深いものなので、少し長くなるが引用しよう。

> 私が行くと、商人は「どこの者か」と尋ねてきた。私が「イスファハーンの者です」と答えると、「積荷はあの老いた二人のものか？」と尋ねるので「いいえ。彼らは私の従兄弟の代理人《エージェント》です」と答えた。「ムスリムなのか？」「はい。最初は異教徒(kāfir)でした。ジュルファーの者です。今はムスリムです」「ムスリムになって何年か？」「一一年になります」「父母は健在か？」「母がいます。父はインドでなくなりました」「どうしてムスリムになったのか？」「福音書に御徴《みしるし》をみてムスリムになりました」「よくやった！　故郷に妻がいるのか？」「いいえ」
>
> この大商人は〔息子のクルアーンの〕教師をみていくらか言葉をかわし、再び私をみつめて尋ねた。「本当にジュルファーの人間か？」「はい」「父や祖父は商人だったのか、それとも代理人か？」「卸売りの商人でした。私たちはあちらでは立派な一族です」

このやりとりの後、大商人はアブガルに、ここに残るならば娘を嫁にやろうと申し出る。アブガルもそれを受け入れるが、そのとき従兄弟の代理人たちに見つかり、「ムスリムらと話をするとは何たることか」と叱責され大喧嘩になる。代理人たちはさらに、「ムスリムの娘をめとるおつもりか！　あなたにいくらか十分な金をやるからそれをもってヴェネツィアに戻れ。向こうで所帯をもち、ずっとあそこにとどまられよ」とアブガルを怒鳴りつけた。アブガルは、「私はここには残らない。ヴェネツィアにも行かないし、イスファハーンにも戻らない。私はヴェネツィアであなたがたと一緒にいたが、あの異教徒たちは私にあらぬ疑いをかけて、私を殺そうとした。あなたがたは一度として私を助けにくることはなかったじゃないか。兄弟がきて、ようやく私は釈放された。私はヴェネツィアの牢獄で預言者様を夢でみた。私を救ってくださったが、そのときの条件が、異教徒たちのところから抜け出すことだった。あなたがたは私をまた異教徒にしたいのか？　私があの地に戻ることなんて絶対にない」と強く言い張った。その晩の夢でムハンマドが再度あらわれ、今は結婚の時期ではないとのお告げがくだされたため、アブガルは大商人とは別れて代理人たちと旅を続けていく。

彼らは陸路で BRRQAT（アルバニアのベラートか）に向かった。ここでアブガルはオスマン朝のカーディー（法官）と出会うことにより、一族に絡みとられたこれまでの関係から解放され、新たな旅立ちを迎えることになる。カーディーの故郷であるブルガリアのヤンボルでアブガルは代理人たちの目を盗んでカーディーのもとに行き、ついにその娘と結婚した。なお、BRRQAT でカーディーと出会った背景には、同地のカーディーが罷免され、商人たちと同じキャラバンでヤンボルに向かおうとしていたことがある。カーディーの準備が整うまで二カ月ほど待たされるが、その後このキャラバンはほかの管区から罷免されたカーディーたちと合流しながら進んでいく。このとき数多《あまた》罷免されたカーディーたちは「フランク〔ヨーロッパ人〕を恐れ」と史料中にあることから、これが一六八三年の第二次ウイーン包囲前夜のオスマン朝とヨーロッパ諸国との関係が緊張した時期であったことはほぼ確実であろう。

ヤンボルはブルガリア南東部の町で、一三七三年という比較的早い段階でオスマン朝に征服されたことから裁判管区がおかれ、正教徒に加えてかなりのムスリム人口を擁していたが、アブガル以外のアルメニア人がこの町に暮らしていたかどうかは定かではない。アブガル自身は、義父のカーディーの言葉として「この町にもアルメニア商人がたくさんいる」と記してはいる。ただし、義父からアルメニア商人とは交わるなと忠告されていたアブガルは、ハンマーム(浴場)に行く金にも事欠くほど生活は困窮しており、一族のネットワークから離れた彼がどのようにこの地で生計を立てていたのかは不明である。

安住の地を求めて

ヤンボルで六年を過ごしたアブガルは、義父であるカーディーの死を契機に、おそらくは生計を立てるべく妻と義母や義弟らとともにイスタンブールへ行く。ここで妻はアブガルとともにイランへ行く覚悟を決めるが、義母や義弟は反対し、彼らはヤンボルへと帰っていく。イスタンブールでのアブガルには、二つの重要なできごとが起こった。一つは初めての子が生まれたことであり(夢でのお告げに従い、ファーティマと名づける)、もう一つは、スンナ派とシーア派のそれぞれの主張を聞いて、どちらがよいか彼の信仰心に迷いが生じたことである(後述)。当初からシーア派に傾いていたアブガルは、メフメト四世が一六八七年に神聖ローマ帝国やポーランド、ヴェネツィアの連合軍に敗れハンガリーを失った結果退位させられるという混乱のなか、ジョージア、エレヴァン経由でイランへ戻る決意を固めた。しかしイズミットで妻はなくなり、乗せられた船はジョージアの入り口であるバトゥーミに向かうも、そこ

1673年頃のエレヴァン(シャルダンの旅行記より)

ですべての所持品をイェニチェリたちに奪われ、投獄されてしまう。彼の生涯で二度目の投獄であり、ここでの嫌疑は、彼が「シーア派(Rāfiḍī)である」ことであった。幸いにも当地のシーア派導師のとりなしにより、ラマダーン月の「恩赦」として彼はトラブゾンに送り返された。

こうしてトラブゾンに一年ほど滞在して準備を整えたアブガルは、ようやくアルメニアの中心都市であるエレヴァンへいたった。イランの新ジュルファーで生まれた「移民三世」のアブガルにとっては、ここではじめて「故国」の地を踏んだことになる。十七世紀末当時のエレヴァンには、サファヴィー朝から任じられたエレヴァン総督がおり、アブガルは彼のもとで一〇年間過ごした。なお、一六七三年にイスタンブールから黒海、ジョージアをへてエレヴァンに到着したシャルダンは、『ペルシア紀行』のなかで「大きいが醜くて汚い町だ」と述べながらも、町のなかには教会がいくつもあることや、浴場や隊商宿がたくさんあり、市場が軒を連ね、さまざまな布地を扱う店やあらゆる食糧品が売られていると述べる。また、空気の良さや土壌の肥沃さを伝え、ぶどう酒が「素晴らしく美味なうえに安価」だと称えている。

エレヴァンでのアブガルは経済的には恵まれていたようであるが、同胞とはいえ宗教を異にする「故国」での暮らしはあまりおだやかではなかったようである。加えてこの間、アブガルは一二歳になる娘のファーティマとその後に別の妻から生まれた息子のムハンマドをあいついでなくし、さらに信仰に傾倒していった。彼はいう。

私は夜の礼拝を始めた。二年と五、六カ月、私は布団で寝ることはなかった。礼拝と祈りに明け暮れ、眠くなるとクッションにもたれたが、意識を失いそうになると誰かがあらわれて私を起こした。礼拝の時間だと私にはわかった。

私の日課はつぎのとおりであった。毎晩、はじめに預言者への祈願句を千回唱え、千回罪の赦しを乞い、千回「アッラー・アクバル」を唱えた。ひと晩のうちに、ジャアファル・タイヤール〔ムハンマドの従弟でアリーの兄〕の礼拝を二度、三度おこなった。その後、クルアーンを詠み、祈願をおこない、顔をキブラ〔メッカの方向〕に向け、一度目の「アッラーのほかに神はなし」を一万二千回、そして六千回の「おお主よ、かれのほかに神はなし、永生し自存するお方よ」と、全四種の賛美を六千回唱えた。明け方近くになって私はようやく解放されるのだった。その後、夜中の礼拝と深夜未明の礼拝を始め、それらが終わると、シーア派信徒とサイイドと女サイイドと学者と識者と信徒と女信徒とムスリムと女ムスリムすべての帝王であらせられるお方への祈願をおこない、慣例の二度の跪拝をし、賛美を送った。こうして朝のアザーンが聞こえると、起き上がって朝の礼拝をおこない、クルアーンの覚えている章句のいくつかを朗詠した。

夜通し礼拝をするほどまでに信心を深めたアブガルは、自らが「シーア派ムスリム」であることを強く自覚すると、「故国」を離れ、生まれ育ったイランに戻っていく。タブリーズでのわずかな滞在をへて、より熱心に神やシーア派のイマームたちへの祈りを捧げるようになったアブガルは、マシュハドのイマーム・レザー廟への巡礼の際にはイマームの御姿をみることができ、イマームの加護によって病人を癒すことのできる敬虔な信徒となった。最終的にイスファハーンに戻ったアブガルは、「ジュルファーにいるアリー・アクバルという名の新ムスリム《ジャディード・アル・イスラーム》」として名が知られるようになり、ムスリムたちから崇められる人物になっていく。イスファハーンの名士やその妻たちが訪ねてきては、お産や病気の治癒を彼に求めるのであった。

回想録はおおむねこのような話で終わっている。アブガルの遍歴は、最初は「アルメニア商人」として一族のネットワークを利用した移動であり、キリスト教社会や同胞コミュニティをへめぐるが、「結婚」を機に一族のネットワークを離れ、経済的には困窮しながらも、「ムスリム」として、また一家の長として新たな社会にとびこんでいく。しかしながら、「ムスリム」であってもシーア派に傾倒していた彼がスンナ派社会のなかで生き抜くことは困難であり、さらなる安住の地を求めて移動せざるをえなかった。スンナ派とシーア派のはざまに位置する「故国」アルメニアにおいてもまた彼の居場所はなく、アブガルは晩年、三〇年以上の遍歴ののちに、正真正銘の「シーア派ムスリム」として生まれ故郷のイスファハーンに戻ってきたのである。

逡巡するアブガルと地域社会

アブガルの事例の興味深い点は、その遍歴の過程で地域社会に呼応して彼の信仰が揺らぐことである。アブガルが生まれたのは、シーア派政権サファヴィー朝の都イスファハーンのアルメニア人街区である。その後、スンナ派政権オスマン朝下のイズミールのアルメニア人街区、カトリックの町ヴェネツィア、オスマン朝領内での滞在をへて、アルメニア人の「故地」であるアルメニアのエレヴァンで彼は過ごした。

例えば晩年のアブガルは、夜通し何千回も句を唱えて礼拝をするほどに信仰心厚いムスリムとなっているが、改宗した当初からそうであったわけでは決してない。改宗当初の彼は、家族や街区の人々（アルメニア人）の猛反発を受けたために、「イエス様の教えのほうがよかったのだろうか」という不安に陥り、「どうしてイスラームを選んでしまったのだろう」と、後悔とも思える状態にあった。

さらに、カトリックのキリスト教徒が大半であったヴェネツィアにおいては、まだ若かりしアブガルは「新ムスリム」として孤独と疎外感のうちに非常に不安な日々を過ごしている。「ヴェネツィアは異教徒しかいないから嫌だ」と強く反発する彼の姿勢からは、同胞のアルメニア人コミュニティよりも、宗教を同じくするムスリム・コミュニティへの憧れがうかがえる。実際、彼はムスリムであったがゆえに投獄までされている。頼れるものは「夢」とそこにあらわれる預言者ムハンマドやイスラーム教の聖者でしかなかった状況において、「異教徒しかいない」ヴェネツィアでの八年間の滞在は、一方では彼に信仰面での自信を与えたかもしれない。いずれにしても、獄中のアブガルは三七日目に夢でムハンマドから「アリー・アクバルよ、怖がることはない」と声をかけられることにより、自らの信仰を保ちえたのであった。

また、義父のカーディーがなくなったのちにイスタンブールへ家族を連れて移住したアブガルは、非常に興味深いことを述べている。

イスタンブールにはシーア派のウラマー〔学者ら〕がたくさんいた。彼らはいった。「われわれの教えが真実だ」。スンナ派のウラマーはいった。「われわれの教えが真実だ」。私は考え込んでしまった。「どちらの教えが真実なのだろう?」

昼も夜も「どちらが真実なのか」と泣き暮らした彼は、スンナ派とシーア派のあいだで逡巡しているのである。ここから推察されるのは、イタリアでは彼はイスラーム教における宗派の違いをさほど意識することなく、そもそも信仰心をひとり胸のうちに秘めて生活しており、その後のオスマン領内のヤンボルでは「スンナ派ムスリム」としてカーディーのもとで暮らしていたのではないか、ということである。ましてや義父は、各地に法官《カーディー》を派遣して管轄区ごとに厳密かつ厳格にイスラーム法に基づいて統治する体制を築きあげていたオスマン朝のカーディーである。改宗者の「新ムスリム」であることは問題なかろうとも、よもやカーディーの娘婿がサファヴィー朝の「国教」であるシーア派信奉者であることが許されるはずもなかろう。すなわち、アブガルの遍歴の軌跡から明らかとなるのは、オスマン朝領内、なかでも義父のカーディーのもとでの彼はおそらくは「スンナ派」として生活し、義父の死後、生まれ故郷のイスファハーンをめざす段になって「シーア派」の感情が頭をもたげてきたということである。その結果、この頃から夢ではシーア派の象徴でもあるイマームたちを頻繁にみるようになっていく。一方、オスマン領のバトゥーミで「シーア派」を理由に投獄されてなお、その後のエレヴァンでさえも彼はスンナ派かシーア派かで揺れ動いた。だが子どもの死などの数々の不幸をへた晩年になると、彼のシーア派意識は揺るぎないものとして確立する。

ところで一七〇〇年頃には、オスマン朝とサファヴィー朝の対立は、なかば感情的ともいえるほどに宗教的なものに発展していた。すなわち、サファヴィー朝成立当初には領土問題が主流であり、その際の口実ともいえるものがシーア派とスンナ派という宗派論争であったのに対し、その二〇〇年後には、両政権およびその住民たちの対立が、あまねく宗派の相違に帰着するのである。

トルコ人、とりわけ法律の徒〔法学者〕が道義心や信心の点においてペルシア人に対していだいている嫌悪やいわばある種の憎悪ははなはだしく、いつでも彼らを攻撃する構えでいる。学者連中は彼ら〔ペルシア人〕をあまりにもきらっているため、「故意の殺人であっても、一人のキリスト教徒を殺害するのと同様に、四〇人のペルシア人やシーア派の者どもを殺害することはたいした罪ではない。合法な戦争においては、四〇人のキリスト教徒を殺害する以上に、一人のペルシア人を殺害するほうがより賞賛に値する」と彼らはつねづねいっている。

（クルスィンスキ『ペルシアの最近の大変動』）

イラン人シーア派ムスリムに対して、オスマン朝下のスンナ派ムスリムのいだくこのような憎悪は、「すべてのトルコ人にとって押しなべて一般的なこと」であり、彼らは「ペルシア人のことを、もっとも危険な異端(Hereticks)である、とみなしている」とここでは続けられている。もっとも、これを記したクルスィンスキはポーランド出身のイエズス会士であり、神父としてイランに長く滞在していた人物であるため、多少の脚色や誇張があるかもしれない。ただ、サファヴィー朝下の「ペルシア人」とオスマン朝下の「トルコ人」の宗教的な対立がこれほど激しい場合、「新ムスリム」であってもシーア派に傾いていたアブガルがオスマン朝領内にとどまることは命の危険があったことは容易に想像されよう。第二次ウイーン包囲の失敗と政変に揺れるオスマン朝下で、「シーア派であること」を理由に投獄され、イェニチェリに追われる身であった彼は、身を守るためには、何としてでも祖国のアルメニアを経由してイランに向かい、そこに安住の地をみつけざるをえなかったのである。

このようなアブガルの遍歴と信仰上の葛藤からは、彼が「地域社会」や「コミュニティ」に感化され、大きく翻弄されていることが浮かびあがる。言い換えると、「地域社会」や「コミュニティ」が一つの宗教や信仰を共有し、それを個人に強要する姿勢をみて取ることができるのである。

その際、まず大きな役割をはたしたのが「家族」である。「異教の地」でも信仰を保持し続けたアブガルと対照的に、彼の親族は、彼がキリスト教徒に戻ることを最後まで期待していた。なかでも彼の改宗に最後まで反対したのは母親である。母親は夢にあらわれてまで息子を「不信心者(kāfir)」と罵倒し非難し続けた。またヴェネツィアでアブガルが投獄された背景には、ムスリムに改宗したアブガルをムスリムばかりが暮らすイランに帰国させたくなかった家族の意向が強く働いていた。血を分けた兄弟はアブガルの釈放を求めるにあたり、「彼はすでに八年間もキリスト教徒たちのなかで暮らしている」とヴェネツィアのドージェに書き送っているが、この表現からは、たとえムスリムに改宗したとしてもアブガルはキリスト教徒にとって無害な人間であることを訴えているのであろう(もっとも実際には、方便として「ムスリムではない」と書かれていたと思われる)。加えて家族はヴェネツィアではつねにアブガルにキリスト教徒の妻をめとらせようとしており、ムスリムでさえなければ、宗派の異なるカトリックでも構わないという家族の切実な思いがあらわれている。このように彼の家族は、アブガルのイスラーム教への改宗をかたくなに否定し続けたのである。

一方のアブガルは家族の意向を拒絶し、ムスリムの妻を求めた。カーディーの娘をめとることで、アブガルのムスリムとしての信仰心が安寧を得たことは疑いようもない。だが、スンナ派のカーディーの家にはいったことにより、イスラーム教のなかでの「宗派の相違」という新たな難題が持ち上がってしまう。義父の死により、ある種の「解放」を得たアブガルは、経済的な理由もあろうが、望郷の念をいだき、オスマン領を去ろうとする。そのような彼の願望を妻だけが支え、「シーア派の地」へ向かう夫の出発を後押しする。

続いて地域社会についてみてみると、ヴェネツィアでもオスマン朝領内でも「異教徒」であったアブガルは「異教徒」であるがゆえに投獄の憂き目にあっている。さらに、アルメニアのエレヴァンでは、教会の主教や司祭たちがムスリムになったアブガルを呼び出し、再度キリスト教への改宗を迫る場面がある。「イエスやほかの預言者たちの信仰や教義を信じているか?」という問いかけに対し、

「あらゆる預言者たちの信仰は一つです。ですが、あなたがたの教義はすべて間違っており意味がありません」

とアブガルは答えている。最終的にこの会合は互いの罵り合いに終わるが、ここにも同族のコミュニティ内にコミュニティの信仰を棄ててしまった「異教徒」がいることの不安やそのような「異分子」を排除する姿勢がみて取れよう。

以上のように十七世紀後半には、アブガルのたどった地域の全域において、地域社会は宗教を異にす

る「異分子」を排除する傾向にあった。その結果、ムスリムであることを強く意識した彼はヴェネツィアを離れ、さらにシーア派であることを自覚した彼は、もはやオスマン朝領域にとどまることはできなかった。父祖の「故国」のアルメニアにおいても、彼の居場所はなかった。こうして「ホヴハンジャーン(愛しのヨハネ)」ではなく、シーア派ムスリムの「アリー・アクバル(偉大なアリー)」であることを自覚した彼は、数十年の遍歴のすえ、生まれ故郷のイランに戻らざるをえなかったのである。

3　改宗、もしくは国を追われる「異教徒」たち

カトリック宣教師と新ジュルファーのアルメニア人

イスファハーン出身の一アルメニア人のイスラーム教への改宗とその後の遍歴は、十七世紀後半の西アジア社会において、シーア派とスンナ派の相違がサファヴィー朝・オスマン朝という二大帝国の領域とかさなり合っていたことをあらわにしたが、このような「宗派と地域性」というのは、何もイスラーム教や西アジアに限ったことではない。十七世紀のキリスト教世界においては、オスマン朝とサファヴィー朝の宗派対立以上に激しく、プロテスタントとカトリックの対立が「地域」や「国」と結びついて顕在化しており、むしろこの対立こそがヨーロッパ人のアジア進出にともない、アジアにも波及したと考えうる。なかでもこの当時、世界各地で「異分子排除」を加速させた主たる要因はカトリック宣教師による布教活動であった。

サファヴィー朝下のイランには、交易のみならず、対オスマン同盟という軍事目的のため、ヨーロッパから頻繁に使節が訪れた。シャー・アッバース一世もまたそれに応えるようにヨーロッパ諸国に向けてたびたび外交使節を派遣した。とくに、ハプスブルクやローマ教皇などカトリック諸国への使節が多く、一五九九年には、イランにやってきたイギリス人のアンソニー・シャーリーを代表として、モスクワ、プラハ、ローマ、スペインへの外交使節が派遣された。この使節団はシャーリーの横領と逃亡もあり、何ら具体的な成果をみなかったのだが、ローマ教皇クレメンス八世や神聖ローマ皇帝ルドルフ二世、スペインのフェリペ三世らとの面会は、サファヴィー朝にとっては対オスマン朝の同盟相手を模索する重要な契機となった。

イランから外交使節が到来したことに対して、ローマ教皇はこれを東方宣教へのまたとない好機ととらえた。イラン使節来訪のわずか二年後の一六〇三年には、ローマ教皇は托鉢修道会系のアウグスチノ会のポルトガル人宣教師三人をイランへ送り、さらに〇七年にはカルメル会の修道士三人がローマからイスファハーンに送り込まれるなど、十七世紀を通じて多くのカトリックの宣教師や修道会が布教目的でイランを訪れた。ときに会派ごとに互いをライバル視することもあったこれらカトリック修道会の活発な布教活動が、イラン(のみならず、日本や中国などアジア全域)において、その反動となる禁教令や強制改宗といった強硬な宗教政策を引き起こした。なぜなら、カトリックの宣教師たちがイランでの布教のターゲットとしたのは、長年の経験から布教が困難と知りつくしたムスリムではなく、ゾロアスター教徒やユダヤ教徒、ネストリウス派やジョージア人やアルメニア人らのキリスト教徒たちであったからである。

シャー・アッバース一世の時代から、カトリック宣教師らによるイラン国内の宗教的マイノリティへの布教はアルメニア人や王の怒りを買っていた。イスファハーンに暮らしたカルメル会の神父はいう。

何人かのアルメニア人が王に、「〔アウグスチノ会の〕神父がアルメニア人らをポルトガル人〔すなわち、カトリック教徒〕に改宗させたがっており、私たちが何世紀にもわたって維持し続けた信仰を奪おうとしています」と申し上げた。王はこのことにおおいに腹を立てた。というのも、ポルトガル人がシャーの臣民に対してホルムズ島で日々おこなっていた厄介な案件〔ホルムズ占領のこと〕において、シャーが彼らに対して深い嫌悪をいだいていたからである。　（『ペルシアのカルメル会史』）

一方のカルメル会は、手当たり次第にサファヴィー朝内のキリスト教徒に触手を伸ばしカトリックへの改宗を進めたが、マイノリティであることを強く自覚していたアルメニア人はこれをまったく快く思わず、時の政権であれ、キリスト教内の異なる宗派の修道士や宣教師であれ、他者からの改宗の圧力を必死に回避しようとしていた。宣教師たちの活動がより活発となった十七世紀後半には、アルメニア人たちの「警戒」や「信仰固持」はいっそうの激しさを増す。

アルメニア人は自分たちの信仰を守り続け、他の信仰に変えることはなかった。同じままの信仰を、一方では支配者であるマホメット教徒〔ムスリム〕の君主たちのキリスト教徒に対する過重な課税という抑圧を忍びつつ、もう一方では、二世紀以上も前からローマ教会が布教団を派遣して働きかけてきたことにも屈せずに、守っているのである。ローマは宣教師として司祭や修道士を送り込んで、アルメニアのキリスト教徒を自分たちの教会に取り込もうとやっきになってきた。この目的のためにローマ教皇庁はこれまでどれほど術策を弄し金銭を費やしてきたかしれないが、何の成果もあげえなかった。何しろヨーロッパでローマ・カトリックに改宗する者があっても、いったん帰国すると、それまで以上にアルメニア人になってしまい、(中略)アルメニア教会の考え方と対立するローマ教会の考え方の一切を嫌悪するようになるのである。　（シャルダン『ペルシア紀行』）

フランスのユグノー(新教徒)であったシャルダンは、イスファハーンのアルメニア人のことを「哀れな、それでも古いキリスト教徒に違いない連中」と表現しており、「アルメニア人には聖職者、俗人の別なく学識がない。しかしそれでも、自分たちの宗派なりの信仰心はたいへん堅く、信仰を論じるその論じ方はなかなか良識あるものだ」と皮肉たっぷりに述べている。さらに、『イスファハーン誌』では、

イエズス会士がイギリス人とオランダ人の話をしていてこういった。「連中は呪われた忌わしい異端ですよ」。「いやまったく、まったく」とアルメニア人が答えた。「ローマでもマルセイユでも、私どものアルメニア語で新約聖書を印刷しようとしても、一度も許可しようとしなかったのにですよ、アムステルダムでは何の問題もなく認めてくれましたからねェ」

と伝える。このイエズス会士とアルメニア人の会話の背景には、宣教活動にやってきたイエズス会士に対して、アルメニア人が警戒し不満をいだいていたことがある。イエズス会士は、イングランド国教会のイギリス人とプロテスタントが主流のオランダ人を「忌まわしい異端」と表現し罵倒している。一方、答えるアルメニア人は、カトリック信仰の強固なローマやフランスのマルセイユは同じキリスト教徒であるアルメニア人に対して冷たく、逆にオランダの首都アムステルダムではアルメニア人に対して何らの偏見もなく、アルメニア語の新約聖書の印刷が可能であったというのである(アルメニア語の活字による最初の聖書はアムステルダムで一六六六年に出版された)。カトリックのイエズス会と、「古いキリス

ト教」の一派であるアルメニア正教を奉じるアルメニア人との皮肉合戦を通じて、新教派でユグノーのシャルダンは両者をともに揶揄する半面、頑迷で狭量なイエズス会を痛烈に批判しているのである。〔イエズス会の〕宣教師たちは、ペルシアでヨーロッパ人が一目おかれていたあいだは、このアルメニアの住民から尊敬されていたが、そういうことがなくなってしまった今では、連中〔新ジュルファーのアルメニア人〕は自分たちの身内の者が一人でもイエズス会士に誘惑されることに我慢ができない。もしそんなことをすれば、イエズス会士が自分たちの身内の者をヨーロッパ人の支配下にひきずり込もうとしているとお上に訴える、そういって彼らは脅した。イエズス会士はこれにはすっかり脅えきってしまった。彼らはこの帝国の首都から追い出されることだけは、何にかえても避けたいのである。その地で成果をあげているからとどまる価値がある、というのではなくて、世界中、すべて宮廷のあるところに、自分たちの修道院をもつ、というのが彼ら自身の言葉を使うなら、「教団の栄誉であり、またローマ教会の誉れであるから」なのだ。（シャルダン『イスファハーン誌』）

シャルダンの伝えるこれらの話からは、プロテスタントとカトリックの潜在的な敵愾心もさることながら、新ジュルファーのアルメニア人とカトリック宣教師らとの棄教や改宗をめぐる緊迫した様子がうかがえる。現実に、新ジュルファーの区長《カラーンタル》の不興を買ったイエズス会は、居を構えてからわずか一〇年後の一六五四年に新ジュルファーから追い出され、また、その四〇年後の九四年には、新ジュルファーに居住と教会建設を認められていたカトリック修道会のカルメル会がアルメニア人たちによって新ジュルファーから追放された。

棄教・改宗する新ジュルファーのアルメニア人

一六三九年の和平協定により隣国オスマン朝の脅威が薄れたサファヴィー朝では、ヨーロッパ人との関係は軍事同盟の締結維持よりも経済・交易活動に重点がおかれるようになった。そのため、ローマ・カトリックの布教を目的とした宣教師らの活動は、「百害あって一利なし」とみなされていく。

アルメニア人に寛容であり、新ジュルファーの教会にも足を運んでいたシャー・アッバース二世は、一六五〇年代後半にイスファハーンの市壁内のアルメニア人を追い出し、新ジュルファーの新移民居住区に住まわせるようにした。これは、飲酒や酒づくりに対するムスリムからの不満が原因であったという。この政策により、イスファハーン市内に暮らす非ムスリムの異教徒の数は激減した。同時に、それまで免税対象であったアルメニア人らに対して多額の納税を課した。さらに一六五七年には、非ムスリムの強制改宗の布告が出され、国内で二万戸のユダヤ教徒が改宗してムスリムになったといわれている。この改宗したユダヤ教徒たちには、男性二トマン(イランの通貨単位)、女性一トマンの金銭補助がなされ、同様に、イラン全土のアルメニア人らへの強制改宗がなされていった。何よりも十七世紀後半のサファヴィー朝の大宰相シャイフ・アリー・ハーン・ザンギャネ(大宰相位一六六九～八九)は、「キリスト教を憎むこと猛然たるものがあり、ペルシアにキリスト教徒が居住していることからして帝国そのものを穢《けが》し、不純な状態におく元凶と考えているくらい」に「過激なマホメット教徒」であり、「キリスト教徒の住民は残らずペルシアから追放したいと思っており、外国人もその例外ではない」のであった(シャルダン『ペルシア紀行』)。こうして十七世紀後半から十八世紀初頭にかけて、イラン国内、とりわけ首都のイスファハーンではキリスト教徒たちの棄教・改宗があいつぐ。アルメニア人らの必死の努力や反発にもかかわらず、アブガルが改宗したのもまた、このような時代の「空気」をうけてのことである。

ところで、アブガルと相前後して改宗した新ジュルファーの区長《カラーンタル》のなりゆきをシャルダンが非常に詳しく記している。「〔一六七三年八月〕二十四日、この日、イスパハンのキリスト教徒全員、とくにアルメニア人たちは悲しみに暮れることになった。彼らの長というか町長のアガ・ピリ・カラーンタル、すなわちアルメニア人居住区となっているイスパハン郊外の大きな町の町年寄がキリスト教の棄教に走るという事態が起こったのだ」。この区長は、「半可通《はんかつう》の学者」であったために、過去のムスリムの思想家の著作を読むうちに、キリスト教徒としてはイスラーム教を論破できなくなってしまった。このような理由から彼は改宗を決意したが、自分の意志で棄教したとあっては「アルメニア人居留民全員の反発を買う恐れがあり」「家族の絶望も思いやられ」「手前が莫大な財産を託してヨーロッパにおいている取引代理人たちがこれ幸いとばかりそれを横領して、もう戻ってこなくなるのではないか」ということで、国王シャー・スレイマーンの「命令」によって無理強いのうえ改宗させられた、という体裁をとったのである。さらに続けて、シャルダンはこの人物の改宗についてつぎのように伝える。

この哀れむべき背教者が神から恵まれていた優れた才能の数々と財産の大きさを考えると、彼の棄教はひとしお罪深いものといわなくてはならない。というのも、彼は当地の商人のなかでもいちばん富裕な商人の一人であって、資産は二百万リーヴル以上ありながら、子どもも兄弟もいなかったのである。マホメット教徒はこの男の改宗には非常な勝利感を味わった。〔中略〕彼の棄教でいちばんがっかりしたのはローマ・カトリック教会の宣教師たちで、とりわけカプチン会士たちはつい一年前この町年寄から「アルメニア・キリスト教徒は聖体の秘跡についてはローマ教会と同じ信仰を有する」と記した証文を取ることに成功して、この人物を立派なカトリック教徒にしたものとすっかり信じていたのだ。

（シャルダン『ペルシア紀行』）

区長の改宗は、ローマ教会と同じくらいに、新ジュルファーのアルメニア人たちに大きな衝撃を与えた。まず、このことにより、アルメニア人たちが全員改宗させられるのではないかと恐れ、さらには、「自分たちのなかのいちばん弱い者がそれに負けてキリスト教を棄ててしまうのではないか」という不安がはびこったという。改宗した区長には、王から賜衣と馬と馬具一式が与えられた。区長の改宗は、アブガル同様純粋な信仰心からのものと思われる一方、イランで余生を過ごすにあたって多額の納税を回避すべく、自らに有利な条件を選択したとも考えられよう。そもそも、カトリックへの改宗も、アルメニア商人の場合は軒並み、ヨーロッパ方面での交易に有利であるという理由からであった。

アブガルの改宗はまさにこのような時代に相前後して起こったのであり、彼の家族や新ジュルファーのアルメニア人コミュニティが彼の改宗をかたくなに認めようとしなかったのも無理からぬことである。彼の家族は、キリスト教圏のヴェネツィアに送り出し、せめてカトリック教徒でも構わないので、彼がキリスト教徒であり続けることを強く望んでいた。家族の一員がムスリムになることは何としてでも忌避したかったのである。他方、改宗してムスリムとなったアルメニア人のアブガルであったが、その最晩年には再度イスファハーンの新ジュルファー街区に暮らしていた。どれほどその信仰が強固なものであったとしても、「改宗者」を示す「ジャディード・アル＝イスラーム（新ムスリム）」と呼ばれる身であったがゆえに、生来のムスリムばかりが暮らす市中での生活は困難であったのであろうか。おそらくそうではなく、世紀変わり目のこの時期には、キリスト教宣教師の活動とそれに対抗する政府の強硬策をうけて、アルメニア人ら非ムスリムのためにつくられた新ジュルファーはもはやコミュニティ独自の宗教性を担保できなくなっていたのではなかろうか。アルメニア人の免税特権などもすべて剝奪されていた一六九一年には、新ジュルファーの別のアルメニア人区長もまたイスラーム教へ改宗している。これらのあいつぐ改宗者らの存在からは、ムスリム国家のイランに暮らす以上、宗教マイノリティであるよりもムスリムであるほうが経済的かつ政治的な恩恵が大きかったことが如実にうかがわれるのである。

宗教的寛容性の喪失と「一国一宗派主義」の徹底

一六八三年のオスマン軍の第二次ウイーン包囲から二年後の一六八五年には、プロテスタントの信仰の自由を認めた「ナントの王令」が廃止された。その後のフランスでは、わずかに残っていたプロテスタントたちが国を離れ、フランスはカトリック教国として存続する。イングランド国教会を成立させたイギリスでは、八七年と翌八八年にジェームズ二世が「信仰自由宣言」を発布し、カトリックへの傾斜を強める。これが名誉革命の遠因であったといわれるように、一六八〇年代は「国家」と「宗教」の問題がヨーロッパにおいて大きくクローズアップされる。

西アジアでもまた、オスマン朝はスンナ派主義を推し進め、シーア派を異端とみなして排斥した。本章でみたように、第二次ウイーン包囲の頃にオスマン領に暮らした一人のアルメニア人改宗ムスリムは、生まれ育ったサファヴィー朝が採用していたシーア派に親和性をいだいていたがために、「シーア派である」という理由で排斥され、投獄すらされた。サファヴィー朝では、非ムスリムが町はずれの居住区に押し込められ、少数派への強制的な改宗政策もたびたびとられ、宗教コミュニティの独自性は薄れていった。さらに東に目を向けると、ムガル朝のアウラングゼーブ(在位一六五八〜一七〇七)はそれまでの融和主義を改め、非ムスリムから徴収する人頭税を復活させている。また、秀吉のバテレン追放令や江戸幕府による慶長の禁教令(一六一二、一三年)と宗門改め制度、清朝の典礼問題、シャムのフランス・カトリック勢力追放運動とクーデター(一六八八年)など、十七世紀のアジア各地では、熱心な布教を進めるカトリック宣教師らによって持ち込まれた外来宗教への反発から、既存の宗教への回帰や政権による強制改宗政策が多く確認される。これらの事象からは、ヨーロッパ人のアジア進出は、政治や経済のみならず、思想や信条の面でもそれぞれの地域社会に大きな影響を与えたことをうかがい知ることができよう。

十六世紀のヨーロッパで起こった宗教改革および対抗宗教改革というキリスト教社会の大変動をうけて、十七世紀は世界中で宗教的寛容性が失われ、宗教原理に基づいた国家や地域秩序の再編がおこなわれ、一国一宗派主義が徹底される。個人の側においては、地域社会に根づく信仰や宗教に「同化」するか、あるいは「移住」するかの二択が迫られた。フランス出身のユグノーであったシャルダンがイランやインドでの成功ののちにイギリスにわたり、同じ境遇のタヴェルニエがアントワープに移住したことは、ヨーロッパにおいても、宗教や宗派の相違ゆえに、故国に住み続けることのできない時代が到来したことを物語っている。

一六八三年は、オスマン朝がウィーン包囲に失敗し、ヨーロッパでの対オスマン観に大きな転換をもたらした年として重要であるが、加えて、この前後に世界各地で生じていた政治体制と宗教・宗派の同一化の潮流を象徴する時期ととらえることが可能であろう。この時代には、何教徒であれ、どのような信仰箇条を有していようともまた有していなかろうとも、信仰を守ることは命がけであった。宗教によって色分けされる地域社会が確立していくなかで、地域社会と同じ信仰を保つ場合には問題は少ないが、地域社会と異なる信仰を保持する場合はほぼ例外なく生命の危険をともなった。そして、世界各地で信仰と地域や国との一体化が進み、信仰を異にする他者への圧力が地域社会のなかでエスカレートする。このような荒波のなかで個々人は故郷を捨てて「離散」や「亡命」をするか、地域が共有する信仰に「改宗」して「同化」するかの選択を迫られていったのである。

三章　海賊と先住民に悩まされるスペイン領ユカタン植民地

伏見岳志

1　海賊とカンペチェ港

一六八三年のベラクルス略奪

一六八三年五月三十日、メキシコ湾にあるベラクルスの港にはいろうとする船団の眼前に広がったのは、略奪され破壊された町だった。ベラクルスは、スペイン領アメリカの北半分を占めるヌエバ・エスパーニャ副王領における最大の港町であり、領内各地から銀をはじめとして多様な商品が集積し、さらには太平洋を超えたフィリピンからアジア産品も流入する積出し港である。船団の主要任務は、スペイン南西部のカディス港から商品や人を輸送し、かわりにベラクルスに集積する各種産品をスペインへと持ち帰ることであった。そのために、二カ月半をかけて、大西洋を横断し、カリブ海を抜けてこの港まで航海してきたのである。ところが、先立つ五月十八日早朝に上陸した八〇〇人とも一〇〇〇人ともいわれる海賊に港は占拠されたばかりだった。銀貨やコチニール染料などのスペイン向けの商品、競売を待つ一〇〇〇人を超えるアフリカ系奴隷が海賊の手に落ちた。教会の聖像は引き剝がされ、住民の多くが殺害され、有力な住民は海賊船や沖合の島に監禁され身代金が要求された。いわゆる「ベラクルス略奪」事件である。それまで一度も大きな襲撃を受けたことのなかった港である。船団に乗り合わせた多くの人間が暗澹たる気持ちになった。

とりわけ憂鬱になった人物の一人が、ファン・ブルノ・テジョ・デ・グスマン（一六四七〜一七〇九、以下「テジョ」と略記）であろう。この人物は、ベラクルスから約六〇〇キロ東に位置するユカタン地方に向かおうとしていた。それまではカディス港で大西洋貿易を管轄する通商院の経理官を務めていたが、縁故と献金のおかげで、この地方の総督職を獲得したのである。しかし、向かう先のユカタン地方はベラクルスよりもはるかに多くの海賊の被害にあっている地域である。とくに一六六〇年代以降は頻度が増し、沖合で商船が拿捕されたり、海岸で住民が拉致されたりといった比較的軽微な事件も勘定すると、海賊の攻撃は毎年のように起きていた。そのような地方に新総督として赴任するテジョの心情は、このベラクルスの惨劇を前にいかばかりであっただろう。

永遠の犠牲者カンペチェ港

なぜユカタン地方は頻繁に海賊に襲われるのか、と疑問に思うかもしれない。この地方は、古くマヤ文明の中心地の一つであり、その遺跡群が五つも世界遺産に登録されている場所である。マヤ文明には、内陸の密林地帯のイメージがつきまとう。実際に、そういう地域もあるので誤りではない。しかし、ユカタン地方は半島であり、東西北の三方を海で囲まれ、一五〇〇キロを超える長い海岸線を有していたことも忘れてはならない。地図で位置を確認しよう。北アメリカ大陸が南下するにつれて細くなり東へと湾曲する部分、すなわちメキシコ南部テワンテペック地峡からホンジュラスにかけての一帯に、北に向かって大きく突き出た半島がある。これがユカタン半島である。半島の北東端カトーチェ岬の東北東には、キューバ島のサン・アントニオ岬がある。両岬のあいだに広がるユカタン海峡は二〇〇キロ強の幅である。これは、およそ下関と釜山の距離に相当する。海賊たちは、キューバ島の南隣のジャマイカ島や、東隣のイスパニョーラ島を拠点としていたから、ユカタン半島は、キューバ島に連なる列島の一つのようであり、訪れやすい位置にあった。

半島でいちばん海賊の襲撃を受けたのは、西岸のカンペチェ港であった。ある研究者いわく、カンペチェは海賊の攻撃による「永遠の犠牲者」であり、一六六〇年代以降では六一、六三、六五、六九、七三、七八年という具合に頻繁に襲撃を受けている。ユカタン海峡を超えてカリブ海からメキシコ湾に侵入した船舶が、最初に目にする港町であり、しかも半島唯一の貿易港であるから、標的になるのも無理はない。テジョ総督の前任者であったアントニオ・デ・ライセカ・イ・アルバラド(一六三九〜八八、以下「ライセカ」と略記)は本国宛ての報告書簡のなかでつぎのように述べている。

[カンペチェ港の]住民は、海賊の侵略を繰り返し経験し、恐怖心をいだいております。この恐怖心はたいへん大きいものでありますから、海上にマスト一本がみえるか、夜に銃声を聞くだけで、一目散に町を逃げ出し、できるだけ多くの財産を森に隠して守ろうとするのです。こうした恐慌では、女たちが流産したり、さまざまな病いを患って苦しむのが常であります。なぜならば、襲来の知らせを受け取ると、女たちは、子どもと一緒に森に避難して、そこで雨風に曝《さら》されるからです。そして町に戻ると、家々は略奪されているのです。

テジョ総督が着任した頃のカンペチェ港には、一六七八年の海賊襲来による破壊のあとが残り、崩れ

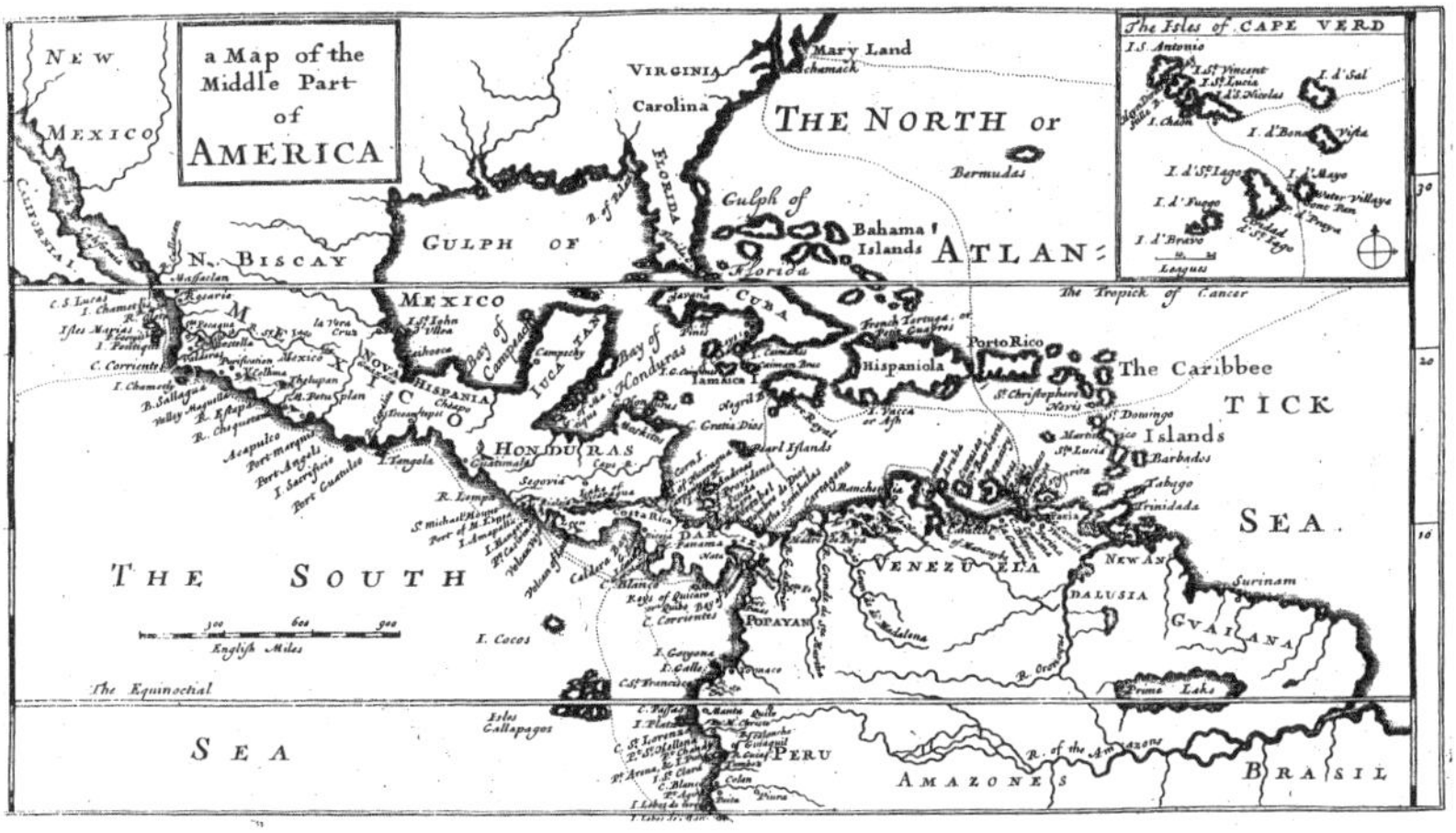

アメリカ大陸中部(1698年)
ダンピアの『世界周航記』に掲載されたもの。中央のやや左，キューバ島の隣にあるのがユカタン半島。IUCATAN と記され，A と T のあいだにカンペチェが記載されている。カンペチェ湾をはさんで左側にベラクルス港がある。港の沖合には要塞島サン・フアン・デ・ウルア(I. St Iohn de Vlloa)がある。キューバの右側イスパニョーラ島のうえに仏領トルトゥーガ島とプティ・ゴアーヴが記載されている。

た砦や倒れた家屋の再建はいまだ途上にあった。そのほかにも、港の防備への懸念はつきることがない。ライセカ総督は報告書簡を書くたびに、数が不足し整備も行き届かない銃器類、大半が湿って使い物にならない火薬、襲撃による死傷と財源不足で定員割れの守備隊、士気のあがらない民兵組織、といった問題点を指摘していた。新任のテジョ総督は、ユカタン総督府のあるメリダ市でこの前任者と面会している。おそらく、そういう脆弱な防備についての説明を受け、任期中に海賊の襲撃があれば、たちまち陥落することを覚悟しただろう。

一六八五年のカンペチェ略奪

実際、ベラクルス略奪の海賊たちは、二年後にカンペチェ港を襲撃している。海賊のリーダー格はローレンス・デ・グラーフとミシェル・デ・グラモンである。デ・グラーフはネーデルラントのドルドレヒト出身とされる。前半生は詳らかではないが、ネーデルラント近海で他国の船を拿捕したりしていたようである。そのうちに、スペイン船に捕まってモロッコ沖合のカナリア諸島のサトウキビ・プランテーションで働かされたとも、捕まったスペイン船で砲手を務めていたともいわれる。はっきりしているのは、七〇年代後半にはカリブ海で海賊船に乗り組み、スペイン船や港町を襲撃するようになっていたことだ。根拠地としたのは、イスパニョーラ島西部のフランス領（のちのサン・ドマング）プティ・ゴアーヴ港である。やがて、フランスの役人から敵国船襲撃の公認、いわゆる「私掠状」を獲得して活動する機会も増加した。一方、ミシェル・デ・グラモンはパリ出身の貴族で、決闘で相手を殺しイスパニョーラ島に逃げ込んだとされる。ここで、彼は陸戦の猛者として海賊のあいだで名を馳せるようになり、

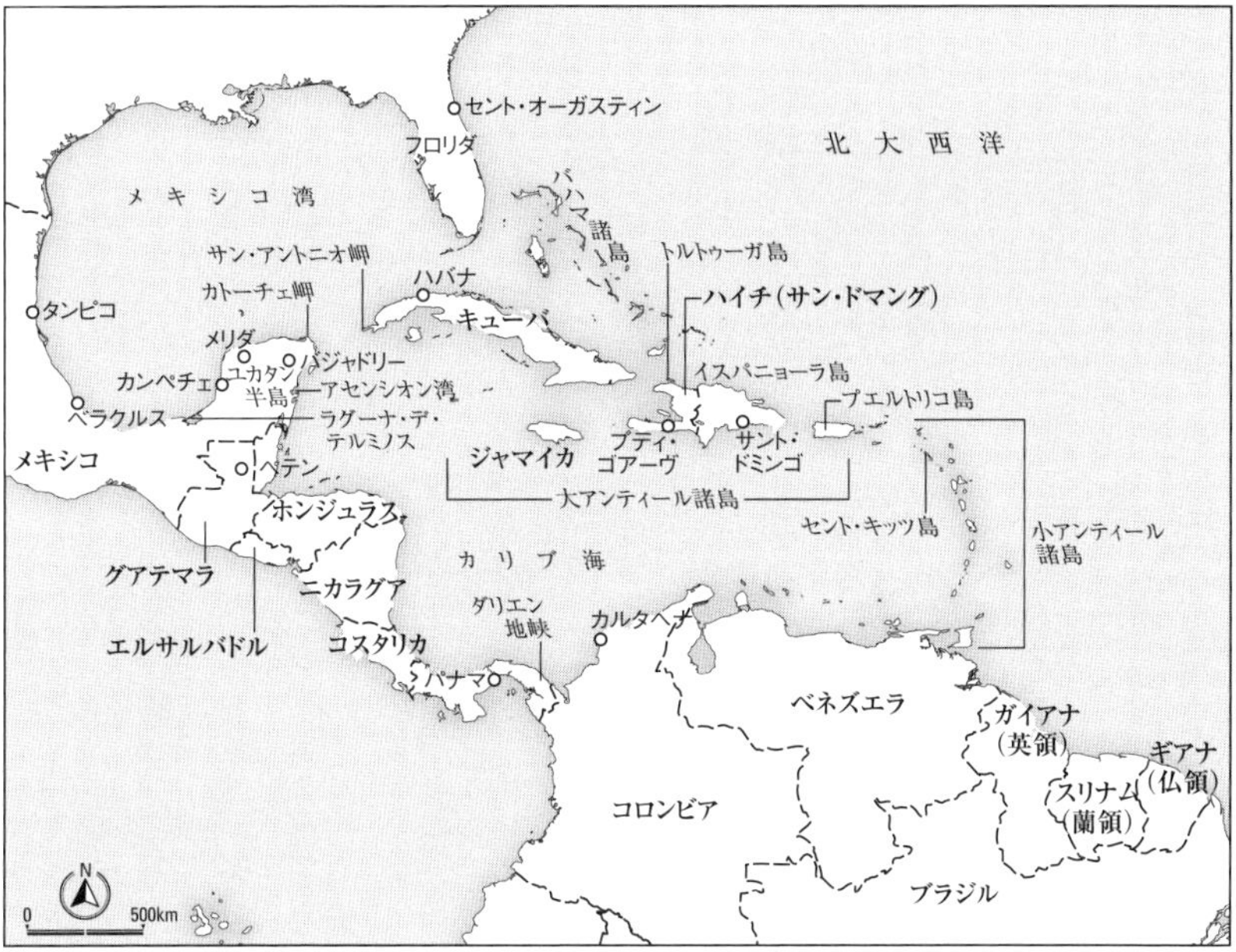

ユカタン半島と周辺地域

やはり現地のフランス役人から私掠状を与えられるようになった。この二人が、他の海賊とともにベラクルスを略奪したのである。彼らはユカタン半島北東端のカトーチェ岬の沖合にあるムヘーレス島で戦利品を分配すると、両者別々に略奪活動をおこなっていた。グラーフは南米北岸のカルタヘナ港を海上封鎖、グラモンは北米フロリダのサン・アグスティン(現セント・オーガスティン)を襲撃し、沿岸の先住民布教区を壊滅させている。そして、一六八五年春に両者は再びムヘーレス島に集合し、つぎなる標的をカンペチェ港に定めた。

同年七月六日午後に三〇隻を超える船団が港の沖合にあらわれた。一〇〇〇人を超える海賊が上陸を試み、翌朝にはスペイン側の抵抗を退けて、港に侵入した。町の中心広場に構えた主城塞も十二日夜には陥落した。防備に動員されたスペイン人たちの士気は低かったようである。民兵部隊の一つにいたシプリアノの証言によると、

隊列を組んだ海賊がフランスの旗を掲げて上陸してくるのをみると、兵士たちはあちこちへと逃げ始めた。司令官はこれをみると、全員が集結するようにと、息子たちよ、兄弟たちよ、友人たちよ、と呼び始め、それが無駄だとわかると、犬め、悪党め、王に対する裏切り者めとののしったが、それでも押しとどめることはできなかった。多くが森に逃げ込み、残ったのは四〇人ほどだった。

主城塞には専従の守備隊が配備されていたが、海賊の砲撃を前に恐れをなし、明日には海賊と和平を結び、城塞から名誉ある人間として退城できるようにすると曹長が提案するのも聞かず、縄梯子で海岸へと降りて逃げ去った。これをみると、曹長までもが海へと向かい、あ

とに残ったのは兵士たちの裏切りと不名誉行為をみることを嫌った三人の士官と、曹長の命令で城塞に幽閉されていた三人のイギリス人だけであった。

あるいは、いちばん奮闘したのは、パルド部隊を率いていた隊長のクリストバル・デ・ラバナレスであったかもしれない。パルドは日本語では「褐色」に相当するスペイン語の単語で、カスタやモレーノ、ムラートなどの類似表現と並んで、アフリカ系に出自をもつ混血民の呼称であった。カリブ海沿岸をはじめとして、スペイン領アメリカの各地にはアフリカ系住民が相当数いる。彼らの多くは奴隷として連れてこられたが、主人の温情で解放されたり、知人によって身請けされたり、自らの貯金で解放を買い取ったりして、奴隷身分を脱することがある。それに、母親の身分を継承するというルールがあるため、第二世代には生まれつき自由身分である混血民が増える。そういう自由身分のアフリカ系住民たちが、海賊の襲撃に悩むカリブ海やメキシコ湾の沿岸都市では、民兵として組織化されていたのである。自由身分とはいうものの、肌の色や相貌はアフリカの出自を想起させやすいので、奴隷と同じように差別的な扱いを受けることも多い。そういうパルドたちにとって、民兵になることは意欲を掻き立てられることだった。そこでの活躍いかんでは集団としての評価が向上するし、隊長や旗手などの称号を獲得すれば個人としての評判も高まるからである。パルド部隊長のラバナレスは、城塞が陥落してフランスの旗が翻る様子をみても、臆することなく海賊と銃弾戦を繰り広げ、町からの撤退を余儀なくされた後も、近隣の森で抵抗を続けた。

けれども、その抵抗も虚しく、六週間にわたって町は海賊に占拠された。民家は物色され、教会の装飾品は剝奪され、三〇〇人近い住民が捕虜となり拷問を受けた。聖ルイの祝日である八月二十五日になって、海賊たちは撤退することに決め、港と捕虜の解放と引き換えに八万ペソと糧食を要求した。総督府のあるメリダ市から兵隊を率い、近隣の集落に陣を構えていたテジョ総督はこれを拒絶する。そこで、海賊たちは一部の捕虜を処刑し、生き残りの二四三人と略奪品を船に収容すると、町に火を放ち、ムヘーレス島へと引き上げていった。町は「焼き尽くされ、冷酷に殺戮された馬やその他の動物の死骸の悪臭で住めなくなった」。そうして「町は灰燼と化し、城塞も吹き飛ばされ、近隣の集落には、ただ人が住んでいたという記憶が残るだけだった」。

衰退する貿易活動

一六八三年頃のカリブ海やメキシコ湾では、まだまだ海賊の活動が盛んであった。この海域で海賊活動がいちばん活発だったのは、五〇年代から八〇年代にかけての三〇年間ほどであろう。もちろんそれ以前から海賊活動は徐々に頻度を増しつつあった。二〇年代から、カリブ海にはイングランドやフランス、ネーデルラントなどのスペイン以外の勢力が少しずつ拠点を増やしていた。一六二四年のイングランドによるセント・キッツ占領を嚆矢《こうし》として、小アンティール諸島の無人の島々が占拠され、そこでタバコやサトウキビのプランテーションが始まる。そのうちに、大アンティール諸島にも拠点が増え、英領ジャマイカや仏領サン・ドマングが誕生する。この過程で、プランテーションで働く年季奉公人やアフリカ系奴隷、それに島々を訪れる貿易船の乗組員たちが、職場を逃げ出して、カリブ海の各地で野営生活をするようになった。野営地ではカメやウシなどを狩って、その肉を串刺しにして燻製にする。そういう調理法を先住民トゥピの言葉でブーケムといったので、これが訛《なま》って彼らはバッカニアと呼ばれるようになったとされる。そのバッカニアたちが協力して航行する船舶や港町を襲撃するようになった。一六五五年以降は、ジャマイカを占拠したイングランドの役人たちが、敵国船を襲うことを認めた私掠状をバッカニアに対して多く発行し、七〇年代になると、フランスがネーデルラントやスペインとしばしば対立したため、イスパニョーラ島西部の仏領サン・ドマングでも私掠状が発行された。各国の後ろ盾によって、バッカニアの私掠活動は活発化するとともに、許可状がないままの海賊行為も増加した。その標的の一つとなったのがカンペチェ港であった。

当時のカンペチェ港は、スペイン領ユカタン植民地にとっては唯一の貿易港である。ここが海賊に占拠されると、植民地全体の貿易が遮断されるから大問題である。先ほど、この半島はキューバ島に隣接し、アンティール諸島の一部であるかのようだと書いた。実際、十六世紀に最初にユカタンを訪れたスペイン人たちは、ここが島だと考えていた。やがて南側が大陸部と繋がっていることが判明したものの、森が深くて沼沢も多いため道が整備されていない状況が続いていたから、外部との交通は海上ルートに依存せざるをえなかった。ところが、十七世紀半ばになると海賊の襲撃もあって、カンペチェ港の出入港船舶数は明らかに減少してしまう。

スペイン領アメリカ植民地では、貿易が経済を成立させる根本要件である。スペインからの植民者だけでなく、植民地支配下の先住民や、混血民たちが外来の商品を需要したからである。植民地各地の特産品、スペイン本国をはじめとするヨーロッパの製品、太平洋を横断するガレオン船がもたらすアジアの物産品など、多様な商品が消費されていた。スペイン領アメリカ全体の貿易構造をみると、その対価となった主力輸出商品は銀などの貴金属であり、だいぶ水をあけられて各種染料や薬品、嗜好品がこれに続いている。

しかし、ユカタン植民地は貴金属が産出しない。そこで、外来品の対価として輸出されたのは、おもに先住民であるユカタン＝マヤ人たちが生産した商品である。征服以前からの産品としては、布や糸などの綿製品、あるいはハリナシバチの巣から採集する蜜蠟、沿岸部でとれる塩や魚、十九世紀に結束縄として大量需要が発生するサイザル麻の各種製品、黒や紫の染料になるログウッドなどがあった。征服後に導入されたエンジの染料がとれる野生種コチニールも重要であった。これらの商品のほとんどは、ヨーロッパへは輸出されない。カンペチェからベラクルス港経由でメキシコ内陸部へと運ばれ、そこで対価として獲得した銀貨によって多様な製品を輸入していたのである。カンペチェ港の機能が麻痺すれば、そういう交換活動が停滞し、植民地経済は根本から揺らぐ。

港の城塞化

したがって、カンペチェ港の防衛整備は焦眉の問題であった。十七世紀の半ばからパルド民兵隊の創設や、砦の増築、主城塞への常備兵の配置、警備艇の建造などの対策がとられた。しかし、海賊の襲撃に対して大きな効果をあげなかったことは、すでにみたとおりである。そこで、より抜本的な対策として、カンペチェの町全体を囲む市壁を建設する事業が一六八六年に始まっている。

市壁建設の提案そのものは、すでに一六六三年になされており、その後に修正が加えられている。カンペチェの町は海岸ぞいに二〇ブロックあるのに対して、内陸方向には五ブロックしかない長方形の構造をしている。町内は格子状に区割りされた、いわゆるグリッド都市である。六三年の計画では、この町の周囲を四角い市壁で囲み、それぞれの角には稜堡《りょうほ》を設置する予定であった。ただし、これは専門家の設計ではない。

その後、八〇年にライセカ総督が軍事技師のマルティン・デ・ラ・トーレに計画の再検討を依頼している。やや脱線するが、この人物は博識で、同年に出現したハレー彗星について、これがキリスト教神学的なメッセージをもつことを説いたパンフレットも執筆している。これは、メキシコ大学で数学と天文学を講じるカルロス・シグエンサ・イ・ゴンゴラが唱えた、同彗星が自然法則に従い、神的なメッセージをもたないとする説に反駁したものである。そういう論争と並行して、彼はさまざまな建築計画を提案しており、カンペチェの都市計画もその一つであった。この計画では、市壁を九角形にして、それぞれの角に稜堡を設けることや、壁の角度についての改良が提案されている。稜堡増加や角度修正は、火砲の死角を減らすことが目的であろう。実際に一六八六年に建築が始まった市壁は、この技師の提案をもとに若干の修正を加えたものである。

最初の計画から二〇年以上も市壁が建設されなかったことには、それなりに理由がある。一つには、たびかさなる海賊の襲撃によって、建築を実現する時間的な余裕がなかったためである。しかし、それ以上に大きいのは資金源の確保であった。公共建築の費用は、住民の拠出金や臨時増税によって賄われることが多い。けれども、一つの町全体を壁で囲むとなれば、多額の費用がかかる。軍事技師デ・ラ・トーレの見積もりでは、ユカタン半島は石灰や石材が豊富で労働力も安く調達できる地域のため、キューバ島のハバナ市よりは要塞化の費用は抑制できるが、それでも四万ペソはかかるという。その財源として想定されたのは、カンペチェ港と、総督府のあるメリダ市、その東にあるバジャドリー町の三都市の参事会が集めた拠出金と、各先住民村落への課金、聖職者の寄付金、それに塩に対する増税であった。これらの財源のなかで、とくに徴収が難航したのが塩の増税である。塩の生産量が海賊の襲撃で激減していたことも原因だが、カンペチェ港の住民が増税に反対したことも大きい。

塩の増税に反対する理由は二つある。一つは、増税によって価格競争力が失われることである。ユカタンの塩は、ベラクルス港やその北のタンピコ港に輸出されている。魚介類の保存に加えて、タンピコから内陸に位置する鉱山地域では銀の精製で塩の需要があった。しかし、銀の生産量は一六三〇年代から縮小し、鉱山に近い塩山で需要は満たされるようになった。増税で価格があがれば、ユカタンの塩への需要はさらに減退してしまう。増税に反対するもう一つの理由は、税の徴収手続きによって、塩の収穫と輸出作業が遅れることである。ユカタン沿岸には多くの潟《かた》がある。潟にたまった海水は、十月から二月の乾季に蒸発して塩が結晶化する。これを、ブロック状にかためて砂浜に積み上げて乾燥させたうえで、四月に小舟でカンペチェ港まで運び、貿易船に積み込む。塩税の徴収は、このプロセスを長引かせる。塩田での直接徴収ならば、役人を待つうちに雨季が近づいて畑焼きの作業が始まれば、先住民を労働力として確保できなくなり、五月になれば降雨によって塩が溶出してしまう。カンペチェ港での徴収の場合は、検査に時間がかかれば、海賊に拿捕される危険性が高まる。町民としては、とにかく迅速に塩を輸送したいのである。

そのような反対によって資金調達が難航したこともあって、カンペチェ町の市壁が完成するのはようやく一七〇四年になってのことである。すでにバッカニアの時代は終わりつつあり、市壁によってユカタンの貿易活動が守られることはなかった。その意味では、一六八〇年代に市壁建設目的の塩税導入に

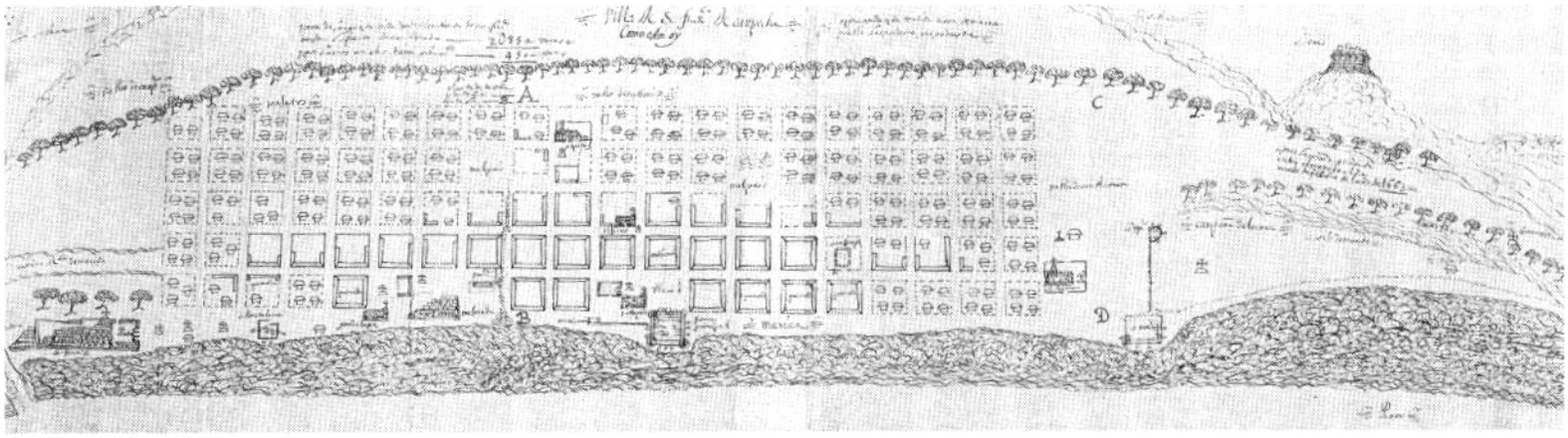

1660年のカンペチェ町
城壁に囲まれておらず，開放的な構造をしている。北東から南西に伸びた海岸沿いに，碁盤の目状に区画が整理されている。町のなかほどに「主城塞」と広場，主教会があり，町のはずれにも砦があることがわかる。海岸からはいった内陸にアフリカ系住民や先住民の居住地区がある。
インディアス総合文書館所蔵

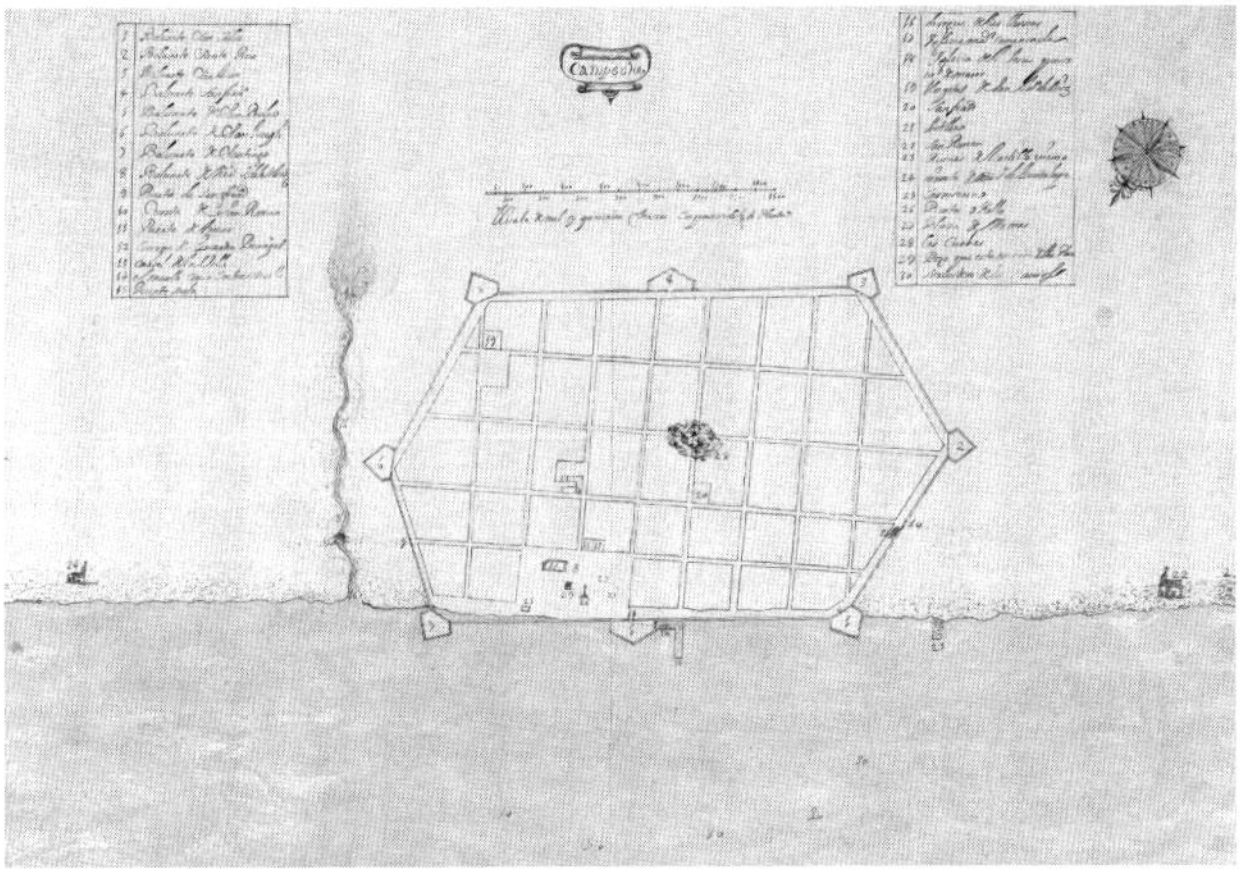

カンペチェ城壁の完成予定図(1690年)
六角形で各角と長辺の中央部に合計８つの稜堡があることがわかる。中心の広場には教会と井戸，屠畜場などが配置されている。陸上の城門は左右２カ所，それに桟橋への出入り口が中央に１カ所。遠浅のため，桟橋に着けるのは底の浅いボートのみで，大型船はだいぶ沖合に 30 という番号が書かれた地点までしか近づけない。
インディアス総合文書館所蔵

反対した市民たちの判断は正しかった。しかし、部分的に現存する市壁や城塞とカンペチェ旧市街は、一九九九年にユネスコの世界文化遺産として登録され、いまでは観光資源として貢献している。そう考えると、市壁も無為ではなかったともいえよう。

2　ログウッド伐採者

バッカニアが出入りする長い海岸線

バッカニアに対処する方策は、港町の防備を固めるだけでは十分ではない。カンペチェの市壁建設が始まった一六八六年に、ローレンス・デ・グラーフはふたたびユカタン半島に上陸している。今回は、半島の東側のアセンシオン湾からの侵入である。ここにはユネスコの世界自然遺産であるシアン・カーン生物保護区がある。海岸はサンゴ礁に囲まれ、マナティーやフラミンゴが訪れ、陸上の熱帯雨林にはクモザルやオジロジカが棲息する。当時は、スペイン支配を逃れた逃亡先住民くらいしか住んでいなかった。デ・グラーフはここに上陸すると、森林地帯を一五〇キロも北上し、ユカタン第三の都市である内陸のバジャドリー町へと迫った。結局、デ・グラーフは道を失い、目的地に到着する前に退却を余儀なくされている。十九世紀の歴史書によると、パルド部隊の隊長が機転を効かせて、海賊が道標に利用していた目印の位置を変えたため、彼らは道を失ったとされているが、本当のところはわからない。はっきりしているのは、カンペチェ港だけでなく、半島の長い海岸線の各地でそうした海賊の襲撃や上陸

1940年代のカンペチェ町の空撮
碁盤目状に区画された市街地の周縁に市壁があった。そのかなりの部分は市街地拡張のために解体された。現存する市壁の一部や城塞は，碁盤目状の都市や植民地時代の町並みとあわせて，ユネスコの世界遺産に登録された。

が繰り返されていたことである。

例えば、海岸で塩採取に従事する先住民やアフリカ系住民、さらにはスペイン人も頻繁に襲撃を受けている。カヌーに乗って沖合で漁をする先住民も拉致されることがあった。拉致された人々は、船舶での荷運びや漁猟、あるいは海岸でカメやウシなどの狩猟、さらにはイスパニョーラ島やその沖合のトルトゥーガ島で船殻の清掃に従事させられもした。自由身分にもかかわらず、奴隷化されることもある。なかには、北米の英領カロライナで奴隷として売られたケースもあった。のちに脱走した彼らは、海岸伝いにカヌーで南下してスペイン領フロリダに助けを求めたようである。

いっぽう、カリブ海各地で海賊船に拉致され、ユカタンの海岸で食料調達や伐採に従事させられる人もいる。遠方のニューイングランドの先住民が、ユカタン海岸で木の伐採作業をさせられるうちに、船長を殺害して故郷まで陸路で帰還を試みたこともあった。いちばん驚くべきはアロンソ・ラミレスかもしれない。プエルトリコ出身のこの人物は、父親と同じ船大工になることを嫌って、キューバからメキシコへとわたった。一六八二年に妻と死別すると、フィリピンに向かうガレオン船に乗りこんで太平洋を横断した。数年間フィリピン近海で貿易や輸送に従事するうちに、仲間だった中国系キリスト教徒などと一緒に、世界周航中のウィリアム・ダンピア(後述)の乗る船にとらえられてしまう。長旅のはてに解放された彼らがたどり着いたのは、ユカタン半島東部の海岸であった。上陸して、森林地帯を彷徨するうちにデ・グラーフの標的と同じバジャドリー町に到着した。海賊の動向を注視するヌエバ・エスパーニャ副王ガルベ伯は、副王府のあるメキシコ市で彼の事情聴取をおこなわせている。聴取を担当したのは、先に登場したメキシコ大学で教鞭をとり、ハレー彗星の法則性を論証したシグエンサ・イ・ゴンゴラである。彼が執筆した『アロンソ・ラミレスの苦難』（一六九〇年刊）は、十七世紀スペイン領アメリカを代表する散文作品とされる。ユカタン半島の一五〇〇キロを超える海岸線は、拉致や脱走、漂着といった経験に満ちあふれていたのである。

バッカニアがユカタンを訪問する理由は、海岸線が長いだけではない。彼らの拠点があるカリブ海の島々からメキシコ湾に侵入するためには、半島とキューバのあいだにあるユカタン海峡を通過する必要がある。このため、海峡の入り口となる半島北東端のカトーチェ岬の沖合に位置する、ムヘーレス島やコスメル島など現在ではメキシコ屈指のリゾート地である一帯は、当時はバッカニアたちが作戦を練るための集合地点になっていた。しかも、周囲には食糧となるカメ、七面鳥、ブタ、それに真水も塩も豊富である。人手が必要ならば先住民に手伝わせることもできる。先住民の料理であるトウモロコシ生地のクレープやスープも、バッカニアたちのお気に入りだった。なかなか便利な場所だったといえよう。

ログウッド伐採の勃興

一六六〇年代になると、ユカタン半島岸での滞在がさらに魅力的になる要素が付け加わった。ログウッドである。ユカタン半島が原産で、海岸に近い湿地帯に自生するマメ科の低木である。十七世紀頃のヨーロッパ諸語ではカンペチェ木や染め木とも呼ばれたが、ユカタン＝マヤ語（マヤは単一民族の名称ではなく、文化要素を共有する複数の言語集団の総称である）では「エク」といい、これは黒色を意味する。その名のとおり、乾燥させた幹を煮出すと黒色ないしは紫の染料が得られる。ヨーロッパでは羊毛や麻の織物を染めるために需要があった。とくに、六二年にイングランド議会でログウッド染料の輸入が解禁されると、需要は拡大する。ユカタンの海岸地域に自生するログウッドは、急速に魅力的な商品になったのである。バッカニアたちがこの機会を見過ごすはずはなかった。

このログウッド伐採に従事した人物として、よく知られているのが、先ほど登場したイングランド人ウィリアム・ダンピア(一六五一～一七一五)である。一六八三年から三度におよぶ世界周航に挑むよりも前に、彼は半島の西側で伐採活動に参加していたことがある。イングランドからジャマイカに渡航したダンピアは、七五年に貿易船に乗り込んで、ユカタン半島に向かっている。目的はユカタン半島西岸の南部でログウッドを買いつけることであった。首尾よく買いつけに成功してジャマイカに戻ったダンピアは、ログウッドの伐採に関心をもち、半島西岸に戻ると、約一年にわたって現地に滞在した。この滞在記録は、彼の航海記で日本語訳もある『最新世界周航記』の第二巻に補遺として『カンペチェへの二度の航海』というタイトルで収録されている(残念ながら、日本語版には収録されていない)。

ダンピアの記述によると、カンペチェ湾と呼ばれているユカタン半島西岸に、イングランドなどスペイン以外のヨーロッパ人が訪れるようになったのは、おそらく六〇年代のことである。一六五五年にイングランドがジャマイカを占領すると、同島を拠点にした海賊たちが、半島沿岸を頻繁に航行しはじめる。沿岸でスペイン船を拿捕すると、その多くに木材が積載されている。最初はこれを燃料に利用していたが、ある船長がイングランドに持ち帰ったところ高値で売れ、このことを喧伝したため、皆がその価値に気がついた。そこで略奪の成果があがらない時は、この樹木を伐採してジャマイカで売却するようになる。はじめはカトーチェ岬近辺で伐採していたが、半島西岸も植生が多く、伐採地点から海岸までの運搬が容易であるため、こちらにも進出しはじめたという。一六六二年のイングランド議会によるログウッド輸入解禁は、このユカタンの状況を反映したものであろう。

ダンピアは半島西岸の南部に、一六七六から七七年にかけて滞在していた。南部には河川や沼沢地が多い。そうした河川のいくつかが流れ込むラグーナ・デ・テルミノスと呼ばれる湖がある。海からはいくつかの細長い砂州によって隔てられている潟湖(ラグーナ)であり、砂州の切れ目から海水が出入りする。日本でいうとサロマ湖と類似の形状である。一帯はマングローブで覆われている。

砂州の沖合に油田があるため、現在では地域の人口は三〇万人に達する。しかし、ダンピアが滞在した頃には三〇〇人に満たないログウッド伐採者がいる程度で、そのほかにはいくつかの先住民村落があるだけの人口が希薄な地域だった。

ログウッド伐採者たちは、数名ずつのグループになって、湖に流れ込む河川の岸辺のあちこちに椰子葺きの小屋をつくり生活していた。夏の雨季には洪水でベッド以外は水浸しになることもある。しかし、ログウッドがいちばん多く自生するのは、河川沿いの湿地である。伐採後に幹を運搬するには河川に近いほうがよい。しかも、カヌーで湖にでれば魚やカメ、マナティーも捕まえられる。それらに飽きたら、藪を切り開いて内陸に進むと平原がひろがり、そこでウシやウマ、シカ、七面鳥などを狩猟することができる。さらに、近隣の先住民村落を襲撃して、拉致した住民を野営地で奉仕させたり、ジャマイカやニューイングランドからくる貿易船に奴隷として売却することもできた。貿易船にログウッドや先住民を売却すると、食糧や衣類、武器などの必需品やラム酒やパンチを手に入れる。同時に、酒盛りが始まり、乾杯のたびに銃で祝砲を放つ。宴は酒がつきるまで三〜四日は続き、なかには稼ぎを蕩尽《とうじん》する者もいた。

ダンピアはまずここで、伐採したログウッドの幹を船まで運ぶ仕事に従事した。一カ月すると信頼を得て、スコットランド人三人組の仲間に加えてもらい、伐採作業に携わった。作業中には、寄生虫で足が腫れあがり、黒人に治療してもらったり、仲間がワニに襲われたりと、ハプニングが絶えなかった。伐採したログウッドをなんとか貿易船に売却すると、ジャマイカへと帰還した。滞在期間中には、西のベラクルス港に近いアルバラド川まで沿岸航海し、ベラクルス以北の地理についての情報も得た。その体験と伝聞をまとめたのが『カンペチェへの二度の航海』である。

伐採者とバッカニアを隔てるもの

この記録を読むと、ダンピアが、ログウッド伐採者を新しい行動原理をもった人々だととらえていたことがわかる。ひと言でいえば、伐採に従事する人々は「勤勉」である。その典型を、ダンピアは伐採仲間スコットランド人三人のうち商人出身である二人のなかに見出している。彼らがラグーナにきたのは、四〇トンのログウッドを手に入れてニューイングランドに行くためであった。そして、売却益を元手にして小麦やその他の商品を買いつけ、それらをまたラグーナにもってきて、ログウッドや皮革と交換しようと考えていた。ダンピアの意見では「こうした育ちの良い者たちは一般に、自分の人生をより良いものにすることに熱心で、少なからぬ利益が見込める場合には、非常に勤勉に倹約的になるのである」。彼らの生活は「労働そのものによって得られる生産物」と引き換えに入手する「自国(イングランド)の産品によって支えられている」。そのため、ロッグウッド事業は「イングランドにとってもっとも利益となるものの一つである」。労働で得た生産物を交易することが、イングランド本国の利益になる、という経済観がここにはある。勤勉と倹約を重視する態度、いわば勤勉革命がバッカニアの世界にもおよび始めたのだ。

ただし、これはゆっくりとした変化である。ダンピアの記述には、勤勉さに欠ける「堕落した」伐採者も登場する。その典型は、もう一人のスコットランド人プライス・モリスである。バッカニア出身の彼は船を所有するリーダー格だったが、熱心に働こうとはしない。「十分なものを得ると、人生（時間）とお金を飲酒と乱痴気騒ぎで、贅沢に浪費してしまう」のである。彼に限らずバッカニアからログウッド伐採へと転身した者は多く、一六七一年のヘンリー・モーガンによるパナマ港攻略に参加したロバート・サールなどはよく知られている。バッカニア時代の生活習慣はなかなか消え去らない。ログウッド伐採も食糧確保のための狩猟も「略奪行為ほどに彼らを惹きつけはしなかった」「さらには、彼らは昔ながらの酒宴の習慣を忘れてはいなかった」。買いつけ船がやってくれば船上で大宴会が始まる。酒宴がはてた後、「酔いが醒めた者たちの多くは、（船から）岸辺へと伐採作業に戻っていくが、いまだに昔の習慣が彼らを多少は堕落させているものだから、公の政府のもとに落ち着くことができずに、邪《よこしま》なまでいる」。略奪と浪費という旧来の習慣も、ログウッド伐採者のなかには息づいていたのである。

では、そういうバッカニアの精神を残す彼らは、なぜログウッド伐採に従事しようとするのだろうか。ここには、カリブ海をめぐる国際情勢の変化が作用している。ダンピアにいわせると、ログウッド事業の勃興は略奪経済の衰退と密接な関係にあった。

ジャマイカにイングランド人がしっかりと拠点を構築し、（一六七〇年に）スペインとの和平条約が打ち立てられると、スペイン人への略奪で生計を立てていた私掠活動者たちは転職せざるをえなくなった。それまではなんにでも無駄遣いをしてきたのに、生活費も足りなくなり、まだ私掠稼業が続いている(イスパニョーラ島西部のフランスの拠点)プティ・ゴアーヴか、ログウッドのあるカンペチェ湾か、どちらかに行くことを余儀なくされたのである。

七〇年代からのジャマイカ経済は、揺り戻しもあるものの、その軸足をプランテーションと交易に少しずつ移しつつあった。先のダンピアの表現を借りるならば、勤勉で倹約な人々は「公の政府のもとに落ち着くことができ」る。いっぽう私掠許可状は、公序におさまらないバッカニア的な「邪で」「堕落した」素行を助長するから、簡単には発行されなくなる。フランスはスペインやオランダと対立していたから、イスパニョーラ島ならば私掠許可も得られるかもしれない。しかし、一六八六年十二月に英仏が協定を結ぶと、同島でも私掠事業への風当たりは強くなり始めた。こうなると、各国の公認で略奪をおこなうことは難しくなる。バッカニアのなかには、この状況に直面して、ログウッド伐採者への転身をはかるものがいたのである。

スペイン側のラグーナ掃討作戦

スペイン側からすると、ユカタン半島南部でのログウッド伐採者増加は、認めがたい事態である。その理由は四点ある。一つは、唯一のヨーロッパ向け輸出商品であったログウッド取引の縮小である。カンペチェからスペイン本国へのログウッド輸出量は、一六五〇年代には七六二五キンタル(一キンタル＝一〇〇リブラ：一リブラは約四六〇グラム)であったのに、六〇年代には六四三五キンタル、七〇年代には三五〇〇キンタルと減少を続け、九〇年代にはついに一三二二キンタルにまで落ち込んでいた。カンペチェ港での一キンタルあたりの売り渡し価格は四レアル（〇・五ペソ）であるから、最盛時でも総額は四〇〇〇ペソに満たない。しかし、ヨーロッパでの需要が拡大し価格も高騰し始めていたので、ユカタン植民地の住民はさらに大きな収益を期待していたはずである。

二つ目は、ラグーナ地域が略奪活動の拠点になっている点である。伐採者とバッカニアとの境界線はけっして明確ではない。近隣の住民たちを拉致したり、放し飼いの家畜や沿岸の塩田などを略奪したり、沖合を通過するスペイン船を拿捕することもある。七八年にカンペチェ港が襲われた際には、まさにこのラグーナがバッカニアの集結地点になったのだ。

三番目は、逃亡先住民の問題である。ユカタン半島北部のスペイン支配域から逃げ出した先住民たちが、ラグーナ地域でログウッド伐採者と交わるようになった。スペイン人の考えでは、こういう先住民はカトリック教会の威光から離脱してしまうので不信心であり、結婚の秘跡もないままに男女関係が生まれるので道徳的に問題があり、貢納の義務をまぬがれるので怠け者へと堕落している。つまり、スペインの新大陸支配の理念である、先住民のキリスト教文明化という使命の挫折を意味していたのである。

最後の四番目として、ユカタン植民地のスペイン人が懸念したのは、ラグーナ地域がイングランドの領土として既成事実化していく可能性である。イングランドはスペインと和平しているから、新大陸のスペイン領を侵略してはいけない。ところが、ラグーナ地域に頻繁にやってくるログウッド伐採者やその買いつけ船に対しては、英領ジャマイカ総督が航行許可状を発行している。これは、スペインの土地や財産に対するイングランドの明白で敵対的な侵害行為ではなかろうか。この状態が続くならば、やがてラグーナ地域はイングランドの支配下になってしまう。

そういう不安に動かされ、ユカタン総督や、その上位権力であるヌエバ・エスパーニャ副王は、ラグーナ地域の「敵」を掃討することを模索し始めた。ダンピアがラグーナに滞在していた時点でも、すでにカンペチェ港から火器を搭載した快速船が侵攻し、伐採者をとらえたり、野営地を破壊したりすることがおこなわれていた。捕虜となった伐採者はカンペチェの城塞に幽閉されたり、ベラクルスから内陸のメキシコ市に連行され、農園や輸送業、さらには鉱山業などの重労働に従事させられた。一六八〇年には、ライセカ総督の命でスペイン人、先住民、アフリカ系住民から成る五〇〇人を超える掃討部隊が七隻の船に分乗してラグーナに派遣された。海岸や河川をくまなく捜索し、発見したすべての輸送船や伐採拠点、ログウッドを焼き払っている。さらに近隣集落を略奪して戻ってきたバッカニアをとらえることにも成功した。捕虜はカンペチェに護送され、保護された先住民たちにはその場で洗礼が施され、元の村落に戻された。この掃討作戦の武勲で、ライセカ総督はのちに「ラグーナ・デ・テルミノス侯爵」という貴族のタイトルを獲得している。アフリカ系住民から構成されるパルド部隊の隊長だったラサロ・デル・カントも、総督に功績を称えられ、年金が支給されることになった。

しかし、こういう掃討作戦の効果は一時的でしかない。数カ月もたつと伐採者は再びラグーナに姿をあらわし、すぐにその数は一〇〇人を超える。そうして一六八六年にカンペチェ港がまた襲われ、ライセカの後継者であるテジョ総督は、さらなる掃討を準備し始める。九〇年にも大規模な征伐隊が送り込まれた。それでも、伐採者はこの地に戻り、近隣の集落への襲撃も再開される。そういうことを繰り返すうちに、一七〇〇年にスペイン継承戦争が始まり、再びイングランドはスペイン領を攻撃する口実をもつようになる。ようやく掃討に成功し、砂州に要塞を築き始めるのは一七年のことである。だが、その頃には半島の東側ベリーズ川流域にも伐採拠点ができ、それはやがて英領ホンジュラスになっていく。領土防衛は、スペインにとって解決の難しい課題となりはじめていた。

揺らぐスペインの主権

一六八三年頃の新大陸では、英仏などの非スペイン勢力の拠点が、カリブ海の島々だけでなく大陸部にも拡大するようになっていた。ラグーナやベリーズはその一例である。近隣のホンジュラスからニカラグアのカリブ海岸には、スペイン支配を拒む先住民やアフリカ系逃亡奴隷、その混血民で構成されるミスキートと呼ばれる集団が住む地域があり、イングランド王室の権威をみとめる動きをみせていた。さらに東のパナマとコロンビアのあいだにあるダリエン地峡には一六九八年にスコットランド会社が進出し、現地の先住民首長の協力を得ながら、短期間ではあるが植民地の運営を試みている。つまり、ユカタンから中米にかけてのカリブ海沿岸一帯が、スペインの領土ではなくなる可能性は飛躍的に高まっていたのである。

もっと広い空間を眺めれば、南米の北部沿岸のギアナ地域(現在のベネズエラとブラジルのあいだにある地域)では、英仏蘭が互いに競いながら拠点を構築しつつあった。より南では、ブラジルのリオ・デ・ジャネイロを出発したポルトガルの遠征隊がラプラタ川流域まで南下し、一六八〇年にスペイン領ブエノスアイレスの対岸に拠点コロニア・ド・サクラメントを建設している。北米に目を移せば、七〇年に英領バルバドスからの入植者が、スペイン領フロリダの北にチャールズ・タウン(現サウス・カロライナ州チャールストン）を建設し、八二年にはフランス人のラ・サールがミシシッピ川を下り、メキシコ湾に至る広大な流域をルイ十四世にちなんでルイジアナと名付けて、フランス領にすることを試みている。南北アメリカ大陸の各地で、スペイン領が侵食されはじめたのだ。

当然ながら、スペイン側からすると、他国の侵入は許しがたい行為である。ラグーナ地域でログウッド伐採者をとらえるたびに、スペイン人は伐採行為の理由について尋問をしている。例として、一六八六年十月に捕虜としてカンペチェ港に着いたリカルド・エレス（リチャード・エルズのスペイン語化した表記か？）の答えを聞いてみよう。彼はロンドン出身の船乗りで四〇歳既婚。ジャマイカで、海賊罪で投獄され、絞首刑になりかけたが、脱獄して船に乗りこみラグーナに到着した。それから七週間ほど一六人の仲間とともにログウッドの運搬をしていたところ、スペイン船に捕まった。カンペチェ港の軍事司令官は、ラグーナの森や土地、さらにいえば新大陸全体がスペイン国王のものであることを説明する。その点を、この船乗りはよく承知していた。さらに、イングランドとスペインが和平状態にあることも、両国の臣民が和平内容を破れば裏切り者として死刑になることも理解していた。それでも、スペイン国王の土地で伐採に長らく従事していたのは、ジャマイカ総督が渡航を許可したからだという。

ジャマイカ総督が伐採者たちに許可状を発行する根拠は、一六七〇年にマドリッドで結ばれたイングランドとスペインの和平条約の規程に求められる。その第七条では、これまでの敵意をお互いが忘却して、攻撃を停止することと引き換えに、「グレート・ブリテンの国王殿下とその臣民が現時点において所有および領有している、西インドないしはアメリカのどこかに位置するすべての土地、地方、島、植民地、支配地を、グレート・ブリテンの国王殿下とその継承者たちが、完全なる主権をもって、恒久的に享受し、所有し、領有することができる」と謳われている。しかし、イングランドの領土を特定するような具体的な地名は明記されていない。条約締結の時点で、バッカニアはすでにラグーナで伐採をおこなっていた。したがって、ジャマイカ総督やイングランド議会は自国の領土だと考える。しかし、スペイン側のカンペチェ港司令官やユカタン総督はこれを認めない。ラグーナはイングランド側が軍隊や植民計画によって意図的に占領した土地ではないし、同国の役人が駐在するわけでもない。したがって、スペイン領のはずである。

条文の解釈に相違が生じたのは、支配についての理解が異なるためである。スペインでは、西半球を支配する根拠を一四九三年の教皇勅書に求める立場が、十七世紀前半から強まっていた。支配領域を地図上の経度で区分けする発想である。この立場では、支配が及ぶのは、決められた経度の先の空間すべてである。いっぽう、イングランドは支配をその実効性で評価する。すなわち、ある勢力の支配が有効になるためには、居住者がいて、彼らがその支配を受け入れていることが必須条件であった。無人の土地や、支配を拒む人が住む土地は、実効的な支配が確立しているとはいえない。スペインの地図上の支配と、イングランドの現実の支配という二つの考え方が対立していたのだ。

3 逃亡するインディオたち

植民地支配を脅かす南部の森

実効支配という観点からみると、ユカタン植民地のスペイン人にはもう一つ悩みがあった。逃亡インディオの問題である。一六八三年までユカタン総督を務めたライセカは、つぎのように書いている。

毎日、森へ一人ではいっていくインディオがいるため、人口が大いに減少している。偶像崇拝と放埒な生活状態にあるのは明白である。しかもそれで満足せずに、みなが解放され古き信仰に生きる時がきたのだ、という迷妄なる予言に満ちたメッセージを、残留者たちに届けるのである。

引用の冒頭で「森」と訳した部分は、原文のスペイン語では monte や montaña と表現されている。これは、一般的には「山」を意味する単語である。しかし、ユカタン半島にはほとんど山がない。とくに北部は、カンペチェ近辺の丘陵地帯を除くと、ほとんどが石灰岩質の平野である。このような特徴をもつユカタン半島では、monte は山ではなく森林地帯のことを意味する。この森林地帯が広がっているのは、半島の南部である。

半島の地理環境は、北部と南部でだいぶ異なっている。半島北部は表土が薄く、低い落葉樹林が中心の植生である。年間降水量は一〇〇〇ミリ以下のところが多く、雨の大部分は石灰岩質の表土から地下の岩盤へと浸透してしまう。表土があちこちで浸食された結果、セノーテとよばれる陥没穴が無数に形成され、そこに湧出した地下水や降雨が溜まっていく。そういう低木とセノーテの多い平坦な地形が、北部の風景である。これに対して、半島の南部では、樹高のある常葉樹林が生い茂り、年間降水量は一五〇〇ミリ、さらに南下すると三〇〇〇ミリを超える地域もある。湿地や河川、湖も多く、雨季にはいくつもの湖が連結することもある。そういう森の深い南部のことを、スペイン人たちは「山」と呼んでいた。

この南部の森林地帯が、半島北部の先住民の逃亡先になっていたのである。逃亡者の増加は、先住民村落が提供する貢納物や労働奉仕の減少をまねくので、これに大きく依存する植民地経済を停滞させる。しかも、カトリック信仰共同体から離脱することになるので、先住民社会のキリスト教「文明化」という支配理念が貫徹できなくなる。さらに、植民地支配の終焉が近いと唱道し、北部に残る先住民にも逃亡と棄教を薦めるとなれば、スペイン支配の根幹を揺るがす事態である。文明的な海岸平野部と野蛮な山間部というヨーロッパ地中海的な二項対立観念が、ここでは反復されている。

逃亡民たちがスペイン支配下の先住民に接触する様子は、フランシスコ会修道士クリストバル・サンチェスが、一六六九年七月にカンペチェの軍事司令官代理に送った書簡のなかで活写されている。クリストバル・サンチェスはサカブチェン村の司祭である。カンペチェ港を五〇キロほど海岸伝いに南下すると、チャンポトンという小さな港がある。そこから、さらに五〇キロほど内陸へ進むとサカブチェン村に到着する。村はスペインの支配がおよぶ地域の西南のはずれにあり、南隣の非支配地域にはいると、バッカニアが占拠するラグーナ地域や逃亡先住民の住む森林地域などが広がっていた。司祭の書簡をみてみよう。

この村や同じ地区の他村では塩、石鹼、斧などが売られておりますが、カンペチェの町からあまりにも大量に供給されているため、私が滞在している五カ月間で、塩は百ファネガ以上が森へと運び出されました。これには、同地区の他村の数字は含めておりません。石鹼や斧なども、絶え間なく運び出されていますが、あまりにも村が無秩序であるため、どれだけの量にのぼるのかわかりません。それから、買い手がいないときには、村のインディオたちは馬で［森に］出向いて、蜜蠟を手に入れます。さらに、サン・ディエゴ村には鍛冶屋が一人おりますが、彼のもとには森で必要になる斧やその他の道具を求めて、みながやってきます。彼をカンペチェ町へ退去させ、チナとサン・ディエゴの村に対して、両村のインディオは村役の許可なくカンペチェ町に行くことはできないと、罰則つきで命じるのは悪くありません。それで少しは救いになるでしょうし、供給がなくなればこれほど森の民がいる状況も止むかもしれません。

サカブチェンが位置する地区の村落には、カンペチェ町から大量の商品が持ち込まれていた。これを、非支配地域の先住民が入手しようとする。この地区は、非支配地域とスペイン支配地域との交易上の中継地点になっていたのである。非支配地域の先住民が求めた商品についてみると、塩は半島内陸部では生産できない。斧については、鉄製品全般がスペイン人によって導入されたことを考慮すると、非支配地域では製造が困難であったと想像される。一方、支配地域の先住民側は、その対価として不足している蜜蠟を手に入れる。蜜蠟の重要性は以下で述べるが、両者はお互いに補完しあう交換関係を構築していた。

逃亡する理由――レパルティミエントという生産割当

先住民はなぜ森へ逃げ込むのか。その理由は、逃亡民たちがユカタン総督に宛てた一六七〇年二月八日付の書簡からうかがうことができる。森のなかのサヤブという土地の首長ドン・パブロ・コウ、長老のペドロ・ミス、ガスパール・アウ、ペドロ・ク、ホセフ・イェが連名で作成したユカタン＝マヤ語の書簡であり、その内容はユカタン＝マヤ語の公的通辞によってスペイン語に翻訳されている。それによると、

われわれはだいぶ昔に自分たちの村を去った。なぜなら、判事たちがおこなうレパルティミエントで不利益をこうむったからである。われわれは蜜蠟のための代金を配られ、各住民には十二リブラの蜜蠟が一リブラあたり一レアルで割り当てられた。判事は後日回収にやってくるが、われわれは用意ができないので、一リブラにつき二レアル支払ってこれを購入している。それから、各住民には一リブラのコチニールも割り当てられ、回収期日に用意できない住民が、割当分を用意するためには一リブラあたり一二レアルかかる。各インディオ女性には六ピエルナの小綿布の割当、既婚インディオはそれぞれカカオが四〇粒あたり一レアルでの割当、さらに石鹼、斧、山刀と大綿布が配られ、引き換えに糸とポンチョをつくる。以上が判事のための作業であり、ミサに出席するための衣服すら売り払わざるをえない。

判事というのは、ユカタン総督が村落に派遣する役人である。彼らが生産を割り当て（レパルティミエント）、その成果物を法外な安値で買い取っていることが、先住民の負担となっていた。書簡では、その他にもエンコミエンダ受託者への貢納（大綿布・トウモロコシ・七面鳥）、祭日ごとの教区司祭への御布

施（蜜蠟・糸・イグアナ・鶏卵・魚・油脂・はちみつ・トウモロコシ・唐辛子・マメ）の負担があり、それらが用意できない場合には、貨幣で支払うことが求められていたという。

貢納、布施、割当の三つのうち、最初の二つは十六世紀から存在している。征服で功績をあげたスペイン人たちは、先住民を村落単位で受託し、彼らの保護とキリスト教化の責務を負うかわりに、貢納や労働奉仕を受け取る権利が付与された。いわゆるエンコミエンダ制度である。貢納の負担は一五八三年の貢納人口調査の際に統一されて以来、変更されていない。布施は、エンコミエンダ受託者にかわってキリスト教化を担当する教区司祭の報酬である。祭日などに負担を重くする余地は残されていたが、その量はおおむね固定されていた。

これに対して、三番目の割当、スペイン語でレパルティミエントと呼ばれる負担は、柔軟に増減可能であり、十七世紀半ばから急激に拡大している。レパルティミエントは、スペイン語で配分や割当を意味する単語であり、さまざまな制度を意味する。例えば、エンコミエンダや賦役がこの用語で呼ばれることも、地域や時代によってはありえた。しかし、ここでは、先住民村落に事前に貨幣や現物を供給し、後日その対価として生産物を納品させる、という生産割当の仕組みを指す。十七世紀前半にもレパルティミエントがなかったわけではない。しかし、一六三〇年の記録では、判事たちが「自分が管轄する村落にカスティーリャや中国、ヌエバ・エスパーニャのさまざまな商品を大量に持ち込み、大規模な取引をおこなっている。商品というのは、（メキシコ中央部の）トラスカラ地方産の帽子や羊毛布・絹・麻・トチョミテ（色つきの綿糸）・山刀・ナイフ・ハサミ・斧・カカオ・紙・ワイン・黒ロウソクなどである」と記されている。これは商品の生産ではなく購入の割当である。購入割当型のレパルティミエントはメキシコ中央部やアンデス各地で実施されており、先住民社会を広域の商品流通網に組み込む手段でもあった。

ところが、十七世紀半ばになると、ユカタンでは生産割当型が重要になる。レパルティミエントに関する研究によると、商品生産が鉱山や農園など先住民村落の外部で実施される地域では、購入割当型が意味をもつ。先住民が村外で得た労賃で、商品代を支払うからである。一方、先住民村落での生産が重要な地域では、先住民に貨幣を与えて生産物を受け取るほうがよい。生産割当型レパルティミエントがおこなわれた地域としては、ユカタン半島の南西にあるオアハカ地方が知られている。この地方では、ヨーロッパで高価に取引されるエンジ色染料のコチニール(ユカタンの野生種コチニールよりも質が高い)が採集できる。先住民村落に割り当てられていたのはこのコチニールである。ユカタンでも、先住民村落が商品生産の基盤となっていたため、生産の割り当てが主流になっていったのである。

肥大化するレパルティミエント

生産割当型レパルティミエントは、先住民村落への貨幣供給量を加減することで、先住民村落への負担を調節できる仕組みである。では、十七世紀半ばから、負担が増加したのはなぜか。大きな理由としては、先住民人口の減少があげられる。ユカタン植民地の先住民人口の趨勢は、他の先住民が多いスペイン領とは異なる。新大陸各地では、十五世紀末からスペインによる征服にともなう暴力や生活環境変化、旧大陸由来の伝染病の流行によって先住民人口が激減している。カリブ海の島々では先住民がほぼ死滅しているし、人口が稠密《ちょうみつ》なメキシコ中央部やアンデス地域でもその数は二〇分の一近くに激減している。ところがユカタンでは、植民地初期の人口減少は緩やかなのである。歴史人口学の研究によると、十六世紀半ばの征服直後の人口は二五万人であり、同世紀末に二〇万人弱に減少しているが、その後は微増に転じ、一六四〇年代には二〇万人をやや超えている。しかし、十七世紀半ばになると再び人口減少が始まり、一六八〇年代には一〇万人を下回っている。この二度目の大きな人口減少は、メキシコ中央部やアンデスなどでは観察されない。

第二次人口減少の原因にはいくつかの説があるが、少なくともその始まりが一六四八年の疫病の流行にあったことは確実である。病名については、当時の記録には「ペスト」と記されているが、具体的には黄熱病だったとする研究もある。実際、ユカタンでは二十世紀にいたるまでたびたび黄熱病が猛威を振るっていて、野口英世がその研究のために滞在した場所でもある(メリダ市には彼の名を冠した研究所がある)。ただし、この時の疫病はもっと広い範囲で流行した。同じく四八年にはベラクルス港やメキシコ市、翌年にはキューバのハバナやヌエバ・グラナダ(現コロンビア)のカルタヘナ、プエルトリコなどでも疫病の流行が報告されているので、カリブ海域を中心に広く伝染したようである。さらにいえば、同じ時期にはスペイン南部の各港でも疫病が報告されているので、大西洋の両岸にまたがる広範囲の伝染病だった可能性もある。いずれにしても、この伝染病をきっかけに、ユカタン植民地の人口は急速に減少し始めている。

先住民人口の減少は、一人あたりの負担が固定されている貢納や布施の規模を縮小させる。これは、エンコミエンダ受託者や教会関係者、王室にとっては深刻である。さらに、こうした生産物の市場流通量が減れば、その取引の恩恵に預かる商人やその他のスペイン人、さまざまな混血民にも影響が出る。

「カンペチェの住民」（カレル・アヤール作）
『ヨーロッパ，アジア，アフリカおよびアメリカの軍事力』1726年刊に収録。向かって右側の男性は，矢と折りたたんだハンモック，向かって左側の女性はふるいを携行している。服装は貢納やレパルティミエントでも取引される綿布。旅行記をもとにした想像図であろう。背景にあるカンペチェ町は，1671年刊行の『アメリカ――新世界についての最新かつ最も精確な描写』に掲載された版画を参考にしている。こちらも，もとの版画は，旅行記などの情報に基づいた想像図であり，存在しないはずの海岸の湾曲や，標高のある山が書き込まれている。

このため、割当量を増減できるレパルティミエントによって、より多くの生産物を獲得しようとする動きがでてくる。

レパルティミエントにはさまざまな人物がかかわっているが、とくに目立つのが先住民村落を巡察する「判事」たちである。この職は、先住民村落と外部世界との関係を規定する法令(例えば土地所有)の遵守を監督し、そこから生じるトラブルを仲裁する目的で設定された。彼らは巡察のたびに村役に対してレパルティミエントを依頼し、納品できない時には投獄や体罰などをおこなっている。このため、先住民の憎悪の対象となって、司教などに告発されたり、時には襲撃されたりする存在であった。一六六九年には、サカブチェンの村民たちが、判事のアントニオ・ゴンサレスを広場で縛りつけて打ち据え、さらに彼が分配したハムや石鹼を彼自身の首にぶら下げさせたうえで処刑しようとする、という事態が起きている。逃亡者の増加をくい止めるために、司教や総督が判事の任命停止や巡察禁止を命ずることもあったが、その効力は一時的なものでしかなかった。

判事によるレパルティミエントがなくならない理由は、はっきりしている。彼らが集めた生産物を受け取っていたのが、司教や総督であったからだ。とくに総督は、複数の判事から生産物を入手できる立場にあるため、この仕組みでもっとも恩恵を受けた人物といえる。一六八三年に退任するライセカ総督が任期の終盤に実施したレパルティミエントは、合計で少なくとも二〇九五枚の大綿布、一〇一二アロバ二リブラの蜜蠟、三〇八七枚半の小綿布、一六〇リブラの綿糸になった。この頃には貢納される大綿布が半島全体で半年につき七五〇〇枚だったことを考えると相当な規模である。

総督がレパルティミエントに関与する背景には、彼らが相当な出費をして職を得ていたこともある。

財政難に苦しむ王室は、十七世紀前半から少しずつ売官制を導入しており、一六八〇年代には総督のような重要な役職もその対象になった。ライセカの後任であるテジョ総督の場合、王室におさめた金額は、八〇〇〇ドブロン(三万二〇〇〇ペソ)である。これはかなりの大金だから、おそらくは借財をしているだろう。これに対して、総督は年俸が一六二四ペソ、任期は五年である。とても三万二〇〇〇ペソを上回る収入にはならない。しかも、自分の家族の生活費に加えて、スペインから同伴してきたアフリカ系奴隷と三人の従者の扶養にかかる出費などの支出は相当なものであった。レパルティミエントのような副収入に頼らなければ、蓄財どころか返済、さらには総督職にみあった生活水準の維持もままならなかったはずである。

以上のような事情のもと、一六八三年頃のユカタン植民地ではレパルティミエントの肥大化は不可避となっていた。負担に耐えかねた先住民の大量逃亡が起きたのは当然の成り行きである。六九年の大量逃亡に直面した司祭クリストバル・サンチェスは「私がみたところでは、ここ六カ月ほどのあいだ、ユカタン地方全土から多数のインディオがサカブチェン村に到着し、さらに森へと移動し、だれも戻ってはきません」と語っている。この年の逃亡者の実数については、ユカタン司教が部分的な調査をおこなっているが、全体的な規模は不明である。しかし、六四年の先住民保護官による報告では、同年の逃亡者数は一万二〇〇〇人に達したという。同時期の先住民人口は一〇万人強と推定されているので、相当な割合である。

南部での魅力あふれる暮らしぶり

逃亡者が大量に発生するスペイン植民地側の理由は判明したが、森側の魅力についても考える必要があろう。われわれの常識からすると、深い森林地帯は暮らしやすい環境とは思えない。すでに述べたとおり、半島南部は森林に加えて、湿地や河川、湖が多く、降水量が多い雨季になれば複数の湖がつながって、洪水状態になることもある。このため、半島南部に侵入したスペイン人は、みなその過酷な環境に苦しめられている。すでにエルナン・コルテスは、アステカ征服後の一五二四〜二五年にホンジュラス方面に遠征する途上で、この地域を横断している。深い森と沼地、豪雨に悩まされ、兵馬にも大きな損失が生じ、行軍は困難を極めた。一六七〇年に、逃亡者捜索のために森にはいったスペイン人部隊は、道に迷い飢えに悩まされ、ようやくたどり着いた逃亡者集落で、食糧や衣服を略奪する有り様であった。スペイン人からすると、森は道が不明瞭で遭難の可能性に満ちており、食糧確保もままならない。貴金属でも見つからない限りは征服意欲もわかない場所であろう。

これは、南米アマゾンと状況が似ている。十六世紀には黄金郷の伝説もあり、アマゾン流域の熱帯雨林には、いくつかの探検隊が派遣された。しかし、いずれも道に迷い食糧が尽き、仲間割れし、先住民の攻撃を受け壊滅的な結果に終わっている。黄金郷の期待が雲散霧消すると、アマゾン征服はほとんど試みられなくなった。「森」はスペイン人にとっては、御しがたい土地であったといえる。

一方、先住民の側からすると、ここは必ずしも居住条件の悪い土地ではない。ユカタンの森ではマザマジカやイノシシ・ネズミ・ウサギ・鳥類、ときにはホエザルやバクなどが狩猟できる。サポジラやラモン、ナンチェのような果実、あるいは蜜蠟なども採集できる。湖や川では漁撈も可能である。それに、水捌けのよい土地も点在しており、焼畑や灌漑によって生産性の高いトウモロコシ栽培もおこなえる。さらに、北部では生育しにくいカカオなども栽培できた。そういう豊かさは、先住民にとっては魅力的だった。先ほど登場した司祭クリストバル・サンチェスは、森で布教活動をしていたことがある。その時の書簡には、森の生産力の高さが驚きとともに語られている。

このあたりの土地は、ユカタン北部とは比較にならないほど良いものです。河川もたくさんあり、土地もたいへん肥沃で、ずっと魅力的なのです。住民は年二回の収穫、たくさんの狩猟と採集での獲得物で自活しております。これだけ魅力的なのですから、インディオがユカタン北部に戻りたがらないのも、私には驚きではありません。

南部の森はその活用法を知っている人々にとっては、とても豊かな場所であった。このため、スペイン人が到来するはるかに以前から、豊かな食糧環境に依拠した政治体がいくつも形成され、世界遺産ティカルやパレンケのような古典期の荘厳な建築群も生まれた。半島南部は長らくマヤ文明の中心だったのである。

紀元八〜九世紀頃になると政治的中心は半島北部に移動し、チチェン・イツァやウシュマルなどが興隆するようになる。移動の理由については、過度な人口密度、政治的対立、気候変化といったさまざまな要因が指摘されており、研究者の見解は一致していない。しかし、はっきりしていることは、政治的中心が移動した後も先住民が南部に居住していた点である。

十六世紀にこの地域を横断したエルナン・コルテスは、複数の先住民集団と接触している。ラグーナ地域のアカラン人(現在ではチョンタルと呼ばれる)は、カカオ取引で繁栄していた。コルテスに同行したベルナール・ディアスの『メキシコ征服記』には、マサテカ(アステカの言語ナワ語で「シカの民」の意)と呼ばれる人々も登場する。森に多く棲息するシカを信仰する民であったという。なかでも勢力が大きかったのが、マサテカ地域の南にあるペテン・イツァ湖上の島を拠点とする集団である。そのリーダーであるカネックは、半島北部の政治的中心の一つであったチチェン・イツァ勢力の末裔を自負していた。植民地時代になっても、南の森にはそういう多様な集団が暮らしていた。

これらの集団は森で閉鎖的な生活を営むのではなく、北部からの逃亡者、さらにはスペイン領の先住民とも関係をもっていた。サカブチェン村の司祭クリストバル・サンチェスの書簡に戻ろう。〔一六六九年の三月下旬に〕村にはツゥクトク村のバタブ(首長)であるヤムの書簡を携えた五人の使節が来訪した。ヤムは、森の民全員が服属し自分たちの王と仰いでいる。彼を王に指名したのはセアチェのインディオとその国である。この地方で蜂起した野蛮なインディオたちが端から端まで、彼に従い崇拝している。この書簡では、ポポラとサカブチェン地区の全村落の全村役に対して、村の入口にあって集落から離れた場所に大きな家をつくり、この王や彼が代理に派遣した人物が村を訪問した際には、この家に滞在できるようにすることを命じている。

セアチェはユカタン＝マヤ語で「シカの民」を意味する。ベルナール・ディアスの記述に登場するマサテカのことであろう。このセアチェの勢力圏にあるツゥクトク村の首長は、逃亡先住民を服属させるだけでなく、サカブチェン地区の先住民にも自らを王として待遇することを要求したのである。

さらに、聖週間の直前になると、セアチェの僧侶が弓で武装した二二〇人の先住民を従えて各村を訪れている。各村の役職者は贈り物を渡して服従を誓い、「一〇日連続で夜ごとに偶像崇拝と泥酔の宴が開催された。日中には、使節やその他の人々をもてなす祭りや午餐が開かれ、どの村も最良で至高の料理を提供するために競い合った。滞在中には、この使節はつねに侍臣と書記をともなって訴訟を聴き、数え切れない請願を受け付けた」。スペイン支配下にあるはずの村落が、セアチェの慣習や権威を受け入れていたことが読み取れる。

セアチェは、村民がスペインの権威を拒絶することも要求している。スペイン人と良好な関係にある村長は、妻とともに森へと連行され、そのかわりとしてセアチェの王が信任するアロンソ・ピシュが新村長に任命された。村民には、セアチェと同様の服装をし、訪問するスペイン人を殺害し、スペイン人や混血民との交易を手控えることが命じられた。

さらに、王ヤムは逃亡先住民につぎのような要求をしているという。

ユカタン地方全土を蜂起させること。まずカンペチェ近辺のすべての農場や村を無人にし、つぎにその全員を森へ連れて行き、カンペチェ町の男たちはみな殺害し、女たちは連れ去り、それまでスペイン人がわれわれにしてきたように、彼らをわれわれに奉仕させる。そして、武器弾薬を奪取したらメリダ市やその他の地区でも同様のことを繰り返す。

セアチェは、逃亡先住民を扇動して、半島全土で大量に逃亡を発生させ、スペイン支配を覆そうとしている。これが、クリストバル・サンチェスの見立てであった。逃亡民を吸収しつつ勢力を拡大するセアチェやその奥のペテンは、スペイン人にとって大きな脅威になっていたのである。

4 森の民ペテン・イツァの征服

先住民の離反を危惧する王室

空間を広げてみると、一六八三年頃のスペイン領アメリカ世界では、いくつかの地域で不服従の先住民によるスペイン植民地への敵対行為が起こっていたことがわかる。よく知られているのは、一六八〇年八月のプエブロと呼ばれる諸先住民集団による反乱である。ヌエバ・エスパーニャ副王領の実効支配がおよぶ北限であるサンタ・フェ町(現アメリカ合衆国のニュー・メキシコ州に位置)や周辺の布教村が襲撃され、数百人の住民や修道士が殺害されている。プエブロたちは、スペイン支配を退ければ、古き先住民の神が再来し、自分たちを栄えある生活へと導いてくれると信じていた。スペイン側がサンタ・フェを奪還するには、一二年の時間を要した。一六九〇年には、北部メキシコの銀鉱山都市パラル近郊でも、タラウマラ人(現在ではララムリを名乗り、長距離走に秀でることで知られている民族)による蜂起が起きている。一方、北米の東海岸に目を転じると、八〇年頃にはウエストと呼ばれる先住民グループがスペイン領フロリダにたびたび侵入している。彼らは、フランシスコ修道会が運営するグアル人の布教村などを襲撃して、拉致した村民を英領で奴隷として売却していた。南米のチリやチャコでもスペイン植民者と先住民との衝突が問題になっていた。中米を眺めても、ユカタン半島の東に位置するホンジュラス地域では、第二節に登場したミスキートと呼ばれる集団の首長が、イングランド国王の権威を認めてジェレミー一世を名乗り、近隣のアフリカ系逃亡奴隷やバッカニアと協力しながら、スペインに敵対的な姿勢をみせていた。

一六八三年はイングランドやフランスなどが、スペインの実効支配がおよばない大陸部の土地を占拠する動きを強めた時期にあたる(第二節参照)。スペイン側は、これらのヨーロッパ勢力が未征服の先住民と協同し、占拠地を拡大する可能性を恐れていた。北米東海岸のウエスト人やホンジュラスのミスキート人の場合は、明らかにイングランドとの協力関係が顕著であった。ユカタン半島南部も憂慮すべき地域の一つである。ログウッド伐採者のいるラグーナから河川を遡行すれば、ペテン・イツァの中心都市があるペテン湖にたどり着くことができる。ラグーナがイングランドの領土として既成事実化し、ペテンの先住民と協力関係を構築すれば、ユカタン南部からホンジュラス、さらにパナマにいたるまでの広範な地域が、スペインの実効支配がおよばない空間になるであろう。実際には、両者が協力関係を模索していたという証拠はないものの、ラグーナで伐採者と暮らす逃亡先住民も多く目撃されているから、スペイン側の疑念は強かったはずである。

新大陸各地で支配が揺らぐ状況に危機感を募らせたスペイン国王カルロス二世は、一六八六年五月十四日に勅令を発し、ヌエバ・エスパーニャ各地でスペイン支配をいまだ受け入れない先住民の征服を命じている。ユカタン地域向けの文書では「カンペチェとグアテマラとその海岸にはさまれた地域には異教徒のインディオたちがおり、(スペイン支配地の)目の前で至近にいるにもかかわらず、その服属と改宗に努めていない」という文言で、王役人が最重要責務を怠っていることが指摘されている。ユカタンに限らず、副王や各地の行政長官が聖職者と協力して、担当管轄区域内の異教徒の先住民全員を、「柔和でかつ効果的に」カトリックの信仰への服属と改宗にさらに注力することが要求された。新たに服属する先住民には、貢納と賦役を二〇年間にわたって免除するかわりに、カトリック教理についての教育を集中的に受けることも定められた。

新服属先住民に経済的負担をかけないことは、当時のユカタンの状況を考えると必要な方策だったといえる。勅令以前から、逃亡先住民に対しては軍事的制圧作戦が試みられていたものの、満足のいく効果はあがっていなかったからである。例えば、ライセカ総督はラグーナのバッカニア掃討作戦と並行して、逃亡先住民の制圧を試みている。一六七八年から八〇年にかけて、いくつかの遠征隊が組織され、複数の地点から森へと分け入り、逃亡民の集落をいくつも発見した。しかし、集落に住んでいた逃亡民の多くは遠征隊がくる前に、セアチェ支配域や、さらに南のペテン・イツァ地域へとすでに移動していた。それでも二三四一人が拘束され、植民地支配の確立している諸村へと護送された。さらに、次代総督テジョも一六八七年に、同様の遠征を実施している。隊長以下一二九人のスペイン人と一四一人の先住民から構成される遠征隊が派遣され、森に道を切り開き、逃亡先住民の捜索をおこなった。その結果、一六六六人の先住民が発見され、九つの新村へと集住させられている。しかし、新村に配置された逃亡先住民は、まもなく未征服のセアチェやイツァと接触し始め、現地に派遣されたスペイン人の追放や殺害を企てている。背景には、総督が新村ですぐにレパルティミエントを開始したことがあった。集住に成功しても、そこにレパルティミエントの負担がのしかかれば、逃亡の再発防止は難しい。王室が推奨したように、平和裡にスペイン支配を受け入れさせ、経済的負担を制限もしくは禁止するほうが、効果はあがりそうである。

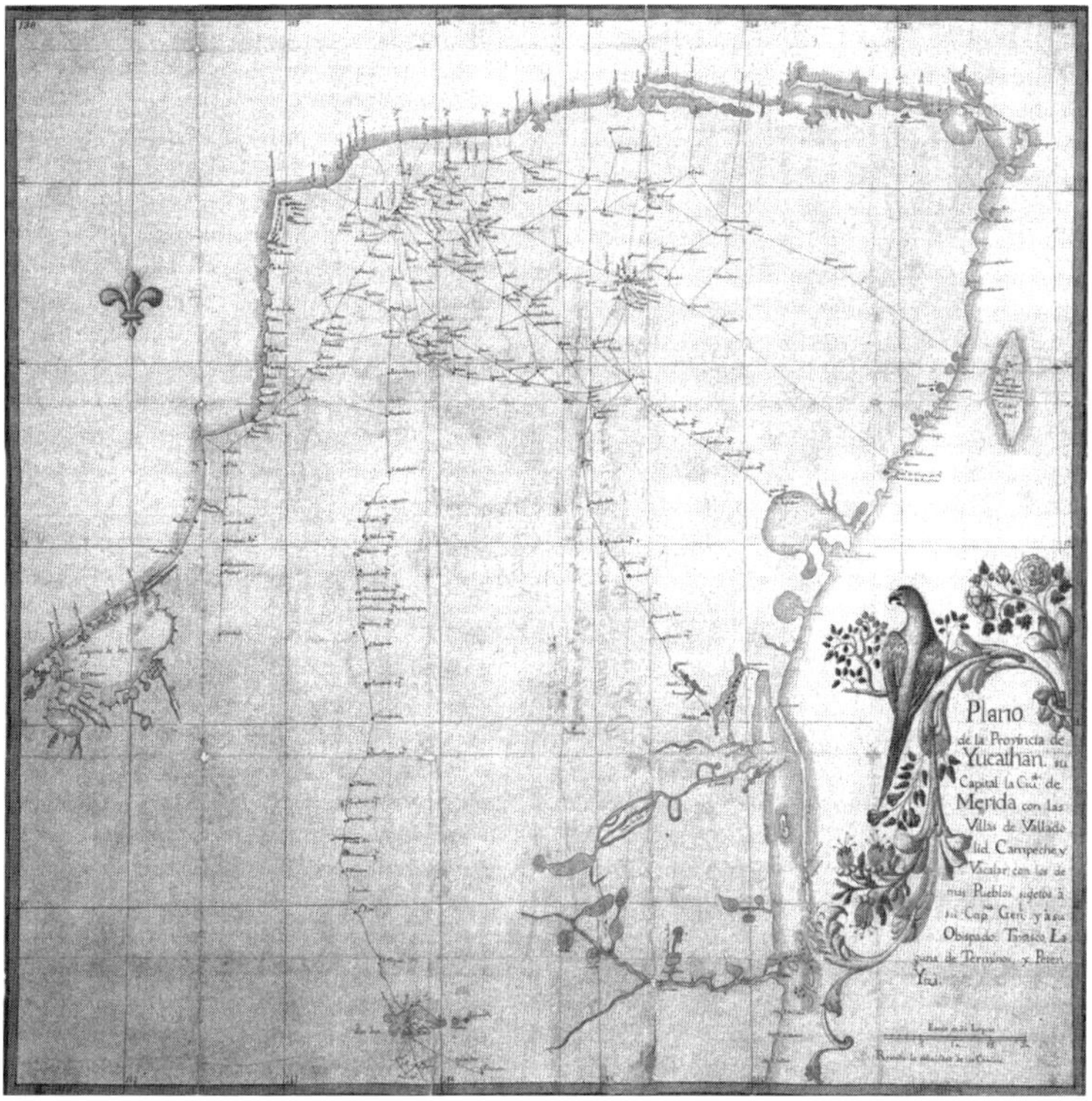

ユカタン地方の地図，首都メリダ市およびバジャドリー，カンペチェとバカラルの各町，およびその総督領と司教区に所属する村々――タバスコ，ラグーナ・デ・テルミノスとペテン・イツァ(1733年)

ユカタン各地の市町村に加えて，主要な道が書き込まれている。中央で南下するのがペテン・イツァへの道。その右側は南南東へとバカラル港に向かう道。バカラルは1652年に海賊ディエゴ・ムラートの襲撃で放棄されたが，1729年に再建された。左の海岸にある潟がラグーナである。

スペイン軍地図局所蔵

イツァの予言書

この勅令が作成された頃から、ユカタンとグアテマラの両側で、森を貫いて両地域を結ぶ道を開拓する動きがでてくる。目的の一つは、バッカニアの登場で衰退した海上交通にかわって、陸路での安定した物流を確保することである。しかも、この道を拓けば、セアチェやペテン・イツァとの取引や、修道士の派遣が可能になる。まさに、平和的に先住民を服従させる方策である。これが実現するのは、マルティン・デ・ウルスア・イ・アリスメンディ総督(一六五三〜一七一五、以下「ウルスア」と略記)の時代である。スペイン北部ナバーラ地方で生まれ、メキシコに渡航したあとは、メキシコ市政でキャリアを積んだ人物である。八六年にユカタン地方の財務役人の娘と結婚し、九〇年に次期ユカタン総督に任命された。九五年に着任すると、ただちに縦貫道建設に着手すると同時に、フランシスコ会の地方管区長と協議してセアチェやペテンに同会の修道士を派遣している。

スペイン側の働きかけに呼応するかたちで、一六九五年十二月二十六日に、ペテン・イツァから総督府のあるメリダ市に四人の使節が到来している。ウルスア総督は、有力者や大勢の先住民とともに、建築されてまもない市外のフランシスコ修道会の中庭で彼らを迎え、市の中心にある大聖堂まで導き祈りを捧げた後、総督府へと案内した。使節の一人アー・チャンは、ペテン・イツァの王アー・カネックの甥を名乗り、羽飾りの冠を携えていた。彼の口上によれば、

イツァ人の地方の王である偉大なるカネックの命により、スペイン人と自分たちとのあいだに和平を打ち立てるためにやってきた。両者が対話し、すべての戦いを止めること、それに必要な品々の取引も請願する。〔ペテン王をあらわす〕冠をスペイン国王の前に跪《ひざまず》かせ、同じ水を飲み、同じ家

に住むことを請願する。なぜならば、祖先が予言した時を迎えたからである。そのために、王とその四人の首長は、スペイン国王に対してしかるべき臣下の礼をとるので、〔スペイン人は〕国王による庇護と援助を確約し、われらを洗礼し、真なる神の掟を教示する聖職者を派遣することを請願する。

総督やスペイン植民者にとっては、平和裡に未征服の先住民を編入するという、スペイン国王の政策が実現した瞬間であろう。

しかし、ペテン側にも事情があったことが、この文言からは読み取れる。鍵となるのは「祖先が予言した時を迎えた」という表現である。予言とは何か。のちにスペイン本国で出版されたペテン・イツァの征服記にはつぎのような一節がある。

イツァの王や人民は、真なる神やカトリックの聖なる信仰について、ずいぶんと前から知っていた。予言者の文字によって、聖なる信仰とカトリックの宗教を請願する時が到来したと判定したのである。予言を理解できるのは王と、偶像崇拝の大僧正やその他の僧侶だけであり、彼らがその内容を民に知らしめたのである。

ペテン・イツァに派遣されたフランシスコ会修道士アンドレス・デ・アベンダーニョは、予言書の実物に出合っている。それは、「屏風状に折り畳むと四つ切の幅でメキシコ製八レアル銀貨ほどの厚さになる樹皮であり、そこに描かれた文字や象形が、古い予言で使う古い数え方を表現した」ものであった。「アナテ」と呼ばれていたという。これはアステカの言語であるナワ語では「アマトル（スペイン語ではアマテ）」と呼ばれる、鞣《なめ》した樹皮のことであろう。そこに、マヤ文字で予言が記載されていた。

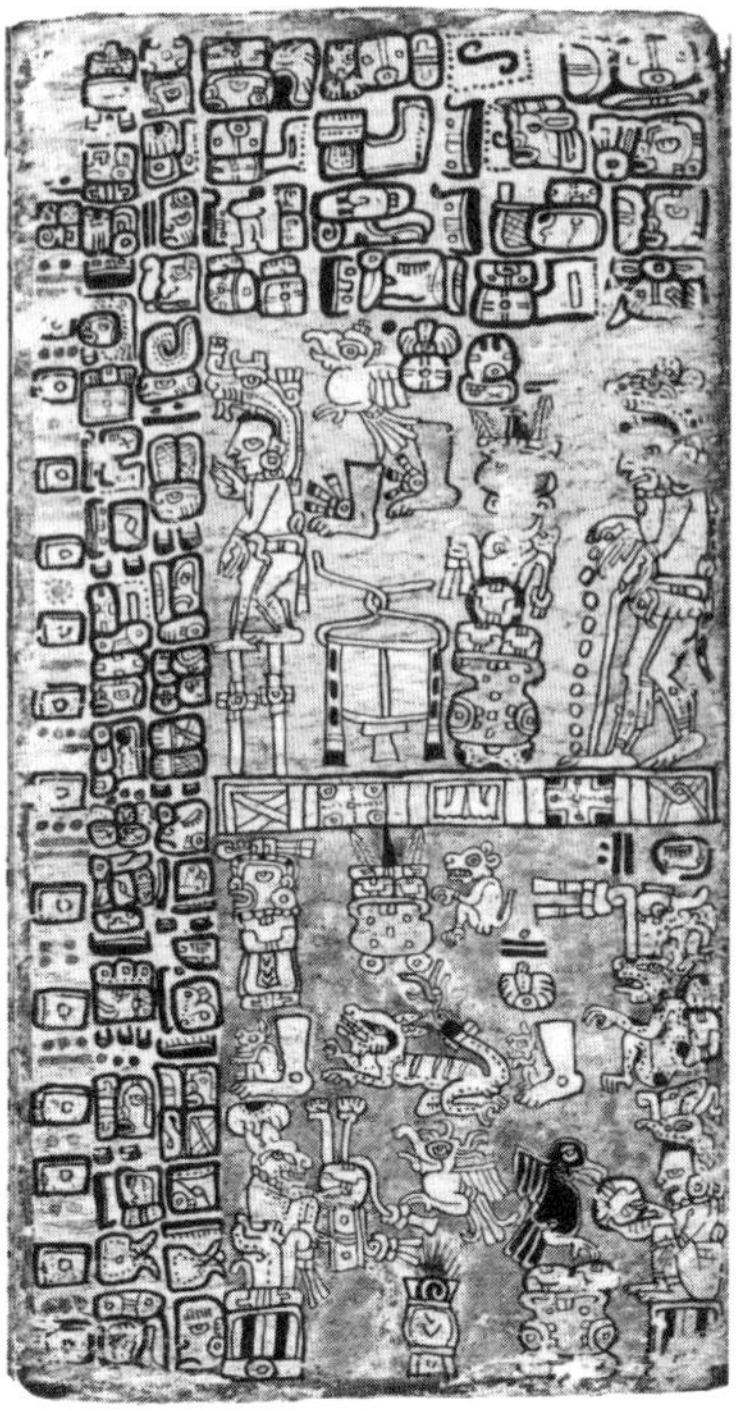

マドリッド絵文書
樹皮を柔らかくしたアマテ紙に文字や絵が描かれている。ペテン・イツァでアベンダーニョ神父が視認した予言書と同じく，屛風状に折りたたむことができる。19世紀にマドリッドで発見された。由来については諸説あるが，スペイン征服以前にユカタンで制作されたものである。
アメリカ博物館所蔵

スペイン征服以前には、ユカタン＝マヤ人は多くの予言書を作成し、参照していた。しかし、十六世紀にはディエゴ・デ・ランダ司教による焚書などでその多くが失われている。ランダは、半島の地理や習慣、歴史などを網羅した『ユカタン事物記』を執筆したことで知られている。マヤ文字に関する情報もここに記載がある。書物にすべてを収録し、現実は消去するのがランダをはじめとする十六世紀の民族誌家兼布教者のやり方である。十七世紀末になっても、いくつかの予言書は修道会などに参考資料として保存されていたが、未征服地であるペテンでは、それが実際に利用され続けていたのである。

予言書というのは、過去のできごとが記載された歴史書である。ユカタン＝マヤ人は、そこに記載されたできごとは、一三カトゥン(＝二五六年)ごとに周期的に発生すると考えていた。マヤの暦は基本的に二つの系列で構成される。一つは宗教儀礼などに用いられる二六〇日周期の暦で、一から一三の数字と、イミシュに始まりアハウに終わる二〇個の名前の組み合わせで、それぞれの日(キン)は呼ばれる。例えば三のイミシュなどである。もう一つは、二〇進法の暦で長い年月を数えるために使う。それぞれの位には名前がつけられている。ただし、二桁目だけは太陽暦に近似させるために一八進数を用いる。したがって、一キン×二〇＝一ウィナル(二〇キン)、二〇ウィナル×一八＝一トゥン(三六〇キン)、一トゥン×二〇＝一カトゥン(七二〇〇キン≒二〇年)という具合である。カトゥンは二〇の倍数なので、その最後の日が必ず二六〇日暦の二〇番目の名前アハウ(と一〜一三のいずれかの数字との組み合わせ)で終わる。このアハウと数字との組み合わせが一巡する一三カトゥン(≒二五六年)を一周期とする考え方が、スペイン人がくる頃までには強くなっていた。この暦法では、過去のできごとは、それが起きたカトゥン(約二〇年)の名前(各カトゥンの最終日〇〇アハウと呼ばれる)とともに記録される。そして、同じ名前のカトゥンには、同じできごとが起きる、と考えているのである。われわれの一〇〇年単位の思考法にあてはめると、ある世紀の〇〇年代に起きたできごとが、つぎの世紀の同じ年代にも起きる、と考えるようなものである。ペテン・イツァの使節がメリダに到来した時期は一〇アハウのカトゥン(一六七七〜九七年)が終わり、八アハウのカトゥン(一六九七〜一七一七年)が始まる節目にあたっていた。したがって、過去の八アハウを調べれば、今回起きるできごとを予知できる。これがマヤの予言の発想である。

ペテン・イツァの予言書は現存していないため、その内容を知ることはできない。さらにいえば、マヤ文字による予言書はほとんどが失われている。しかし、予言内容を植民地時代にアルファベットで書き写した書物が、複写版も含めると現在まで九点が伝わっている。『チラム・バラムの書』と総称されるものである。チラム・バラムは、十五世紀末頃の予言者の名前(「ジャガーの話者」の意)だとされる。以下に、チュマイェル村に伝承していた『チラム・バラムの書』に登場する八アハウの記述を二つ紹介する。

八アハウは、イツァの人々がチャカンプトゥンを放棄した時である。再び、住処を求めてさまよい始めたのだ。チャカンプトゥンにはカトゥンが一三回繰り返されるあいだ、住んでいた。このカトゥンになるといつも、イツァは森の下、藪の下、蔓の下をさまようという不運にみまわれるのである。

八アハウは、(イツァたちが)自分たちの町を捨て、地方全域に分散した時である。拡散後の六番目のカトゥンには、彼らはマヤと呼ぶことを止めた。一一アハウは、マヤ人がマヤと呼ぶのを止める時である。彼らはキリスト教徒と呼ばれるのである。地方全体が聖ペテロとスペイン国王の臣下になる。

各記述が指し示す具体的な事件の特定は難しいが、イツァ人が何らかの事情で一三カトゥンごとに移住していること、この移動がキリスト教への改宗のプロセスと結びついていることは読み取れる。この記述を参照したのであれば、ペテンを放棄し、スペイン支配を受け入れる時が訪れたとイツァ人が解釈しても不思議はない。問題点は、チュマイェルの予言書がヨーロッパのアルファベットで書かれ、明らかにスペイン植民地支配以降の影響を受け変更されている点である。変更が加えられた予言書が、スペイン支配下にないペテンでも参照されていたのだろうか。

ペテン・イッァの征服

布教使節としてペテンに派遣されたフランシスコ会修道士アンドレス・デ・アベンダーニョは、イッァ人がキリスト教の受け入れをめぐって対立していたことを証言している。アベンダーニョ一行はメリダ市を発って森に分け入ると、苦労のすえにペテン湖岸に到着、王アー・カネック以下四〇〇人の弓兵が乗船する八〇艘以上のカヌーで、湖上都市ペテン・イッァに上陸した。光沢のある堅牢な壁と藁葺き屋根でできた王宮に到着し、周囲を先住民たちが取り巻くなか、一二人の男が車座になった部屋にとおされる。その中央には、約二×一・五メートルの大きな石の机があった。生け贄の儀式で用いる机である。アベンダーニョは、ユカタン総督の親書を読み上げ、スペインと友好関係を結び、洗礼を受けることの重要性を説いたが、王アー・カネックと首長たちの議論は結着しなかった。首長の一人コウオは、「われわれのように偉大で勇敢な民がスペイン人やその信仰と親しくなる必要はない」と主張する。しかし、予言の期日が到来したからにはスペイン支配を受け入れるのではないか。このアベンダーニョの問いかけに、コウオは予言書を検討したうえで「時が訪れたというのは重要ではない、わが石槍の尖った先端がまだ摩り減ってはいないではないか」と答える。アベンダーニョは「(私を)倒せるものならば、お前が崇拝し、倒せと命ずる悪魔パコックの力によってすでに実行しているはずである、あの悪魔は私の前では力を発揮できないのだ」と反論する。そういう議論が三日以上も続いた後、王はコウオを説得できないまま、カトリック信仰の受け入れとスペイン国王への恭順を決めた。怒りがおさまらないコウオとその仲間はこの修道士の殺害を企てるが、王が自ら船を漕いで彼を湖岸まで運び、自分の息子と娘婿を途中まで同行させることで無事に帰還させた。別れ際に、王はコウオの処罰を約束し、総督への贈り物として二つの冠と一枚の扇子をアベンダーニョに手渡している。こうしてみると、先述のメリダに到来した和平使節の口上は、王の立場は表明していたとしてもペテンの統一見解ではなかったのである。

事実、翌一六九六年二月にペテン湖に到着した縦貫道建設のための先遣部隊は、数千人にのぼろうかというイツァの弓兵に囲まれて、スペイン領へと敗走し、一部は捕虜となってカヌーで湖上都市に連行されている。のちのペテン側の首長の陳述では、捕虜となった兵士たちは、アベンダーニョが目撃した石机のうえで犠牲として心臓を取り出されたという。

スペイン支配への平和裡の編入を模索していたウルスア総督は、軍事的な征服手段に訴えることを決断するにいたった。半島の北東岸でのフランス系バッカニアの掃討作戦に区切りをつけると、一六九七年二月に自ら兵を率いてペテン湖へと向かい、船の建設に着手する。アベンダーニョの際と同様に、王アー・カネックはスペイン支配を受け入れる方針だったものの、反対派がスペイン軍への攻撃を開始し、交渉は決裂する。三月十三日にペテン・イツァの島に上陸したスペイン軍は火器の力によって、数では優位なイツァ軍を短時間で撃破し、王宮を制圧した。ペテン・イツァは「ペテン湖の救済の聖母様と聖パウロ様の町」と改名され、教会が建てられ、カトリックの布教が始まった。王や首長コウオは捕虜となり、その他の有力者は森の各地へと散っていった。予言は実現したのである。

武勲を立てたウルスアは、一七〇五年にリサラガ伯の称号を授かり、やがてフィリピン総督職を拝命する。では、ユカタン総督時代には何をしただろうか。まず、ペテン地域の居住者を増やす努力をしている。スペイン人にとっては入植したくない「山」であるから、流刑に処せられた罪人たちが送り込まれた。それから、スペイン国王の一連の勅令も活用されている。まず、一六七八年の勅令で、スペイン国王は、カナリア諸島からスペイン領カリブ地域へ六〇〇トンのワインを積んだ商船の派遣を認めるかわりに、一〇〇トンにつき五人の入植者を乗船させることを義務づけている。一六九三年の勅令では、イギリスやフランス領から逃亡してきたアフリカ系奴隷に対して、カトリックへの改宗を条件にスペイン領内で自由身分を与えることが認められた。いずれも、ペテンのように入植者が少ないカリブ海周辺の沿岸地域で、スペイン臣民の人口を増やすことが目的である。ウルスア総督は、こうした勅令を利用して、ペテン地域へのカナリア諸島民の移住や、半島東部ホンジュラス側からの逃亡奴隷の定着をはかっている。ただし、その成果は華々しいものではない。

総督がもっと大きな成果をあげたのは、ユカタン全域でのレパルティミエントである。一七〇〇年の調査では、フランシスコ会が管轄する教区で一年間におこなわれたレパルティミエントの規模は、総督以外の人々が実施したものを含めて全体で四万四三五四枚の小綿布、一〇二八枚の大綿布、一万五七〇五リブラの綿糸、六万八八八二リブラの蜜蠟にのぼり、合計の評価額は一〇万二四八八ペソに達した。同修道会の担当以外の教区も含めれば、規模はさらに大きくなろう。これは十七世紀最大のレパルティミエントであり、同時期のエンコミエンダ評価額四万ペソを大きく上回っている。このうち、総督による実施額は全体の六割にも達している。森という逃げ道を失った先住民たちに、レパルティミエントの負担は以前よりも重くのしかかったのである。

「第二の征服」という表現がある。スペインが十六世紀におこなった征服を第一とすると、その後に異なる征服があった、という考え方である。例えば、十九世紀にラテンアメリカ各地で社会や経済が欧米向けの一次産品輸出に特化した状態に改変され、従属化を余儀なくされる様子を、こう表現する場合がある。先住民社会に限ってみると、この用語は十八世紀後半の植民地支配の強化を指すことが多い。ナンシー・ファリスの『植民地支配下のマヤ社会』によると、ユカタン＝マヤの先住民村落は、植民地行政や牧場といった村落外の勢力に侵食され、一七八〇年代までには自律性を失った。この喪失が、二度目の征服に相当するという。けれども、ここまで述べてきたとおり、ペテン征服によって、ユカタン＝マヤ農民が植民地支配の外部へと離脱することが従来よりも困難になり、植民地支配の負荷を正面から受け止めざるをえなくなったことを考慮すれば、第二の征服の長いプロセスは、すでに十七世紀末に始まっていたのではなかろうか。

スペイン植民地統治の転換期

一六八三年のスペイン領ユカタン植民地は、バッカニアの襲撃、ログウッド伐採者の占拠、逃亡先住民の増加と、これを吸収する未征服先住民に苦しめられていた。十七世紀前半のスペインにとっての新大陸領有の根拠は、一四九三年の教皇アレクサンドルの勅書や翌年のトルデシリャス条約で取り決められた、地図上の分割線にあった。しかし、一六八三年の世界では、実際にその土地を支配できているかどうかが焦点となっていた。バッカニアの襲撃で沿岸のスペイン植民地が壊滅の危機にさらされただけでなく、他のヨーロッパ勢力による植民地やスペインの支配を拒む先住民の居住地がいたるところで増殖し、現実のスペインの支配圏は侵食されていた。そういう支配の揺らぎが強く意識された地域の一つが、このユカタンであった。

ペテン地方の地図，城塞と周辺集落を含む(1736年)
征服後40年ほど経過した頃のペテン・イツァの様子。湖の小さな島が，もともとペテンの首都だった島。この時点では大砲を備えた城壁で囲まれている。周辺の集落はどれも教会の建物で表現され，カトリックの聖人の名前がつけられている。右端にはベリーズへの川が描かれている。
インディアス総合文書館所蔵

けれども、この頃にはスペイン側が統制力の回復をはかっていたことも確かである。港を要塞化し、ラグーナの伐採者たちを掃討する。不服従のペテン・イツァやセアチェの人々を征服して、縦貫道を切り開くことで、先住民が逃亡できる「山」の暗闇を払拭する。それは、地図という机上の理念的支配から、現実的な空間の実効支配への態度変更と考えることもできよう。

実効支配を達成するためには、財政負担は従来よりも重くなる。カリブ海域での海上警備の増強費や要塞建築費、駐屯兵や遠征隊の給料などの支出は必須である。そういう防衛支出に比して、カリブ海各地の財政管区の収入は圧倒的に不足していた。その解決策として、剰余金のあるメキシコなどの財政管区からカリブ海各地へ補塡金を送金する措置が、十六世紀末に導入されていた。シトゥアードと呼ばれるこの仕組みによるメキシコからカリブ海地域向けの送金は、十七世紀前半には年平均で一九・五万ペソであった。これは、同じ時期のメキシコからフィリピンへのシトゥアードの二六・三万ペソ、本国の王室向け送金の六四・二万ペソと比較して少ない。けれども、十七世紀後半に各地で揺らぐスペイン支配を立て直すためには、このシトゥアードの拡充は不可欠になっていた。

もっとも、王室は新大陸での支出増加に決して積極的だったわけではない。植民地での支出を抑制し、本国への送金額を増やすことで、逼迫する王室財政の赤字補塡に利用したかったからである。しかも、一六三〇年代からメキシコやアンデスの銀生産量が減少したため、十七世紀後半の王室向け本国送金額は年平均五一・六万ペソに落ち込んでいた。そういう条件下では、シトゥアードの増額は難しい。同時期のフィリピンへのシトゥアードは一六・三万ペソに大きく減り、カリブ海地域向けの金額も一八・一万ペソで世紀前半よりも抑制気味である。結局、ユカタンで模索されたのは、従来の財政構造に依拠しない防衛整備である。移民の奨励や私掠船の活用、地元民の拠出金による城壁建設などはそのあらわれである。さらに、新たな財源も模索されている。駐屯兵の給料は、各エンコミエンダ受託者への新たな課税で賄われている。城壁建設費は塩税の導入や各先住民村落の共同金庫からの徴収によって補塡された。また、海上警備の費用は関税や酒税の増額によって捻出されている。既存の王室収入に負担をかけない防衛整備は、ユカタン総督が本国宛書簡で再三強調している点であった。

しかし、支配力の強化が必要な辺境地域のすべてで、ユカタンのような対応が可能だったわけではない。この地方の強みは、先住民などの生産人口が比較的多く、メキシコなどに輸出できる商品もあったことである。そういう経済活動の規模があるから、防衛費が捻出できた。ところが、キューバやイスパニョーラ島、フロリダ半島などは生産人口が少なく、要塞などでの軍事活動に携わる人口が多い。地元民の負担増によって、防衛費を捻出することは難しかった。一六八三年頃にはフランスとのイスパニョーラ島をめぐる係争が激化し、やがてアウグスブルク同盟戦争(一六八八～九七年)に突入すると、王室はカリブ海地域の防衛整備への財政支出増額を余儀なくされるようになった。一六八〇年以降、シトゥアードは徐々に増額し、一七一〇年代には年平均二六万ペソ、一七四〇年代には一二九万ペソに膨れあがっている。増額を可能にした大きな条件は、メキシコ銀生産が回復しアンデス地域の規模を上回り始めたことである。しかし、増額による防衛力強化なしに植民地を保持できない状況に、スペイン王室が追い込まれていた点も重要である。一六八三年頃のスペイン王室は、植民地の統制力強化へと政策の舵を切り始めていた。

スペイン領アメリカ史にはブルボン朝改革という考え方がある。従来の理解では、十八世紀後半の啓蒙君主カルロス三世が導入した一連の改革を指す。植民地貿易や鉱山業などの生産振興、増税と辺境や海上における軍事強化、それを可能にする行政機構の刷新などである。第四節の終わりで取り上げた第二の征服もこの改革の帰結といえる。これに対して近年の研究は、この改革が一七〇〇年にスペイン王室がハプスブルグ家からブルボン家に交代してまもなくの時期に始まっていたことを強調し始めている。しかし、少なくともカリブ海沿岸地域では植民地支配強化をめざす改革の萌芽は、すでにハプスブルグ朝末期にはみられるのである。

このブルボン朝へと続く改革の動きは、ヨーロッパ各国の新大陸侵出に対応したものであり、主権国家が並び立つヨーロッパ国際秩序の形成と無縁ではない。一六八三という年号がヨーロッパ由来のキリスト教の暦の枠組みであることを考えるならば、新大陸の歴史もまたヨーロッパ由来の世界的時間に編入され始めていたのである。

しかし、この頃の「新大陸」のできごとを振り返ると、そこにはユカタン＝マヤの周期的な時間のように、別の時間感覚が併存していたことにも気がつく。そういう多元的な時間が共振することも、この時代の転換期の特徴だったのではなかろうか。

四章　中国福建省の社会空間

三木　聰

1　汀州府知府王廷掄の治績

十七世紀後半の福建省

一六四四(崇禎一七・順治元)年、中国は明・清両王朝の交替という大きな転換期を迎えた。約二八〇年におよぶ明王朝の支配が終わり、新たに満洲族を中心とする清王朝が中国を統治するにいたった。だが、その支配が一朝一夕のあいだに確立するはずもなく、広大な中国の各地域に清朝の権力が浸透するにはさまざまな軋轢と混乱をへねばならなかった。例えば、剃髪令による辮髪の強制は江南地域を中心に激しい抵抗をもたらし、また「三藩の乱」にともなう反清活動の高揚は華中・華南地域を中心に一時、清朝を存亡の危機に陥れた。十七世紀後半の中国は、まさに戦争から平和へ、混乱から安定へという時代だったのである。それは福建省にとっても同様であった。

本書の主題である一六八三(康熙二二)年に即していえば、この年の七月、台湾を拠点に清朝への抵抗勢力となっていた鄭氏政権が滅亡した。翌年には福建省の管轄のもとに台湾府が創設され、台湾は正式に清朝の版図に組み込まれたのである。これより先、一六七四年には靖南王耿精忠《こうせいちゅう》が福建で清朝に対する叛旗を掲げた。それは雲南の平西王呉三桂《ごさんけい》の反乱に呼応したものであったが、広東の平南王尚可《しょうか》喜《き》もあわせて三藩の乱といわれている。しかし、その二年後、耿精忠は清朝に帰順し、三藩の乱そのものも八一年には平定された。

一六七八年に福建省の長官、すなわち巡撫《じゅんぶ》に就任した呉興祚《ごこうそ》は、八〇年九月十二日付で福建全域を対象として一つの通達を発した。それは郷村社会で私蔵・退蔵されていた火器を中心とする武器の調査・没収の命令であり、あたかも「鉄砲狩令」とでも称すべきものであった(『撫閩文告』巻下、「厳査私蔵鎗炮牌」)。まさに三藩の乱が終焉を迎えようとしていた時期に、福建では社会の平和と安定に向けた努力がはらわれていたのである。また、一六九〇年代の半ば以降、福建西部の江西・広東両省に隣接する汀州《ていしゅう》府の知府(府知事)として在任した王廷掄《おうていろん》は「今」という時代について「四海は太平で、民は和楽を謳歌している」と述べている(『臨汀考言《りんていこうげん》』巻六、詳議、「諮訪利弊八条議」)。一六七〇～八〇年代の戦争と混乱の時期をへて、福建山区では「清朝の平和」がもたらされていたといえよう。

本章では、中国の福建省という一地域を取り上げ、そこにさまざまなかたちでかかわった地方官・士大夫や商人、あるいは地主・佃戸《でんこ》(小作農)についての史料の分析を通じて、いわば「歴史の転換期」ともいうべき十七世紀後半における社会空間のありようを描き出すことにしたい。

すでに述べたように、ここで対象とする地域は、清朝が統治した十五省(十八世紀前半の雍正年間以降は十八省)の一つで、中国の東南沿海に位置する福建省の山区(内陸部)である。清代の地方における行政区画は、明代のそれを踏襲して省―(道)―府―県に系列化されていたが、福建では府のレベルに準ずる直隷州も設置されていた。福建は「八閩《はちびん》」という雅称で呼ばれるように、明代にははじめに八つの府がおかれ、のちに一つの直隷州が加えられて八府一州となり、その体制は十七世紀の後半にも受け継がれていた(十八世紀前半以降は九府二州)。また福建省は沿海部の四府一州(福州《ふくしゅう》・興化《こうか》・泉州《せんしゅう》・漳州《しょうしゅう》の四府と福寧州《ふくねい》)と内陸部の四府(延平《えんぺい》・建寧《けんねい》・邵武《しょうぶ》・汀州)に分かれ、前者は「下四府」と、後者は「上四府」といわれていた。ここで福建山区というのは「上四府」を指しているが、本章では「上四府」のうちでもっとも西に位置する汀州府を中心に考察を加えていくことにしたい。

汀州府知府王廷掄

王廷掄は一六九五年からあしかけ八年間、汀州府の知府として在任した。彼は華北の山西省沢州《たくしゅう》(現在の山西省晋城市沢州県)の出身であった。当時は本籍回避という原則のもとで、一般に官僚は出身の省の地方官に就任することはできなかったため、彼は監生《かんせい》(国子監学生《こくしかん》)の身分を獲得したのち、山東省の青州《せいしゅう》府の通判《つうはん》(府の三等官)、中央政府の戸部《こぶ》(財政部門)の員外郎《いんがいろう》(四等官)・郎中《ろうちゅう》(三等官)などを歴任して、はるばる華南の福建省まで赴任してきたのである。

知府という官職は、基層の地方行政機関であるいくつかの県を統轄する府の長官であった。汀州府には全部で八つの県が設置されていたが、それらは府の衙門《がもん》(役所)が所在する汀州府城の附郭《ふかく》(府城に隣接する地域)の長汀《ちょうてい》県をはじめ、寧化《ねいか》・清流《せいりゅう》・帰化《きか》・連城《れんじょう》・上杭《じょうこう》・武平《ぶへい》・永定《えいてい》の各県であった。

まず、知府王廷掄の統治する地域がどのような内実を備えていたのかをみていくことにしたい。この問題にアプローチするうえで、王廷掄には恰好の史料が残されている。すなわち、彼自身の著作『臨汀考言』がそれである。漢籍の経・史・子・集という四部分類では集部の別集類に含まれる当該書には、

17 世紀後半の福建省と閩江・晋江・韓江

汀州府の８県

明清時代の士大夫・読書人による一般的な文集とは異なって、書名の「臨汀」(汀州府の雅称)に象徴されるように、収録された文章はすべて汀州府知府として在任していた時のものである。しかも、その多くが行政文書、すなわち「詳議《しょうぎ》」という上級機関へ提出する上行《じょうこう》文書、「檄示《げきし》」という下級機関へ通達する下行《かこう》文書および民間に対する布告、さらには「審讞《しんげん》」という判牘《はんとく》(判決書)の類であった。これらの史料は、王廷掄が知府として汀州府の地域と社会にどのように関与していたのかを直接的に伝えてくれるものだといえよう。

ところで、知府や知県(県知事)のような地方官の職務としてもっとも重要なものは「銭穀《せんこく》」および

「刑名《けいめい》」であった。前者は徴税を、後者は裁判をあらわしている。したがって、彼らが地方の衙門に赴任するときには、両者の専門家である「銭穀師爺《しや》」および「刑名師爺」という、個人的に雇ったブレインをともなうのが一般的であった。また、ごく小さな県では両者を兼ねる「刑銭師爺」ただ一人という場合もあったことは、現代中国の著名な哲学者である馮友蘭《ふうゆうらん》の自伝からもうかがうことができる(『馮友蘭自伝』)。それは清朝の最末期に、彼の父親が湖北省武昌府崇陽《すうよう》県(現在の湖北省咸寧市崇陽県)の署知県(代理知県)を務めたときの話に関連する事柄であった。

『臨汀考言』と判牘

『臨汀考言』(全一八巻)のうち、巻八から巻一五までという最大の分量を占めるのが判牘である。こうした史料があまり現存していない福建省という地域にとって、それは極めて貴重なものだといえよう。そこには全部で九三件の判牘が収録されているが、殺人を含む「人命」といわれる重大な刑事事件(「重事《じゅうじ》」)から「戸婚《こごん》・田土《でんど》の案」といわれる些細な民事案件(「細事《さいじ》」)まで、さまざまな内容が含まれていた。それぞれの判牘の標題には、例えば「寧化県の民である張篤等は、張好[を殺害して死体]をバラバラにした」(巻八、審讞)、「武平県の民である廖可先は、人命[事件]だと誣告《ぶこく》した」(巻一二、審讞)、あるいは「上杭県民の林章甫は、私《ひそ》かに斗頭を立てた」(巻一五、審讞)というように、被告(容疑者)の出身地(県名)が明記されている。この九三件の判牘について、汀州府に所属する各県の内訳をみてみると、長汀県が一二件、寧化県が一六件、清流県が一三件、帰化県が六件、上杭県が一八件、武平県が一九件、そして永定県が八件となる。ほかに標題に県名が書かれていないものが一件だけ存在し、また理由はわからないが、連城県については一件の判牘も残されていない。すなわち『臨汀考言』には連城県を除いて、知府王廷掄が裁いた汀州府七県の事案が収録されているのである。

ところで、『臨汀考言』には汀州府の「利弊《りへい》」をめぐって上級機関(「憲台《けんだい》」)の諮問に対する王廷掄の答申がおさめられている。それは「諮問された利弊に関する八ヵ条の提議」(巻六、詳議)という文章であり、そこでは汀州府の八項目におよぶ「軽薄な習俗」が論じられている。そのなかの一つに「図頼《とらい》」といわれる、おもに家族の死や死骸を利用した恐喝行為の存在があげられているが、とくに汀州府の上杭・武平・永定の三県では断腸草とよばれる毒草(野葛《やかつ》・鉤吻《こうふん》ともいう)による自殺と結びついた図頼が頻発していた。王廷掄は当地に赴任後、一年あまりのあいだに審理した図頼事案は「指を屈するにたえない」ほど多かったと述べている。ちなみに『臨汀考言』所収の判牘九三件のうち図頼に関連するものは二一件もあり、全体のほぼ二二・六%を占めている。

そのほかに、汀州府の「軽薄な習俗」として、耿精忠の乱が起こった際に「随征《ずいせい》」「効用《こうよう》」「功加《こうか》」といわれる臨時の志願兵となった者たちが乱後、正業にもつかず、無頼として社会のさまざまな局面で悪事をはたらいていたことが指摘されている。また「劣衿《れっきん》」といわれる悪質な士人(生員《せいいん》・監生など)が「訟師《しょうし》」(三百代言)として訴訟沙汰に介入し、日常的に暗躍することで、当地になんでもかでも裁判に持ち込むという「健訟《けんしょう》」の風潮をもたらしていたという。

とくに後者について、王廷掄はつぎのような注目すべき言説を残している。

汀州府の劣衿や悪人たちは、みな刀筆《とうひつ》(訴状の作成)に借りて生計をはかり、もっぱら訴訟の教唆によって利益を貪っている。さらに寧化・清流両県の流棍《りゅうこん》は、半ばが舟で南台《なんだい》までくだり、上杭・

永定両県の奸徒《かんと》も、また多くが省会《しょうかい》で貿易をおこなっている。こうした輩は衙門を熟知し、名前を騙《かた》って訴訟を請け負うことに慣れており、訟師とぐるになって、指と肘が連動するように、敢えて揉め事があれば波風を起こし、そのなかで詐欺をはたらいている。

汀州府の寧化・清流両県のならず者（「流棍」）は船を利用して省都福州近郊の南台までくだり、上杭・永定両県の悪党（「奸徒」）も福州で商売・取引をおこなっている。また、彼らは日頃から訴訟を請け負い、訟師と結託して詐欺をはたらいていたという。福建の西部辺境に位置する汀州府と福州のあいだには、まさに「訟師ネットワーク」とでもいうべきものが形成されていたのではなかろうか。それは福建省内における商業・流通ルートを媒介とするものであった。こうした汀州と福州との繋がりについては、のちに再度言及することにしたい。

汀州府の食糧問題

知府王廷掄にとって汀州府の地方行政における重要な課題の一つは、当地の食糧をいかに確保するかという問題であった。上述の「八ヵ条の提議」でも、二ヵ条にわたって関連する事柄が述べられている。一つは地主（「業主《ぎょうしゅ》」）と佃戸にかかわることであった。明末から清代中期にかけて福建の農村社会では一般化するものであるが、汀州府でも「根租《こんそ》」といわれる押租《おうそ》（小作保証金）および「田皮《でんぴ》」といわれる田面権《でんめん》（一田両主制《いちでんりょうしゅせい》における上地権）の普及にともなって佃戸による抗租（小作料の不払い）という事態がもたらされていた。結果として、地主と佃戸のあいだでは頻繁に訴訟沙汰が発生していた。そこで王廷掄は「田皮」の廃絶と「根租」の禁止を提議している。だが、その一方で「豪強の業主」が米価の安い時には佃租(小作料)を現物から貨幣(銀)に変え、米価が高騰した時には佃租を現物で支払うことを佃戸に強要していると、王廷掄は非難している。

こうした地主の恣意的な収奪に関する言説は、福建ではさほど珍しいものではない。例えば、十六世紀末の万暦二〇年代に福建巡撫となった許孚遠《きょふえん》(一五三五～一六〇四)は「習俗に照らして佃租を徴収せよ」という福建全域への通達命令のなかで、福州府に所属する閩《びん》県・侯官《こうかん》県(両者は現在の福州市鼓楼《ころう》区・台江《たいこう》区・倉山《そうざん》区・馬尾《まび》区・晋安《しんあん》区および閩侯県)の「郷農」の訴えとして、米価の変動にともなって地主が佃戸から徴収する佃租を定額租(「認租」)から分益租(「分収」)へ勝手に変えていると指摘している。また、その後の調査の結果でも、米価高騰の際には同様に貨幣による「銀租」から現物による分益租(「分割」)へというように佃租の恣意的な変更が地主によっておこなわれていたという(『敬和堂集』公移、「照俗収租、行八府一州」)。こうした状況がみられる背景には、福建全体に関連することでもあるが、食糧としての米穀事情の恒常的な緊張という事態が存在していた。

「八ヵ条の提議」で指摘された、もう一つの事柄は、王廷掄が着任した康熙三〇年代に汀州府で急速に展開した葉煙草《はたばこ》栽培の影響である。新大陸原産の葉煙草は、福建では明末の段階にフィリピンのルソン島から漳州府へ伝来したといわれている。その後、各地の農村社会に浸透・定着することで、十八世紀の中頃には福建を代表する商品作物として認知されるにいたった。汀州府では漳州人によって葉煙草が伝えられ、その栽培は瞬く間に肥沃な田土の三〇～四〇%にまで展開したという。汀州府における食糧事情は、もとより「すべての田土で稲穀を栽培したとしても、民間の日々の[食糧の]供給には足りず、必要な食米はその半ばを江西からの移入に頼っている」といわれていたが、葉煙草栽培の進展はそうした状況にますます拍車をかけていたのである。

十八世紀の史料においても、汀州府は「産米の区ではない」（『宮中檔雍正朝奏摺』第二輯、「鎮守福建汀州等処地方陳有功奏報地方糧価摺」）あるいは「汀州府属の八県は、産穀には倶《とも》に限りがある」（『閩政領要《びんせいりょうよう》』巻中、「歳産米穀」）という記述を見出すことができる。当該地域の食糧が江西米の移入に依存していたことは、明代から継続する事情であった。一六三六（崇禎九）年四月の端境期《はざかいき》には、汀州府一帯が飢饉に見舞われ、数多くの「郷民」が府城に押しかけて食糧を要求するという、あわや搶米暴動《そうまい》（米騒動）かという事態が発生していた。その原因は隣接する江西省の贛州府《かんしゅう》が「遏糴《あってき》」という米穀の移出禁止の措置をとったことで、当地の米価が高騰したことにあった（崇禎『汀州府志』巻二四、祲祥志）。先の王廷掄の議論にもみられたように、江西からの米の移入は汀州府の死活にかかわる問題だったのである。

しかしながら、ことは米穀の移入の有無という、それほど単純なものではなかった。

汀州府と江西・広東

自然的・地理的条件を考慮した場合、汀州府は大きく東・西の二つの地域に分けることができる。その境界は水系の違いによって線引きされるものであった。東側の寧化・清流・帰化の三県は、福建の大動脈である閩江《びんこう》の支流＝沙溪《さけい》へ合流する清溪・明溪の流域に、西側の長汀・連城・上杭・武平・永定の五県は、最後は広東省潮州《ちょうしゅう》府の境域を流れて南シナ海へそそぐ韓江の上流＝汀水（鄞江《ぎんこう》）および連水の流域に位置していた。とくに食糧としての米穀の問題を考えるとき、前者については第三節で詳しく述べるように、省都である福州の米穀市場に大きく規定されていたが、後者の場合は江西省の贛州府および広東省の潮州府との経済的関係に左右されていたのである。それは汀州府（とくに長汀県）が江西の米と広東の塩の流通の結節点に位置していたことによる。ここでは西側の五県に関連する問題をめぐって、知府王廷掄に与えられた課題について考えることにしたい。

まず、十八世紀の半ば過ぎに福建布政使《ふせいし》（財務長官）として在任した徳福《とくふく》と顔希深《がんきしん》の二人によって編纂された『閩政領要』には、福建全域の米穀事情に関する詳細な記述が残されており（巻中、「歳産米穀」）、汀州府についても先にふれた「産穀には倶に限りがある」という記述ののちに、つぎのように書かれている。

> 附郭の長汀県は、汀州鎮（清朝の正規軍である緑営の部隊）がこの地に駐屯しており、兵・民が雑居して、人口は頗《すこぶ》る多い。当地は江西の建昌《けんしょう》府属の広昌《こうしょう》、贛州府属の石城《せきじょう》等の県と隣接しており、もとより江西の米穀供給に頼っている。あわせて汀州府と江西とは広東の塩を食しており、従来、江西の米販（米商人）が米を運んで汀州にきた場合は、広東の塩を購入して［江西に］戻ることを許可していた。

上述の汀州府における葉煙草栽培の進展をも勘案するとき、汀州府と江西・広東とのあいだには、江西［米］→汀州［米・煙草］→広東、および広東［塩］→汀州［塩・煙草］→江西という商品の流通状況を想定することができよう。十七世紀の末という時代にもこうした状況は存在していたと思われるが、知府王廷掄は三者間の商品流通の円滑な展開に配慮すると同時に、汀州府において食糧＝米穀を確保するという課題の解決に向けて腐心せねばならなかったのである。

奸販と米牙・米商

『臨汀考言』にはまた、布告として出された二つの関連する文書が残されている。「米穀売買の法を斟酌・確立する」および「米牙《べいが》・店家が奸販と結託し、米を購入して出境することを禁止する」である（ともに巻一七、檄示）。まず前者では、つぎのように記されている。

近頃は［江西の］贛州府が遏糴をおこなったことで、［広東の］潮州・恵州《けいしゅう》の奸販が、汀州府城から尽《ことごと》く［米を］運び出そうとしている。奸牙《かんが》・米客《べいきゃく》は一括して販売できることを利として、小口の販売をおこなおうとせず、貧民が一升・一斗［の米］を買おうとしても、購入する術さえない。（中略）江西の米客は、ただ利益のみを追求して、米を販売するために汀州にきているが、潮州・恵州に搬運される場合は、すぐに一括で売買され、価格が高くて利益もあがるために、小口の販売を望まない。

また、後者でも同様に、つぎのように述べられている。

先頃は雨が続き、また端境期であるために、贛州府から汀州府城まで［米を］運んでくる米客はほとんどいないのに、汀州府城から広東省まで運んでいく奸販は甚だ多い。はいってくるものを数えても、出ていくものにはおよばない。汀州府の数万の人々は、恨みがましく食糧を待っている。（中略）上・武・永三県の地域は、みなわが汀［州府］属の赤子であり、汀［州府城］にきて［米を］購買し、その地に運び戻っている。（中略）最近、聞いたところでは、水東街《すいとうがい》の米穀行家および歇客《けっきゃく》飯店は、まったく死をも畏《おそ》れず、法を無視して悪事をおこなっているとのこと。本府では［米を販売する時に］認識・保結《ほけつ》（人物保証）をおこなっていることに乗じて、米を買いにくる人がいれば、米を運ぶ船一隻ごとに銀八銭〜一両ほどを詐取している。広東の奸販であっても、もとから認識していると称して、その欲望を叶えている。本地の民の場合は、故意に保結をおこなおうともしない。

これらの布告によれば、江西から移入された米穀が広東の商人によって買い占められ、汀州府の域外に搬出される一方で、当地の人々は米を購入できない事態になっていたという。また後者では、上杭・武平・永定各県の民が米を求めて府城まできていたことも記されている。米の買い占めから域外への搬出まで、それはたんに広東の悪徳商人（「奸販」）によってのみおこなわれるものではなかった。まさしく流通の結節点として汀州（府城）に移入された米穀に群がる地元の商人層との結託によっておこなわれていたのである。これらの布告には、広東の商人（「粤省《えっしょう》奸販」「潮恵奸販」）や江西の客商（「江西米客」）のほかに、地元の「奸牙」「牙行店家」「歇客飯店」といわれる仲買・卸売商（その多くは商人宿を兼営していた）および「米販」「米穀行家」「米穀行戸」といわれる米穀小売商が登場している。彼らは儲けの少ない小口の売買を嫌い、大口販売による多大な利益を貪るために広東・江西の商人と結託することで、そこには米穀買い占めの構造が派生していたのである。なお、後者の史料にみえる水東街とは、汀州府城の麗春《れいしゅん》門外に架けられた済川《さいせん》橋周辺の商店街のことであり、地方志には「水東街市」という記載で出てくるものである（乾隆『汀州府志』巻五、橋梁）。

十七世紀の末に汀州府知府となった王廷掄にとって、恒常的な米穀不足による食糧問題の解決には、汀州府に隣接する江西および広東とのあいだに展開する商業・流通をめぐって細やかな対応が求められていたといえよう。換言すれば、知府として考慮すべき地域・空間は汀州府のみに限定されるものではなく、同一の商業・流通圏を構成していた江西省の贛州府および広東省の潮州府と一体のものとして留意せねばならなかったのである。

2 地方士大夫李世熊の行動

汀州府寧化県の李世熊

一六八四年、汀州府に属する寧化県の地方志として康熙『寧化県志』(全七巻)が刊行された。明清時代の地域史研究において、各地で編纂された地方志は極めて重要な史料とみなされてきた。地方志とは地理的現況から人物伝を含む歴史的状況まで、当該地域について総合的に記述したものであるが、それと同時に、新たに赴任してきた地方官にとって行政上の貴重なハンドブックとなるものでもあった。地方志には行政単位の違いによって省レベルの通志から府志・州志・県志、さらには鎮志・郷志まで存在するが、それらは各レベルの地方官が監修者となり、地元の士大夫・読書人が撰著を分担して編纂されるというのが通例であった。しかしながら、康熙『寧化県志』は当地の士人、ここでいう地方士大夫の李世熊《りせいゆう》が八十三歳の時に上梓した個人の著作である。

李世熊は汀州府寧化県の出身で、明末の一六〇二(万暦三〇)年に生まれ、清初の八六年に死去している。歴史上の人物の出身地を表示するとき、各種の伝記では「〇〇の人」という書き方が一般的に用いられるが、明清時代には基本的に「〇〇」のところには県名がはいることになっていた。そうした意味で、李世熊はまさに「寧化の人」であったが、より詳しくみていくならば、寧化県の境域の東北端に位置する泉上里《せんじょうり》(現在の三明市寧化県泉上鎮)が彼の郷里であった。

李世熊は科挙の最高学位である進士《しんし》に及第して中央や地方の官僚を務めることもなく、身分はしがない生員《せいいん》(廩生《りんせい》)に終始したが、その文名は天下に聞こえていた。しかしながら、明清史を研究する者にとって、李世熊は明清交替期に寧化県で起こった「黄通《こうつう》の抗租反乱」の記録者としての方が有名である。黄通の抗租反乱は一六四六年という、明朝が滅亡したのち、清朝の地方支配が確立するまえの、いわば権力の空白期に起こったものであった。そうした混乱のさなかに李世熊は黄通の抗租反乱をはじめ、さまざまな反乱や「寇」「賊」からみずからの地域社会を守りぬくとともに、それらの詳細な記録を康熙『寧化県志』や『寇変紀』『寇変後紀』のなかに残したのである。

また、李世熊には「寒支歳紀」(以下「歳紀」と略称)という年譜も存在する(『寒支二集』巻首)。年譜という史料の性格上、生まれてから死ぬまでのことが年ごとに記述されているが、その内容は大きく二つに分けることができる。その境目は、李世熊が四十五歳の時、まさに一六四六年にあった。この年の四月、十七歳の時から師と仰いできた黄道周《こうどうしゅう》(一五八五〜一六四六)が清軍にとらえられて殉難した。彼は南明隆武政権の宰相(内閣大学士)であった。六月には黄通の抗租反乱が起こり、「乱民は衆を率いて[寧化県]城に押し入り、八十数家を劫掠」するという事態になっていた。さらに「歳紀」では、前年に福州で即位した南明の隆武帝が建寧から延平をへて汀州まで落ちのび、八月末に当地で清軍に殺害されたことも簡略に記されている。そして、直後に「私は雷扶九《らいふきゅう》とともに涙を流し、別れて遂に入山した」と書かれているのである。ここにみえる「入山」とは俗世間から隠棲するという意味であるが、翌年には自ら髪を下ろして寒支《かんし》道人と号したのであった。まさに李世熊が「明の遺臣」と称される所以である。直接的には隆武帝の死を契機とした「入山」であったが、同時に李世熊はそれまで自身が著述していた「歳紀」の筆も絶ったのである。したがって「歳紀」の一六四七年以降の記事は、李世熊の四十九歳という年に生まれた三男の之権《しけん》によってのちに書き継がれたものであった。

一六八六年に数えで八十五歳という長寿を全うした李世熊にとって、一六四六年という四十五歳の年は、人生の大きな節目だったのであり、その前後で彼をめぐる世界はまさに一変したということができる。それまでは福建という一省あるいはそれを超えるような広がりをみせていた李世熊にとっての社会空間が、四六年以降は郷里である寧化県あるいは泉上里という、ごく限られたものへと変化したのである。

李世熊と科挙

李世熊は、一六一六年に十五歳で童試《どうし》に合格し、翌年、寧化県学の生員となった。まさに科挙のための第一段階をクリアしたのである。その後、二十三歳の時には学資が支給される廩生に選ばれている。だが、郷試《きょうし》(省レベルの試験)を受験するための前段階に位置する歳試《さいし》・科試《かし》では何回も第一位に選抜されたにもかかわらず、郷試に合格して挙人《きょじん》の学位を獲得することはなかった。彼自身が「幼少時より[生員となって]学校にいたが、九回も場屋に躓《つまず》いた」(『寒支初集』巻一〇、奏疏、「乞免廷試疏」)と述べているが、実際には一六一八年から三八年まで、すなわち十七歳から三十八歳まで、三年ごとに八回連続で郷試を受験している。なお「場屋」とは郷試の試験場である貢院《こういん》を指す言葉である。さらに、二八年から四五年までのあいだに三度、国子監(明代では北京と南京に設けられた最高学府)に進学する貢生《こうせい》の選抜に応じたものの合格にはいたらなかった。年若くして生員になりながら、挙人または貢生という、科挙におけるつぎのステップに進むことができなかったという挫折感も、明清交替の混乱のさなかに「入山」という途《みち》を李世熊に選択させた要因の一端をなしていたといえるのではなかろうか。

科挙に焦点をあわせた場合、郷試や貢生選抜のために李世熊は一一回も寧化県から福州府城へ足を運んでいる。そこには李世熊の科挙に対する並々ならぬ執念を感じるとともに、福州から寧化へという帰途の旅はまさに失意に溢れるものだったに違いない。なお、寧化から福州までの道程は、泉上里から寧化県城に出たのち、清溪によって清流県をへて延平府の永安県へいたり、そこから沙溪によって延平府城を経由し、閩江本流を下って福州府城に到達するというもの、あるいは泉上里から帰化県城に出て、明溪によって延平府の沙県を経由し、あとは同じく沙溪・閩江によって福州にいたるというものだったと思われる。

李世熊の交友関係

李世熊にとって、省都である福州府城は受験・勉学の地であると同時に、ともに挙業(科挙のための学問)に励む士人たちとの交流の場でもあった。一六二七(天啓七)年八月、三度目の郷試には失敗したものの、明末の福建の文人結社を代表する陳元綸《ちんげんりん》や、のちにもっとも深い交わりを結ぶことになる曾異撰《そういせん》と、李世熊は当地で知り合ったのである。また、その三年後には二月から半年にわたって福州に滞在し、八月の郷試受験をめざしたが、このときも「歳紀」には福州の士人たちと「蕊珠社《ずいじゅしゃ》」を結成し、交遊「の範囲」は日々に広がった」と書かれており、さらに福州の郷紳で、中央の戸部郎中や浙江の杭州府知府などを歴任した孫昌裔《そんしょうえい》がわざわざ李世熊の宿舎まで訪ねてきた、というエピソードまで紹介されている。

福建のなかで福州を除いて李世熊がたびたび出向いた先は、興化府莆田《ほでん》県(現在の莆田市城廂《じょうそう》区・涵江《かんこう》区・荔城《れいじょう》区・秀嶼《しゅうしょ》区)であった。莆田は多くの士大夫・読書人を輩出した地として有名であるが、科挙の受験以外の旅で、李世熊がはじめて訪れたのも莆田であった。それは一六二三年、彼が二十二歳の時であり、そののちも三五年・四五年と、当地への訪問は三度におよんでいる。それらは莆田の士人たちとの交流を目的とするものであったが、二回目に当たる三五年には、すでに知遇を得ていた余光《よこう》・余颺《よよう》兄弟の家に寄寓して「二余と[詩文に]甚だ傾倒した」という。この年はまた莆田から単身で泉州府晋江《しんこう》県の安海《あんかい》(現在の泉州市晋江市安海鎮)へ向かっている。安海は鄭成功《ていせいこう》の父である鄭芝龍《ていしりゅう》(一六〇四〜六一)の本拠地であり、「歳紀」には「ひそかに鄭蜚虹《ていひこう》を観察した」と記されている。「蜚虹」は鄭芝龍の字《あざな》である「飛黄」をもじったものではなかろうか。事実上、福建の海域を支配し、その利益を壟断《ろうだん》していた鄭芝龍に対して、李世熊は大きな関心を寄せていたのである。のちに李世熊の伝記を書いた藍鼎元《らんていげん》(一六八〇〜一七三三)は、このエピソードにふれて「その思いには深いものがある」(『鹿洲初集』巻七、伝、「寒支先生伝」)と述べている。まさに李世熊が時代の空気を敏感に嗅ぎとっていたことへの評価とみなすことができよう。

汀州府と経済的に密接な関係にあった広東の潮州府へも、李世熊は三度出かけている。それは知り合いの地方官や科挙関係の試験官との再会、あるいはその紹介による新たな出会いを求めての旅であった。とくに一六四五年に李世熊は寧化県を出発して福州に赴き、貢生の選考を終えたのち、つぎに莆田

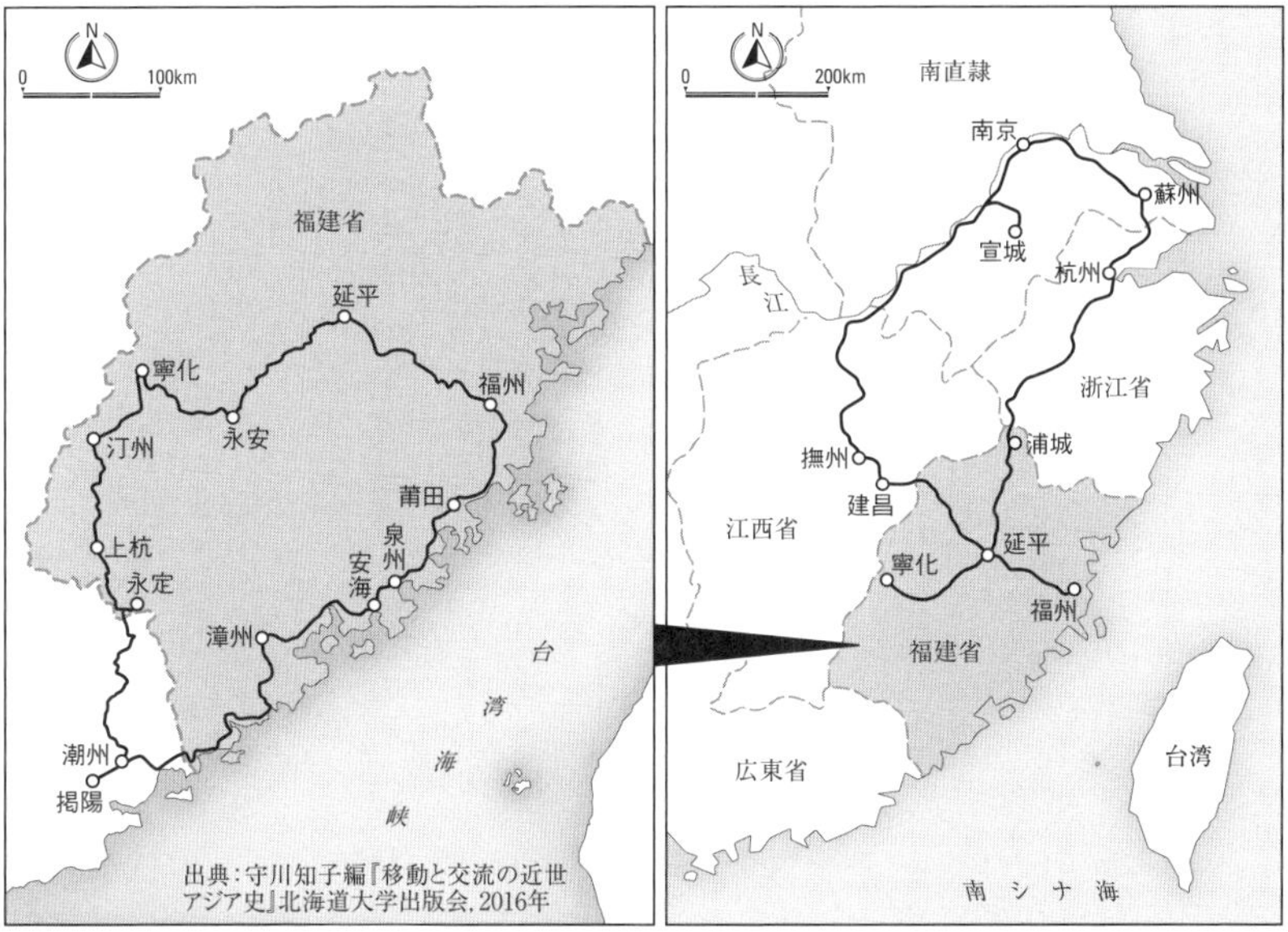

李世熊の旅

へ行って当地の士人たちと旧交を温め、さらには潮州において福建の提督学政（教育長官）を務めた郭之奇《かくしき》を訪ね、そこから韓江を遡上して汀州府へ戻っている。まさに福建の山区から沿海地域を経由し、広東の東部をまわって帰郷するという長旅であった。

　李世熊はまた三度ばかり南京・蘇州方面へも旅をしている。そのうち、一六三八年十一月から翌年の夏にかけては江西を経由して南直隷へ出かけたのであった。まず邵武府を経由して江西の建昌へ向かい、かつて福建の提督学政を務め、この時点では江西の分守湖東道であった何万化《かばんか》を訪ねている。年が明けて建昌を出発し、汝水《じょすい》を少しくだった先の撫州《ぶしゅう》では旧知の艾南英《がいなんえい》の家に宿泊した。その後、長江をくだって目的地の南直隷寧国府宣城県（現在の安徽省宣城市宣川区)に到着した。宣城県では旧知の余颺が知県として在任しており、彼のはからいもあって、当代の「名士」が多く集まり、当地は「甚だ佳き[文学の]府となった」という。つぎに向かった先は長江をさらにくだった南京であり、そこでは福建の漳州府鎮海衛出身の何楷《かかい》と再会している。あとは大運河で蘇州をへて杭州へ行き、銭塘江《せんとうこう》を遡上して厳州・衢《く》州を経由し、仙霞関《せんかかん》を越えて福建へ戻ったのであった。

「歳紀」によれば、李世熊は十七歳の一六一八年以降、四十五歳で「入山」する以前に、科挙の受験を含めて毎年のように旅に出ているが、そのほとんどは各地の官僚・郷紳・士大夫を訪ねて交友関係を結び、あるいは互いの交流を深めるための旅であった。その間に旅先で交わりをもった人の数は八〇人近くにおよんでおり、また交流した士大夫の多くは明末に成立した復社《ふくしゃ》(東林党系の文人結社)に連なる人々であった。李世熊の名前も復社の名簿に登載されているが、彼の旅を通じて浮かびあがってきたものは、広範な地域の官僚・郷紳・士大夫によって形成された復社系の「知のネットワーク」であったといえよう。

「入山」後の李世熊と地域社会

すでに述べたように、李世熊は一六四六年に「入山」したが、必ずしも俗世間との繋がりを完全に断ち切ったわけではなかった。明清の王朝交替から康熙の初年にかけて、いわば権力の空白期から清朝の支配がある程度は確立するまでのあいだ、郷里の寧化県あるいは泉上里は「寇」「賊」の来襲・跳梁に苦しめられ、混乱の日々が続いていた。一六五二年の時点で、李世熊は「治日は少なく、乱日は多い」

と慨嘆している(『寇変紀』)。明清史家の森正夫は李世熊の著作の分析を通じて、面としての泉上里(区域)と点としての泉上(聚落)の違いにも目配りしつつ、この段階における李世熊の問題関心が『吾郷』の存立を維持し、『吾族』の安泰を志向する」ことにあったと述べている。李世熊にとって、自身がかかわる社会はこの段階においてミクロな世界へと移行していたのである。「入山」後の状況について、息子の李之権は「歳紀」のなかで、つぎのように記述している。

入山以後、遂に[父は歳紀を]二度と書くことはなかった。しかし、身は隠棲して城市にはいらなかったとはいえ、およそ防備を設けて暴乱を禦《ふせ》ぎ、郷里を経営することは、またつぶさに苦心を極めた。[寧化]一県の利害については、当事者があるいは書簡で諮問し、あるいは廬舎《ろしゃ》にいたって面談した。およそ人々を救済して、物事に利益をもたらしたことは、数えることができない。

李世熊は汀州府が清朝支配下にはいったのちの一六四七年、知府李友蘭《りゆうらん》および汀州鎮総兵官于永綬《うえいじゅ》による府城への招きを固辞し、また七五年には「閩藩《びんぱん》」(耿精忠)の招聘も「老病」を理由に拒絶した。しかしながら、寧化県あるいは泉上里の「利害」「経営」に関しては、まさに力をつくしたのである。そうした意味で「入山」は完全な隠棲をあらわすものではなかった。

一六五〇年から五二年にかけて、泉上里は「四営頭《しえいとう》の賊」や「粤寇《えっこう》」(広東の賊)の襲撃に苦しめられた。後者が撤退したのちの五二年九月、李世熊は一族の者たちを率いて泉上に隣接する麻布崗《まぶこう》に「寇を避け」「族人が居住する」ための土堡《どほ》の建設に着手し、翌年の冬には完成したことが「歳紀」には記されている。一九三三年七月、ここに立て籠もった国民党系の民団に対して彭徳懐《ほうとくかい》に率いられた紅軍(共産党軍)は総攻撃をおこなった。そのために砦壁は崩壊して版築の一部が残されているだけとはいえ、その内部にはほぼ南北に七条、東西に二条という直線の街路が現存しており、「大土堡」といわれる現在でもその原形はほぼ維持されている。

一六六二年の夏、泉上里では十数名の無頼(「喇棍《らこん》」)による墟市《きょし》(市場町)での騒擾《そうじょう》が、李祥《りしょう》をリーダーとする「天罡《てんこう》の乱」へと発展した。「天罡」は北斗七星を意味する。このときも李世熊は地域社会を自衛するために粉骨砕身したのであった。『寇変後紀』には、つぎのように書かれている。

私は有司が地域のことを心配してくれないのを知っていたので、附近の二十数郷を連合して、保《ほ》甲《こう》を実行し、牌丁《はいてい》を結集することを提唱した。六月二十二日には、賊党を追い払った。

まさしく泉上里一帯のリーダーとして「保甲」という隣保組織をたばね、郷兵(「牌丁」)を動員して地域を防衛したのであった。こうした状況は、一六七四年の耿精忠の乱のときにも見出すことができる。「歳紀」には、李世熊が七十三歳という高齢であったにもかかわらず、その活躍が記されている。

三月、閩藩が叛乱を起こし、民を募って兵とした。土寇が各地で起こり、城市と郷村を結ぶ路は絶たれた。[李世熊は]そこで数十郷を連合して保民会をつくり、もっぱら[閩藩の]軍に従って寇を導き、本境に害をもたらすことを禁じた。部署は厳密であり、寇は敢えて侵犯することはなかった。他郷では多くのところで統率がなく、紛々と[閩藩の]募兵に応じて従軍し、死者は数千人にとどまらなかった。泉上一里だけはまぬがれることができたのである。

ここでも李世熊は周辺の「数十郷」を糾合して「保民会」(保甲に類したもの)を組織し、耿精忠の乱による社会的混乱から泉上里という地域社会を守りきったのであった。

寧化県泉上鎮の大土堡

出典：寧化県檔案館蔵「寧化県第3区泉上下聯[保]第13段(之一)坵地聯絡図」(部分)より作図

1939年頃の大土堡

晩年の李世熊

「歳紀」によれば「入山」以降、死ぬまでの約四〇年のあいだ、李世熊はほぼ泉上里を離れることはなかった。一六六三年の六十二歳の時には、麻布崗の土堡からさほど離れていないところに自ら「檀河《だんが》精舎《しょうじゃ》」と名づけた廬舎を建てており、それは現在でもそのまま残されている。また、李氏宗族のための活動としては、六十九歳のときに「宗祠《そうし》」を建設し、七十五歳でその増築をおこない、七十七歳で歴代の祖先の墳墓を整備し、さらに八十一歳で李氏の族譜を編纂した。晩年においても、まさに李氏一族の中心としてその役割を着実にはたしていたのである。なお、この時期、李世熊が唯一、泉上里を離れたのは六五年の六十四歳の時であった。それは息子の李之権とともに二月から十一月まで江西省を旅したことである。はじめに青原山浄居寺に愚者大師(著名な思想家の方以智《ほういち》)を訪ね、そこでの滞在は半年におよんだ。その後は南昌で数カ月を過ごし、さらには鄱陽湖《はようこ》・廬山《ろざん》をめぐって遊覧を楽しんだのであった。

「入山」したあとの後半生においても、李世熊と士大夫・読書人との交流は続いていた。隣の江西省の隠士との関係が、とくに際立っている。一六六二年には贛州府寧都《ねいと》県の「易堂九子《えきどう》」の一人、彭士望《ほうしぼう》が泉上里に李世熊を訪ねており、翌年には同じく「魏氏三兄弟」の末弟魏礼《ぎれい》も来訪している。また李世熊が七十歳の時には「易堂・程山《ていざん》」が、それぞれ誕生祝いに詩文を贈ってくれた」と「歳紀」には記されている。寧都の易堂とともに江西三大学派の一つであった南康《なんこう》府の「程山七子」との交流もみられたのである。

地方士大夫としての李世熊の社会空間は、四十五歳を境にした前半生と後半生とでは様相を大きく異にしている。科挙の受験や士大夫・読書人との交流を目的として福建の省内から遠くは南京・蘇州方面にまで旅をすることでかたちづくられた前者の比較的広範な世界とは対照的に、後者では寧化県・泉上里あるいは李氏一族というミクロな世界のなかで、李世熊は士人としての自覚をもちつつ地域社会のリーダーとしての役割を着実にはたしていたのである。

3　商人たちの活動

汀州府で活動する商人たち

王廷掄『臨汀考言』の「審讞」には、さほど多くないとはいえ、汀州府において各種の商人が関係した事案が残されている。①広東での「貿易」を終えた三人の山西商人（「山西客人」）が搭乗し、韓江（汀水）を汀州方面へ遡上していた乗合船が長汀県内の策田《さくでん》で停泊中に強盗に襲撃され、当該商人は銀一八〇両を劫奪されたという一件（巻一〇、審讞、「長汀県招解頼廷光等、強盗得財殺傷人」）、②上杭・永定の県境の河をはさんで上杭側にあった墟市（「集場」）が、その利益独占を狙った生員によって永定県側に移されたことで、不便を感じた豆腐売りが近くの空き地で商売をしていたところ、悪徳生員に所場代（「地税」）を要求され、かつ追い払われたという一件（巻一四、審讞、「永定県生員頼照経等、擅徙集場、私抽地税」）、③江西商人（「江西客人」）が購入した清流県の山林（「杉山」）を隣接する山地の所有者が「偽契《ぎけい》」によって詐取しようとした一件（巻一四、審讞、「清流県民伍細眼、混占黄子如山木」）、④布の仲買商（「布牙」）

が江西の布商（「江西布客」）に対する銀三〇〇両の負債のかわりに家屋を売与する契約を立てたにもかかわらず、布商側には家賃（「屋租」）がまったくはいらなかったという一件（巻一五、審讞、「江西布客県六合、告黄天衢異喪奪租」）、⑤長汀県の牙行《がこう》が十月に投宿した棉花商人から銀七七両に相当する一二包の棉花を委託販売のために借受け、代金の返済期限を翌年の一月と取り決めたが、春になっても支払いを怠ったという一件（巻一五、審讞、「長汀県民馬晋錫等、掲借周本也棉花、過期不楚」）、⑥広東の潮州商人によって移入された塩を汀州府城で販売していた零細な商店（「発売零塩之舗戸」）一七〇余軒が「潮商」の委託を受けて実際に塩を運送していた船頭とのあいだで、秤《はかり》の分銅（「秤塩鉄」）の改鋳をめぐって訴訟沙汰になって以来、訴訟や橋梁建設のためにプールしていた銀両を一部の商店（「舗戸」）が使い込んだという一件（巻一五、審讞、「長汀県民曾慶予等、那用銀両、追出造完太平石橋」）などである。

ここに提示したのはわずか六例のみであるが、身近な墟市を往来する棒手振《ぼてふ》りの豆腐売り（②）から全国を股にかけて交易する客商の山西商人（①）までもが登場しており、また汀州府という地域性からか、江西商人の活動（③④）や、潮州塩商と繫がる塩の販売店が府城には一七〇軒以上も存在していたこと（⑥）など、商人の多様な存在形態とそれぞれの活動の一端をうかがうことができる。また、李世熊が撰述した康熙『寧化県志』にも「杉」に関連して、つぎのような記述が存在する（巻二、土産志）。

以前は徽賈《きこ》が山を買い、［木材を］束ねて数千の筏を連ね、［南京附近の］瓜歩《かほ》に運び入れていたが、その利益ははかり知れないほどであった。近頃ではすべて本県の木商が搬運しており、値は以前に比べて大きく減少したが、寧化ではこの利益を享受している者が多い。

この段階では寧化県の地元商人に取ってかわられたとはいえ、山西商人とともに二大客商集団に数えられる新安商人（「徽賈」）が当地で伐採される杉木（広葉杉）の広域的な交易に従事していたことが描写されている。

福建省内の米穀流通

ところで、福建山区における商人の活動を検討しようとするならば、やはり米商人の動向と米穀の流通を福建全域のなかで考えなければならないであろう。福建の米穀事情は、華中・華南諸省のなかではもっとも恵まれていなかったといわれている。したがって、商品としての米穀は投機の対象になりやすく、米価の高騰もすべてが自然災害や作柄の不順を原因とするものではなく、その多くは買い占めなどの「人事」によるものであった。また、とくに福建最大の消費人口をかかえる省都福州における米の需要・供給の問題は、福建山区の米市場にも大きな影響をおよぼしていたのである。

十七世紀の前半、明末の崇禎年間には、福建省内の米穀の流通をめぐってつぎのような史料が残されている（周之夔『棄草文集』巻五、議、「条陳福州府致荒縁繇議」）。

福州一府は、上は延平・建寧・邵武・汀州、および［福州府内の］古田《こでん》・閩清《びんせい》・大箬《だいじゃく》・小箬《しょうじゃく》の各山・各渓の米に頼っている。すべて彼の地の商販が［閩江の］流れに順《したが》ってくだり、洪塘《こうとう》・南台の二カ所に屯集し、そうして省城の内外、および閩安鎮《びんあんちん》以下の沿海の民が購入するために供給している。

福建山区の延平・建寧・邵武・汀州の四府で生産された米穀は閩江水系をくだって洪塘・南台に搬運・集積され、そこから省城および沿海各地に販売されていた。これと類似した史料を十八世紀中葉の、すでに第一節で提示した『閩政領要』のなかにも見出すことができる(巻中、「歳産米穀」)。

福州府属の閩・侯官二県は、会城の首県である。居住民は密集しており、加えて駐屯している八旗・緑営の官兵が、一万四千人余もいる。人口は夥しいのに土地は狭く、年産の米穀は、たとえ豊作であっても、ただ当地の一季の食用に足りるだけであり、上流の客販による[米穀の]供給に頼るのみである。ゆえに南台の河畔の米船が、三日も到着しなければ、市価は必ず急騰する。

建寧府の七県、邵武府の四県は、田土の多くが肥沃であり、もとより産穀の郷といわれているが、[建寧府]浦城《ほじょう》・[邵武府]建寧《けんねい》の両県は、もっとも[産米が]豊富である。省城の食糧が欠乏にいたらないのは、すべて延・建・邵三府の余剰米の供給に頼っているからである。

すなわち、十七世紀の前半から十八世紀の中葉まで、福建の産米地区であった内陸部の延平・建寧・邵武の三府(あるいは汀州府の一部を含む四府)と米の消費地区に当たる福州府(とくに府城)のあいだには、閩江水系を媒介とした米穀流通圏が形成されていた。また福州府城および沿海地区の米の消費を支えるものとして、福州近郊に位置する洪塘・南台という二大市場(マーケット)は不可欠の存在となっており、閩江上流の米穀はここに集積されていたのである。

洪塘と南台

洪塘は、福州府城の西門を出て洪山橋を渡った先にあり、閩江が北側の白龍江《はくりゅうこう》(現在の閩江北港)と南側の烏龍江《うりゅうこう》(同じく閩江南港)に分かれる中洲の突端に近い、烏龍江側に位置していた。十七世紀の前半には「民居は鱗のように連なり、舟航は上下ともに雲集している」といわれており(『閩都記』巻一九、

現在の閩江と南台付近

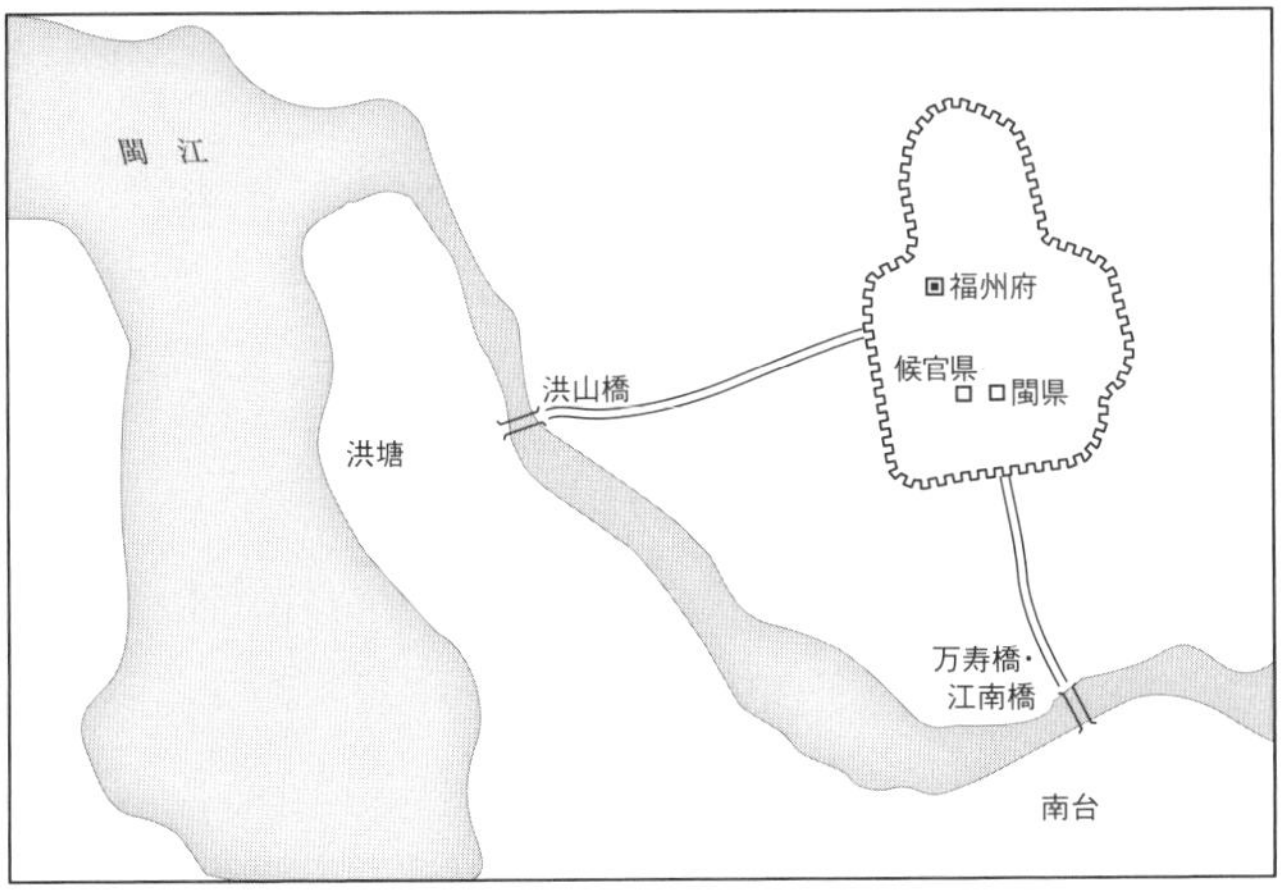

福州府城近郊略図

湖西侯官勝蹟)、また十九世紀前半の地方志にも「昔時の洪塘は、(中略)商賈が輻輳し、貿易は繁盛しており、儼然たる一商港であった」と記述されている(道光『洪塘小志』疆域)。ただし、上記の『閩政領要』には「洪塘」の文字はみられず、「南台」しか出てこないが、おそらく閩江が運んできた土砂の堆積によって、洪塘は船舶が停泊する港としての機能を徐々に喪失していったものと思われる。

　他方、南台は、府城の南門を出て南にくだり、万寿橋・江南橋を渡った先の白龍江の南岸に位置していた。明末の史料には洪塘と同様に「路地は縦横に走り、民居は鱗のように連なり、魚塩は市を成している」と書かれている(『閩都記』巻一四、郡南閩県勝蹟)。また十八世紀の中葉には「福州の商区で、魚塩や百貨が集積している。万室は櫛のように連なり、人煙は密集している。赤馬《せきば》や餘皇《よこう》と呼ばれる商船や漁舟が、つぎつぎとこの辺りに繋留されている」という記述も存在する(乾隆『福州府志』巻九、津梁)。さらに一六六二年から六年間、江西省の建昌府の推官《すいがん》(府の四等官)を務めた黎士弘《れいしこう》(汀州府寧化県出身で李世熊の弟子にあたる)の『理信存稿』にも、建昌府新城《しんじょう》県の商人が「閩の南台で貿易をおこなった」ときに宿泊した牙行の「家」(商人宿)には「客商たちが集まり、[そうした]家屋が隣接して連なっていた」という記載も見出すことができる(審語、巻中、「督部院発審、一件、勾兵詐劫事」)。南台には福建以外の地域からも多数の客商が「貿易」のために往来していたのである。

　洪塘・南台には「上四府」で伐採された木材も運ばれていた。なかでも杉木は福建を代表する商品の一つであった。米穀と同様に、木材についても崇禎初年と乾隆半ばに類似の史料が存在する。前者では当該四府の杉木がその地の「木商」によって放流され、一度、洪塘・南台に運ばれたのち、浙江の寧波《ニンポー》などのところで「発売」されていたと書かれている(計六奇『明季北略』巻五、崇禎二年己巳)。後者でも建寧府の木材が秋・冬に伐採されたのち、春の増水期に河流に順って南台に運ばれ、そこで「木客」が収買し、海運によって江蘇・浙江で販売されていたという(『閩政領要』巻中、「各属物産」)。

ところで、十六世紀末の福建巡撫許孚遠が福州府に宛てた通達のなかに、南台の商人たちが滞納していた「各項の商税」を免除するという一文が残されている。そこにはあわせて二二種類におよぶ商賈(牙行を含む)があげられており、また免除の対象となった商人の数も合計で一一七人という多数にのぼっている。ここに当該史料にみえる商人の名前と人数を原文のままで提示することにしたい(『敬和堂集』公移、「酌免商税、行福州府」)。なお人名には傍線を附した。

①黒糖出水商陳公順等五名
②杉木火板出水商呉全等六名
③生猪商陳勝等四名
④棉布商王中躍等三名
⑤三篷等船牙葉福等四名
⑥青靛倒地牙林寧等四名
⑦黄白絲牙陳泗等三名
⑧棉花過水牙呉九等六名
⑨機絹牙李朝仁等一十六名
⑩茶菜硬油出水商王俊等四名
⑪白糖出水牙林興等四名

⑫綿竹・界首・書粗・毛辺各紙出水牙黄和等二名
⑬苧牙詹世奇等十三名
⑭生熟鉄・鋼鉄牙林春等二名
⑮毛辺紙倒地牙葉九
⑯黒糖入水商梁喬才等四名
⑰磁器牙人陳台等三名
⑱水口塩牙陳椿等十名
⑲青靛出水商薛徳美等四名
⑳南台牛船牙林可等二名
㉑杉木船牙呉政等一十三名
㉒生漆牙人蒋応陽等四名

「商」(商店)が七種に対して「牙」(仲買・卸売)は一五種になる。扱われている商品は、砂糖・木材・綿布・藍(染料)・生糸・棉花・絹織物・食油・紙・苧麻《ちょま》・鉄・磁器・漆である。また商品の移動に関連すると思われる用語もみられるが、おそらく「出水」は南台から海上へ出ていく移出品、「入水」は逆に海上からはいってきた移入品、「過水」は内陸河川を経由して南台にはいってきたもの、そして「倒地」はこの地で売りに出されるものをあらわしているのではなかろうか。残された史料の偶然性もあって、ここには米穀を扱う「米商」「米牙」の類が出てこないが、十六世紀末の段階において、南台には多種多様な商品が集積され、そこでは各地から集まってきた多くの商人たちが活動していたのである。

まさしく福建の商業・流通における最大の拠点＝ターミナルを形成していたといえよう。

商人による米穀の買い占め

福建山区の汀州府が地域的に東・西の二つに分かれることは、すでに第一節でふれたところである。西側の五県が江西省の贛州府および広東省の潮州府と繋がっていたのに対して、東側に位置する寧化・清流・帰化の三県は閩江水系を通じて洪塘・南台と結びついていた。その一方で、すでに述べたように、西側の上杭・永定両県の「奸民」が「省会で貿易」していたことも、王廷掄によって指摘されている。ここでは東側の清流県（現在の三明市清流県）について書かれた史料を提示することにしたい。そこには鄧応韜《とうおうとう》が知県として在任した、明末の一六三三〜三九年の時期のことが記されている（康熙『清流県志』巻五、橋梁）。

　清流県の附郭で生産される米穀は、わずかに［当地の］半年分の食糧にしかならず、上流では黄《こう》鎖《さ》・烏材《うざい》・石牛《せきぎゅう》等の処から供給され、下流は玉華《ぎょくか》・嵩口《すうこう》・墇埠《いふ》などの処から供給され、それによって［食米を］増やしている。以前は奸商が米の買い占めをおこない、洪塘に運んで洋船に売り渡すことで、高価を貪っていた。また安沙の黠商《かつしょう》が、数多く群れをなして、青苗子銭《せいびょうしせん》を貸しつけ、麦や米が稔る時期には、田圃で［穀物を農民と］分け合い、先に嵩口で船を造って、時期がくると無理やり［船に］積み込んで出境していた。

清流県では悪徳商人（「奸販」）による米穀の買い占めがおこなわれていたが、それは米穀を福州の洪塘という、より有利な市場へ搬出することを前提としていた。まさに地理的条件が清流県と沿海の巨大な市場とを結びつけていたのである。他方、県内においては「黠富《かっぷ》は[高い]価格を利として、一家の半年の食[糧]を留め、残りは尽く儲蓄を傾けて、これを奸販に与えている」(同前、巻六、荒政)という状況も存在していた。この「黠富」こそ、佃戸から米穀を佃租として収奪する「城居地主」であったと思われる。こうした地主(「黠富」)と商人(「奸販」)との結託が米穀買い占め構造における重要な環を形成していたのである。

さらに上述の史料では、農業生産そのものに食い込む商人(高利貸)についても言及されている。近隣の沙県商人(「安沙黠商」)は清流県の小農民(その多くは佃戸であったと思われる)に対して「青苗子銭」を貸与し、収穫期には米穀による債務の回収をおこなっていた。こうして清流県の米穀は「他境」へ搬出され、結果として当地は「無米」という状況に陥っていた。康熙『清流県志』には「[米価が]高いのはまだましである。米が本境に在りさえすれば、たとえ高くても飢えにはいたらないのだから」という記述も存在する(巻六、荒政)。米価の高騰よりも米そのものがなくなることの方が、当時の清流県にとってはより大きな社会問題となっていたのである。

汀州府清流県において典型的にみられるように、福建山区で活動する米商人たちはまさに福州近郊の洪塘・南台という二大市場の存在を前提としながら、米の買い付けあるいは買い占めに奔走していた。福建山区と洪塘・南台とのあいだには、それぞれの地域の商人による緊密なネットワークが形成されていたように思われる。一世紀ほどのちのことになるが、十八世紀末には福州の「米牙」について書かれた、つぎのような史料が残されている(『李石渠先生治閩政略』)。

[米牙の]鄭端秀は、(中略)[市場を]壟断して利益を貪ろうと考え、上流の米販に通知して価格を

引き上げ、［米を］買い占めてそれを囤積《とんせき》し、［福州まで］くだってこないように命じた。各販戸は以前からその指令を聞いており、その結果、省城の糧価は急騰することとなった。閩江水系を媒介として福建山区と福州の洪塘・南台を連結する流通圏では、米商人をはじめとして数多くの商人たちが相互に連携をとりつつ活動あるいは暗躍していたのである。

4　地主と佃戸の世界

抗租と地主・佃戸関係

十六世紀の後半から十七世紀の前半にかけて、すなわち明末清初の時期に、福建の農村社会では佃戸による抗租といわれる事象が一般化していた。抗租とは、地主の田土を小作していた佃戸が地主に対して佃租(小作料)の納入を拒絶する行為をあらわしたものである。抗租には個別的・日常的に地主に対して佃租をはらわないというものから、非日常的・暴力的かつ集団的な「抗租反乱」あるいは「佃変」といわれるものまで、さまざまな形態を見出すことができる。すでに第二節で言及した汀州府寧化県の黄通の抗租反乱では、首謀者黄通が地主の佃租徴収用の量器(当地では「租桶《そとう》」という桶状のものが用いられていた)の是正をめざして「較桶《かくとう》の説」を提唱したように、その背景には地主による佃租の恣意的な収奪という事態が存在していた。すなわち、地主の側が収租に際しては一桶＝二〇升の「租桶」を使用していたにもかかわらず、米を売り出したり、貸し出したりするときは一桶＝一六升の「衙桶」を用いていたことに対して、黄通は「租桶」を一桶＝一六升にすることなどを要求したのであった。

また、十七世紀の初めに沿海の泉州府では「朝方には田圃で収穫されたものが、夕方には市場で売られている。あらかじめ約束して佃租を巨室(地主)におさめることを許さないという者がいる」(万暦『泉州府志』巻三、輿地志下)というように、佃戸の商品市場との日常的な接触のなかで抗租はおこなわれていた。この時期の抗租が、地主・佃戸関係をとりまく商品経済や市場・流通の問題と大きくかかわっていたことは明らかであるが、それと同時に、地主と佃戸のあいだの親密な関係性が失われ、疎遠なものへと変化したことも無視することはできない。

十六世紀後半に明朝の宰相(首輔)を務めた南直隷松江《しょうこう》府の徐階《じょかい》(一五〇三〜八三)は、当該時期に地主と佃戸のあいだが互いに助けあう「相資相養《そうしそうよう》」の関係から互いに憎しみあう「相猜相讐《そうさいそうしゅう》」の関係へ変化したことを指摘している(『世経堂集』巻二二、「復呂沃州」)。福建においても状況は同じであった。閩南の漳州府の地方志には、抗租が普遍化する以前は「豊作であれば業主・佃戸はともに助けられ、不作であれば業主・佃戸はともに困窮する」という記事を見出すことができる(嘉靖『龍渓県志』巻一、地理)。地主・佃戸関係が変質した要因の一つに、多くの地主が農業生産の現場、すなわち郷村を離れて城市に居住する不在地主となったことがあげられる。一般的に、こうした状況を「地主の城居化」と、またその地主を「城居地主」と呼んでいる。黄通の抗租反乱においても「城中の大戸(地主)と諸郷の佃丁(佃戸)は、互いに仇のように嫉み合っている」(『寇変紀』)といわれている。そうした地主・佃戸関係の間隙に入り込んできたのが、商人・高利貸であった。

佃戸と商人・高利貸

前節で提示した汀州府清流県における「奸販」と「安沙黠商」の暗躍による米穀買い占めの構造は、明末以降における地主・佃戸関係の変質という事態と大きく関連していた。十八世紀前半の地方志のなかに残された史料であるが、福建山区の建寧府崇安県《すうあん》(現在の南平市武夷山市《ぶいさん》)の農村社会には、つぎのような状況が存在していた(雍正『崇安県志』巻一、風俗)。

大抵、一郷のなかには、どこでも一・二の土豪がおり、[佃戸たちに]私債を貸し与えている。[佃戸が]銀を借りて穀物で返済するものを「青苗」といい、穀物を借りて同額の利息を支払うものを「生穀《せいこく》」という。ともに禁令に違反して利息を取り立てている。新穀が稔ると、[土豪は]すぐに取り立てをおこなうが、貧しい民は急場を救ってくれるのを徳として、搾取されていることを忘れている。[佃戸が]まず借りたものを償うと、穀物はすでに土豪の家にはいってしまい、田主が収租にいたっても、[佃戸のもとには]一粒[の米]も残っておらず、結局[田主は]こうした事態をどうすることもできない。

ここにみえる「土豪」は明らかに高利貸を営んでおり、佃戸に対して春先には生産資金(「青苗」)を、端境期には食糧(「生穀」)を貸し出すことで、秋の収穫期には債務の回収をめぐって、佃租の徴収をおこなう地主(「田主」)とのあいだで競合関係を形成していた。当該史料のニュアンスからして「田主」が城居していたと思われる一方で、「土豪」は「一郷のなか」に居住しており、「土豪」の方が佃戸とのあいだにより緊密な関係を構築していたといえよう。したがって、佃戸の側は地主に対する佃租の支払いよりも「土豪」に対する債務の返済の方を優先し、結果として抗租状況が現出していた。上記の引用史料のあとには「田主の課田(課税対象田)は、土豪の利藪《りそう》となっている」という象徴的な表現も見出すことができる。

他方、「土豪」の佃戸に対する高利の貸し付けがそれのみで完結していたとも思われない。地主と競合してまで佃戸から債務として取り立てた米穀は、やはり米商人と結びつくことでより有利な市場へ転売されていたと考えるのが妥当であろう。ましてや、崇安県は閩江水系(建溪→閩江)によって直接、洪塘・南台と繋がっていたのだから。

地主の城居化と抗租＝阻米

地主の城居化によって、佃租としての米穀が農村社会から持ち出されて城市に集積されるという状況は、福建の沿海地域でも確認することができる。泉州府城から西北へ晋江(藍溪)を遡上したところに位置する安溪県《あんけいけん》(現在の泉州市安溪県)について、つぎのような史料を見出すことができる(康熙『安溪県志』巻四、貢俗)。

[安溪]県から[泉州]府城までは、河を船で行くことができる。民間の田は、尽《ことごと》く府[城]の大家の手中にはいっており、[船に]米穀を積載して府[城]に運ばれることで、民間の米穀が、小作する農家[の食糧]に充てられることはない。

これは十七世紀前半の状況を記したものであるが、安溪県の田土の多くが泉州府城に居住する地主(「大家」)の所有となることで、佃租として徴収した米穀はすべて泉州府城に向けて搬出されていた。なお、ここにみえる「大家」はのちの史料では「宦家《かんか》」と表現されており、官僚・郷紳を輩出した地主の家を指すと思われる（乾隆『安溪県志』巻四、風土）。こうした状況は、福州府でも存在していた。

同じく、十七世紀前半の福州府長楽《ちょうらく》県（現在の福州市長楽市）では米の二期作がおこなわれており、晩稲の収穫は「佃戸の自給の助け」になっていた。だが、それは「もしも米穀が出境しなければ、ほぼ食糧を賄うことができる」（崇禎『長楽県志』巻一一、叢談志）というように、米が「他境」へ搬出されないことが前提条件となっていた。ここでも米穀は域外へ持ち出されていたのである。さらに「田主および有力な家で城居する者が、［佃租を蓄える］倉を外郷に設け、あるいは外県に設けている」という史料も存在する（『棄草文集』巻五、議、「広積穀、以固閩圉議」）。福州府城から閩江を少し遡ったところの閩清《びんせい》県（現在の福州市閩清県）に関係する一七一四年の小作契約書（「承佃契《しょうでんけい》」あるいは「承佃字《しょうでんじ》」といわれるもの）には、「閩清県二都の住民」である龔光六《きょうこうろく》が「福城王衙」とのあいだで「民田面三号」の小作について取り結んだものが残されている（『明清福建経済契約文書選輯』）。また「福城田主東林衙旺房」による一七三一（雍正九）年の「安佃契《あんでんけい》」（小作を承認する契約書で地主側が出したもの）も現存するが、「福城」とは福州府城のことであり、「王衙」「林衙」とは官僚・郷紳を輩出するような大地主の王家・林家を指していると思われる。福州府城と閩清県との関係においても、後者で生産された米穀は佃租として徴収され、「本境」から搬出されて前者に集められていたのである。

佃戸が地主に対しておこなう抗租には、佃租としての米穀を郷村地域内にとどめおくという側面、すなわち米穀の搬出を阻止する「阻米」としての性格もみられることに留意する必要があろう。十八世紀末の史料であるが、福建に関する地方条例を集めた『福建省例』には、つぎのような記述が存在する（巻三四、刑政、「禁服毒草斃命図頼」）。

［馮恒］裕等、省城に住む業戸《ぎょうこ》たちは、単身で郷村にいたって収租をおこなうが、（中略）［佃戸たちは］少しでも思いどおりにならなければ、租穀［の持ち出し］を阻止し、［船に積んで］川を出発することを許さない。甚だしい場合には毒草を携帯し、［業戸の］寓居にいたって威嚇をおこなう。こうした野蛮な者たちは、道理によって諭すのは難しい。

史料の標題にも書かれているように、これは王廷掄の「八ヵ条の提議」でも取り上げられた図頼の禁令にかかわるものであるが、前半の記述は、まさに抗租＝阻米をあらわす具体的な事例となっている。福州府城に居住する地主（「業戸」）馮恒裕《ふうこうゆう》らは、郷村における収租の過程で佃戸の阻米に遭遇していたのである。また、ここでは地主と佃戸のあいだが河川によって線引きされている点にも注目しておきたい。

承佃字の内容

地主と佃戸をめぐる社会空間を考えるとき、小作契約書には極めて興味深い文言が残されている。すでに部分的に提示したが、ここで取り上げる史料は『明清福建経済契約文書選輯』に収録されているものである。はじめに、典型的なものと思われる一つの文書を紹介することにしたい。時期的には一七九二（乾隆五七）年という、主題の一六八三年からすればかなりのちのものになるが、福建山区の延平府南《なん》平《べい》県（現在の南平市延平区）の「承佃字」は、つぎのような文言によって構成されている。

承佃字を取り交わした人、葉華昭《しょうかしょう》は、いま、耕作する田土が不足しているために、中保人（仲介人）に托して管後坊《かんごぼう》に居住する蔡観生《さいかんせい》のところから、小仁州□圩当□堀に所在する大小苗田一段を借りうける。毎年［佃租として］大苗《だいびょう》禾穀《かこく》七籮《ら》伍斗荘をおさめ、また本田の小苗《しょうびょう》早穀三担郷を納付する。その田を借りうけた後は、つとめて慎んで耕作し、あえて田土を荒廃させたり、その境域を水浸しにするなどのことはしない。［納付する］租穀は収穫の日をまって、良い穀物を備えて河辺まで運び、その場で籾殻《もみがら》を吹き飛ばして引き渡し、あえて［佃租額を］不足させることはしない。もしもこうしたことがあったならば、別に他の人を招いて耕作させても構わず、［その場合に］あえて［田土を］占拠することはしない。これは前もって協議し、言葉を尽くしたものである。いま、確かな根拠が必要であり、承佃字を取り交わして証拠とする。

（□は欠字）

「承佃字」は、佃戸が地主とのあいだで取り交わした小作契約書を地主の側が所持・保有するものである。その一方で、佃戸側が所持するものが上述の「安佃字」である。当該の契約書では、つぎのような事柄が記載されている。まず①佃戸の名前は葉華昭で、②地主は城内の管後坊に住む蔡観生であること、つぎに③小作する田土の所在地、④田土の種類、および⑤小作料の納入額が記されている。さらに実際に小作したのち、佃戸がおこなうべきこととして、⑥田土を良好に保つこと、⑦収穫後に佃租を納付すること、そして⑧佃租が不足した場合には佃戸の交替を受け入れることである。また、文書の末尾には「承佃字人(佃戸)」「保佃(保証人)」「代字(代筆人)」三名の名前と「花押」が記されている。このうち④⑤は、当地にみられる土地慣行に基づいた記載内容となっている。いわゆる一田両主制が成立していた場合、すでに第一節でいささか言及したように、一般的には土地の上地権を田面権といい、下地権を田底権といった。また田面・田底は、それぞれが物権として売買可能であった。④に見える「大小苗田」では大苗が田底を、小苗が田面を表しているが、ここでは田底・田面の所有主が分かれておらず、一人の地主が両方の物権を所有していたことになる。したがって、⑤では「承佃字人」である佃戸が大苗・小苗両方の佃租を地主に支払うことが明記されているのである。なお、両者の佃租額の最後につけられた「荘」「郷」とは、佃租の徴収に用いる当地特有の量器の使用を表現したものだと思われる。福建では当時、各地各様の度量衡が用いられていた。南平県の別の承佃契には「毎年［籾殻などを］吹き飛ばした浄穀四籮五斗荘桶を納める」と書かれたものもあり、寧化県の場合と同様に、桶状の量器が使われていたのかもしれない。

地主・佃戸と河川

さて、ここでとくに注目したいのは⑦の部分である。原文では「備辦好谷、送至河辺、面搧交量」と表現されているが、このわずか一二文字のなかから、つぎのような佃戸が地主に佃租を納入するときの状況をイメージすることができよう。

　佃戸は収穫した米穀のなかから良好なものを選別し、それを肩に担ぐか、あるいは台車に載せて近くの河辺まで運んでくる。そこには地主の船が停泊しており、その場で唐箕《とうみ》などを用いて粃《しいな》や籾殻を吹き飛ばし、実質的な佃租額を地主側に引き渡す。地主の方は納入された佃租を船に積み込み、その船は延平府城へ向けて岸辺を離れていく。

ある種の定型化した表現が用いられる小作契約書のなかで、佃租の納入方式について「河辺まで運ぶ」と書かれていることから、当該の郷村地域を流れる河川を介在させた地主・佃戸関係の具体的なありようとともに、そうした状況が一定の普遍性をもつものであることもうかがうことができよう。同じく南平県について、一八〇四(嘉慶九)年の承佃契では、佃租を「船のところまで運んで全額を引き渡す(送至缸上交清)」という記載が存在する。ほかの地域でも、一七五四年の福州関連の承佃契には「水[辺]に運んで納入する(送水交収)」とあり、同様に八六年のものも「谷(穀)を備えて水[辺]に運んで納入する(備谷送水交収)」と書かれている。先の『福建省例』にも「租穀」を船に積み込んで出発しようとする地主が登場していた。

さて、もっとも早期の事例になると思われるが、邵武府光沢《こうたく》県(現在の南平市光沢県)には一七三〇年の「正月初八日」という日付のある「脱佃契」が存在する。県城内の恵済坊《けいさいぼう》に居住する地主黄明光《こうめいこう》の佃戸で田面権を保有する陳仕茂《ちんしも》が地主に無断で田面を龔允瑞《きょういんずい》に売却し、それがまた湯仕饒《とうしじょう》のところに転売されたことに対して、当該の契約書は黄明光と陳仕茂のあいだの小作契約を最終的に解除することを承認するというものであった。陳仕茂→龔允瑞→湯仕饒という田面の転売に対して「皮価銀《ひかぎん》」が支払われているが、当地では田面・田底を田皮《でんぴ》・田骨《でんこつ》と呼んでいた。それと同時に、ここには新たに湯仕饒が地主黄明光の佃戸として「永遠に耕作する」ことも明記されており、あわせてつぎのように書かれている。

[毎]年納付する実租は伍石乙斗□で、[地主・佃戸双方が]対面して籾殻を吹き飛ばし、虎跳河《こちょうが》の辺まで運んで納入する。滞納してはならない。

ここでも佃租五石一斗は、佃戸によって「虎跳河の辺まで運んで納入する(送至虎跳河辺交収)」ことになっていた。やはり佃租の納入は河辺でおこなわれていたのである。

華中・華南地域では、中華人民共和国成立後の一九五〇年に始まる土地改革によって「地主的土地所有」は廃絶されたが、その際に農村社会に数多く残されていた土地売買や小作などの契約文書類が廃棄・焼却され、現存するものは極めて限られたものでしかないといわれている。『明清福建経済契約文書選輯』には地主・佃戸関係をめぐる全二〇四点の「租佃文書」が収録されているが、ただそのすべてが十八世紀以降のものであり、康熙年間のものはわずか二点のみで、雍正年間のものも一一点しか載せられていない。

十六世紀後半以降に展開した地主の城居化と佃戸の抗租、あるいは福建に特殊な生産・流通構造にともなう米穀の「他境」への搬出と「本境」における米不足の出来という状況を勘案するとき、十七世紀後半という時代においても、地主と佃戸のあいだで佃租の遣り取りがおこなわれる郷村の河川は両者を截然《せつぜん》と隔てるものとなっていたのであり、河川によって分断された二つの空間は地主・佃戸それぞれの世界を象徴しているといえよう。

5 社会空間の重層性

それぞれの社会空間

今村仁司が述べるように、社会空間が「人間たちの社会的行為または相互行為に帰着する」ならば、それ自体は歴史的に生成されるものであり、多様な人々が相互に交差・連関しながら線引きされ、区切られていくものであろう。ここでは福建省という限定された地域・空間のなかで西部辺境に位置する汀州府を中心に、十七世紀後半という「転換期」に相応する時代を扱ってきたが、この地域で生きていた、あるいはさまざまな活動をおこなっていた人々にとって、それぞれの社会空間は転換期にふさわしい劇的な変化を遂げるというよりは、むしろそれまでの時代を継承するかのように展開していたと思われる。

中国という広大な領域を統治する政治の世界において、一六四四年には明から清への王朝交替があり、漢民族の王朝から満洲族のそれへと転換したとはいえ、地方社会における官僚のヒエラルキーは総督・巡撫を頂点とする省レベルから知県による基層の県レベルまで、明朝以来の統治制度は継承されていた。十七世紀の末に福建の汀州府に知府として在任した王廷掄にとって、皇帝によって派遣された府の領域は、それ自体が知府としての政治空間をなすと同時に、社会空間をも構成していたことはいうまでもない。だが、この時期の汀州府に固有の社会問題は、王廷掄に府を超えた空間認識を強要していたといえよう。水系という自然的環境によって東・西に二分されていた汀州府は、西側においては韓江水系を媒介として南の広東省潮州府および隣接する北の江西省贛州府と結びついていた。他方、東側は福建山区のほとんどの地域を包摂する閩江水系の末端に位置しながらも、省都福州とはじかに繋がっていた。とくに前者の空間は、知府として、糧食である米穀を確保するという日常的な課題を解決するために否が応でも認識・考慮しなければならないものだったのである。

地方士大夫としての李世熊にとって、自らが行動する空間は一六四六年の四十五歳の時を境に決定的な変化を遂げることになる。それはまさに明清交替という転換期にふさわしいものだったといえるのかもしれない。彼の前半生は、科挙の受験あるいは士大夫・読書人との交遊を目的として、福建省内はもとより広東の東部や江南の南京・蘇州方面への旅によって鮮やかに彩られており、行動の範囲はマクロな広がりをみせていた。ところが、それとは対照的に「入山」後の後半生は、郷里の汀州府寧化県泉上里というミクロな空間のなかで地域社会のリーダーとしての役割をはたしながら存在していたといえよう。李世熊の人生は、一方では転換期という時代に翻弄されたともいえるが、他方では李世熊個人の資質によって選択されたものであり、結果として、李世熊は「明の遺臣」と称されることになったのである。

十七世紀後半における商人や地主・佃戸の世界は、十六世紀の後半から継続する社会的・経済的な変化のなかで展開していた。

福建の山区で活動する商人たちは、省都福州近郊の洪塘・南台という二大市場をターミナルとする、閩江水系に媒介された商業・流通圏に包摂されるとともに、それ自体に大きく規定されていた。そこには福建山区の各地を起点として福州を終点とする社会空間が閩江水系によって形成されていたということになる。それは逆に、福州を起点として福建山区の各地に向けて放射状に展開するものでもあった。福建における米穀の生産・流通・消費という一連の経済活動を例にとるならば、福州の「米牙」と山区各地の「米販」とのあいだに取り結ばれたネットワークを通じて米穀は山区から福州へ搬運されると同時に、生産の現場にかかわる地主と佃戸をも巻き込むかたちで投機の対象とされていた。大量の米が福州周辺に集積される一方で、生産地には「無米」の状態がもたらされていたのであり、それが山区の社会問題を醸成していた。

土地の貸与と佃租の徴収を通じて形成される地主と佃戸の関係も、つまるところ福州の米市場に規定されていたといえよう。明代後期以降に展開した地主の城居化は、地主と佃戸のあいだを極めて疎遠な関係へと変質させていた。また、農村における商業化の波は、商人と地主の結託による米穀の買い占めという事態をもたらしていたが、その一方で、佃戸の生産物＝米穀をめぐって商人・高利貸と地主のあいだでせめぎあう状態をも生みだしていた。そうした複雑に絡みあった社会的・経済的状況のもとで、佃戸の地主に対する日常的な抗租が展開していたのである。現存する十八世紀以降の「承佃契」「承佃字」という小作契約書からは、郷村の河川によって截然と線引きされた地主と佃戸のあいだで異なる、ミクロな社会空間の存在を読みとることができる。河川を通じて郷村から城市へ地主の船によって運ばれた佃租＝米穀も、最終的には、福州をターミナルとする広範な米穀流通市場と結びついていたのである。

福州に収斂する社会空間の重層性

こうしてみてくると、汀州府知府である王廷掄、同府寧化県出身の地方士大夫李世熊、福建山区で活動する商人たち、さらには地主と佃戸など、それぞれの異なった社会空間は、とどのつまり福建の省都である福州に向けて収斂《しゅうれん》しているように思われる。それは同時に、福州を起点＝終点として重層化した多様な社会空間の存在を福建省という地域の特徴として見出すことでもあるといえよう。

福建省全体からみれば、かなりの地域をカバーする閩江水系に媒介された商業・流通圏によって直接的に規定された商人の世界、あるいは当該の流通圏の末端に定位された地主・佃戸の世界はもとより、李世熊に代表される地方士大夫・士人層も科挙（郷試）の受験や相互の学問的交流を通じて福州と結びついていた。当然のように、福建の地方官のヒエラルキーにおいても、その頂点に位置する総督・巡撫をはじめ、布政使・按察使《あんさつし》という省全体の財政・司法にかかわる長官クラスの衙門は福州におかれていたのであり、福州から八府一州へ、さらには府・州から各県へ、福建全域を統治するための政治的力は波及していたのである。

汀州府武平県の地方志として一六七二年に編纂された康熙『武平県志』には、第一節でも取り上げた図頼について、各レベルの地方官による公文書が収録されている(巻一〇、芸文志)。そこには王廷掄の「八ヵ条の提議」における図頼の条項とほぼ同内容の「諮問された利弊のこと」と事書きされた通達文書が「康熙三十七年二月初八日」という日付でおさめられているが、さらに同年の「伍月初十日」には「再び人命に託《かこつ》けた図頼を厳禁して、悪辣な風潮を杜《と》ざし、そうして民生を安んずること」という通達も出されていた。これらの文書をうけたと思われるのが、連城県の知県で当時、武平県の代理知県を兼ねていた趙良生《ちょうりょうせい》による同年十二月付の「人命に託けた図頼を厳禁し、そうして善良[な民]を全うすること」という布告である。一方、王廷掄の二月の文書は「康熙三十六年十二月初十日」に福建布政使の「憲牌《けんぱい》」(通達)をうけたものであったが、その「憲牌」自体も福建按察使との協同であげられた「詳文《しょうぶん》」(上申書)に対して総督・巡撫の「批」(裁可)を得たものであった。さらに当該の「詳文」は「利弊を興改する八条について、所属[の機関]に通達し、一体で命令どおりに取り締まること」と書かれており、結局は「憲台」(布政使か)の諮問をうけた王廷掄の答申「八ヵ条の提議」へとたどりつくのである。おそらくは布政使→汀州府知府→布政使・按察使→総督・巡撫→布政使→汀州府知府→武平県知県という流れで図頼を禁止し、取り締まるための公文書は行き来していたのであり、まさに前近代中国の文書行政の煩雑性を反映したものであるが、こうした事例は福建省では福州を頂点として往復する地方行政の世界を垣間みせてくれると同時に、それはまさに一六八三年に近似した時期を汀州府知府として在任した王廷掄にとっての政治的・社会的空間の一部を構成していたといえよう。

五章 近世西欧諸国のアメリカ植民地体制における法と経済

川分圭子

1 近世西欧における植民地・貿易・法の関係

重商主義の諸法と植民地貿易規制

一六八三年は、ルイ十四世が親政にはいって以来フランスの海軍大臣および財務大臣(財務総監)を務めていたジャン・バプティスト・コルベールが死亡した年である。コルベールは、王立マニュファクチュアとよばれる国家主導の織物やガラス、陶磁器工場を設立したほか、東インド会社、西インド会社、セネガル会社、レヴァント会社などの特許貿易会社を設立し、アジア・アフリカ・アメリカなど非ヨーロッパ地域との貿易や植民地形成に力を入れ、コルベルティスムとも呼ばれる重商主義政策を展開したことで知られる。これらの政策は、コルベールの死亡をもって停止したわけではない。国内産業育成、海外貿易の重視、植民地貿易の独占といった政策は、コルベールの息子セニュレ侯、ポンシャルトラン伯やその孫のモールパ伯によって、海軍大臣や財務大臣ポストとともに継承されていく。

同様の重商主義政策は、大航海時代以来十九世紀の自由貿易の時代まで、フランスだけでなくスペインやイギリスなど非ヨーロッパ地域に進出した西欧諸国に典型的にみられたものである。ただ日本では、重商主義は重金主義や貿易差額主義などの貿易理論として解説されることが多く、植民地の問題とは十分関連づけられてこなかった。しかし実際には、重商主義の諸法律は植民地貿易を規制するために向けられている。

そこで本章では、イギリスを中心に、近世の西欧諸国の植民地貿易政策を考察する。本章のテーマは「法と経済」であるが、貿易政策にはもっとも端的に法と経済の結びつきがあらわれる。近世では貿易を規制した法は、議会制定法や、国王の諮問会議から発せられる法令（イギリスでは枢密院〈Privy Council〉が発する枢密院令〈order in council〉、フランスでは国王顧問会議〈Counsel du Roi〉が発する裁定〈arrêt〉）、各国から植民地総督や税関役人、海事裁判所に発せられる命令（instruction）、各国間の条約などであった。もっとも近世期において議会が十分に機能していたのはイギリスのみであり、ゆえにイギリスのみが議会制定法という手段で貿易政策をつぎつぎと法律化していった。イギリスのこれらの法は、航海法（Navigation Acts / Laws 航海条例とも訳）と呼ばれる。

航海法は、イギリスとヨーロッパ諸国との貿易や、植民地化されていないアジア・アフリカ・アメリカとの貿易も規制していたが、その最重要部分はイギリスと英領植民地との貿易であった。航海法によって規制されていた時代の植民地体制は「旧植民地体制」と呼ばれ、二十世紀初頭にビア、ギプソン、アンドリュウズなど帝国学派のアメリカ人研究者が熱心に研究した。日本でも、宇治田富造、四元忠博、熊谷次郎、笠井俊和らが植民地・重商主義・航海法の関係性を指摘してきた。ただ日本では、「旧植民地体制」という用語を使用する研究者は少なく、それが意味していた航海法体制下の植民地貿易体制についても理解が浅くなっている。

しかし、旧植民地体制はイギリスだけの現象ではなく、自由貿易時代以前の西欧の植民地貿易すべてに類似の制度があった。フランスでは、イギリスの旧植民地体制に相当するものは「植民地独占体制(l'exclusif)」あるいは「植民地協定(le pacte colonial)」と呼称されており、スペインにも同じ言葉で同種の体制があった。イギリスの「航海法体制」「旧植民地体制」、スペイン・フランスの「植民地独占体制」「植民地協定」は、この時期の西欧に共通する重商主義思想の具体的あらわれとして、比較研究されるべきものである。

同義としてのアメリカ／コロニー／プランテーション

重商主義期の西欧の植民地は、ほぼアメリカ植民地を意味することにも、留意しておくべきである。この時期にはアジアやアフリカの植民地化はほとんど進展しておらず、植民地(colony または plantation)といえば、ほぼ南北アメリカ大陸およびカリブ諸島のことを意味していた。プランテーションが植民地の意味で多用されたことは、当時植民地として第一にイメージされたのは商品作物を栽培する農場であったことを示している。

以下、十八世紀半ばくらいまでのアメリカ世界を概観しておこう。まずスペインは、ヌエバ・エスパーニャ副王領(メキシコ)とペルー副王領により北米大陸中部・西部から中米全域、南米大陸西半分の広大な地域を領有しており、将来的にヌエバ・グラナダ副王領となっていくコロンビアなど南米北岸地域や、内陸のボリビア、リオ・デ・ラプラタ副王領となる大西洋側のブエノスアイレス周辺地域も、人口が増加し繁栄しつつあった。またカリブ諸島では、大アンティール諸島のうちキューバ、プエルトリ

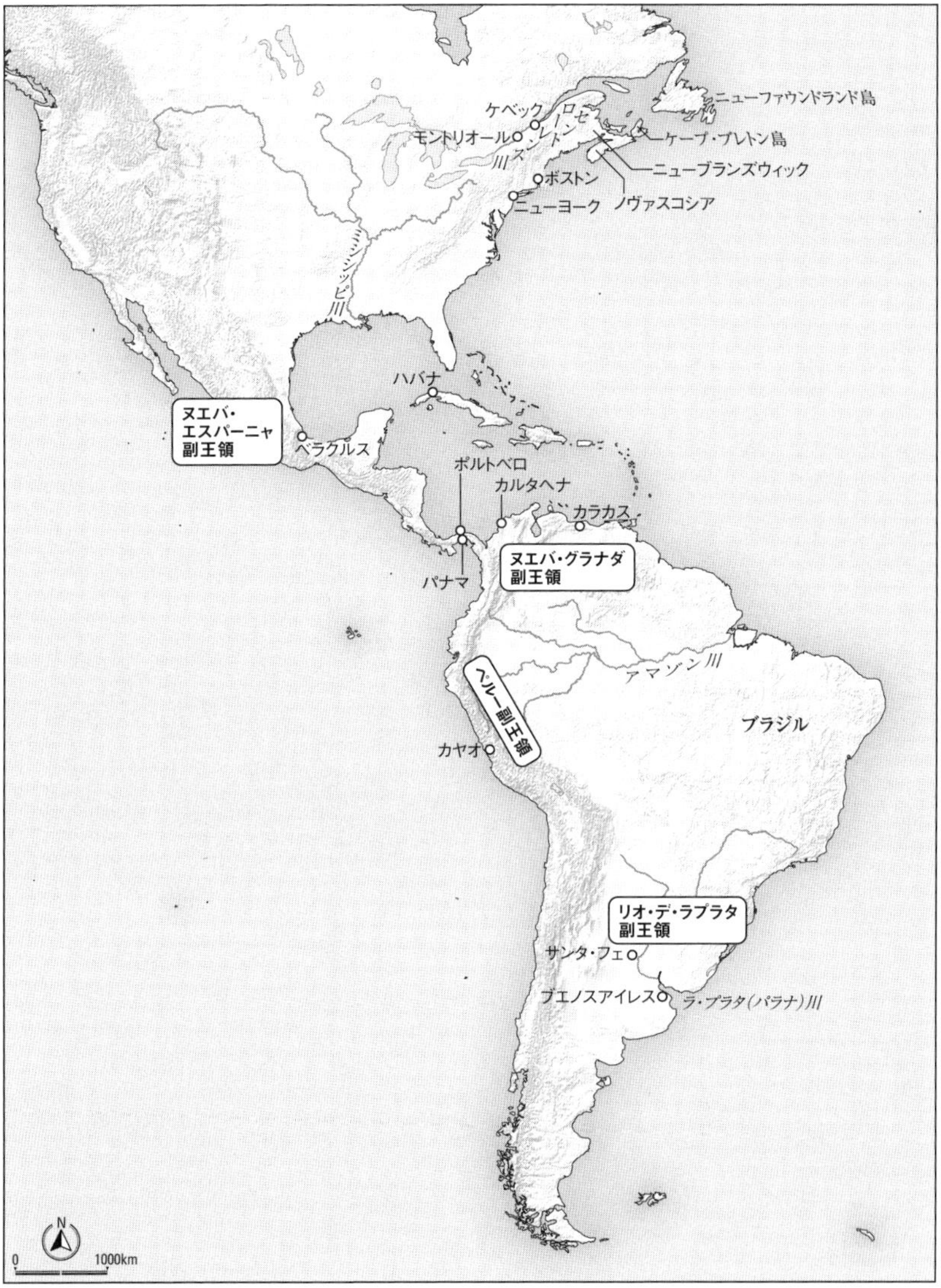

植民地期の南北アメリカ

コ、イスパニョーラ島の東半分(サント・ドミンゴ)を保有していた。ヌエバ・エスパーニャ副王領にはフィリピンが含まれ、太平洋をはさむメキシコとの交易がおこなわれていた。一方ポルトガルは、一六四〇年にスペイン支配から脱した後、オランダが侵略していたブラジル北部を回復してアジアよりもここに関心を集中し、十七世紀末にはトルデシリャス条約で定められた領域よりも西方内陸部に進出していた。

他方、イギリス、フランス、オランダ、それだけでなくデンマークやスウェーデンも、十七世紀には、スペイン支配の徹底しない北米大陸北東部や、カリブ諸島の小島嶼《しょうとうしょ》地域(小アンティール諸島)、南米大陸北東沿岸地域(ガイアナ、ギアナ、スリナムなど)へ勢力を展開した。イギリス、フランス、オランダは一六二〇年代には小アンティール諸島に入植したが、イギリスとフランスは一六五〇年代には大アンティール諸島にも進出し、イギリスはジャマイカを、フランスはイスパニョーラ島西半分を獲得、十七世紀末にはスペインにその領有を認めさせている。英領では、こうしたカリブ諸島の奴隷制砂糖プランテーションとともに、北米東海岸に白人植民地が順調に成長し、後者の生産する食糧や森林資源が、砂糖生産に特化した前者を支える構造ができあがった。一方フランスでは、十八世紀以降カリブ諸島の砂糖生産は英領を大きく上回る生産性を示したが、北米では、セントローレンス川流域から五大湖、ミシシッピ川流域(ルイジアナ)と広域に展開したものの、その人口・農業生産力はあまり増大せず、イギリスのように仏領アメリカ域内の自給自足の構造は完成しなかった。オランダは、十七世紀初頭に現ニューヨーク州周辺にニューネーデルラントを築き、小アンティール諸島、ブラジルを含む南米東北部、ベネズエラ沖のＡＢＣ諸島(アルバ、ボネール、キュラソー島)に進出し、また各外国領植民地とヨーロッパとの貿易や植民地間交易、アフリカからの奴隷輸送に活躍した。オランダは、一六六〇年までにブラジルからは駆逐され、十七世紀末には英蘭戦争と仏蘭戦争ののち、大半のアメリカ領土を喪失するが、シント・ユースタティウス島やキュラソー島などわずかに残ったオランダ領は、無関税の自由港として諸外国に開かれ、スペイン領や英領、仏領植民地は本国の貿易規制を犯してここをさかんに訪れた。デンマーク、スウェーデンも英仏蘭に準ずるようなアメリカ進出をおこなったが、十八世紀末にはデンマークはヴァージン諸島の一部、スウェーデンは小アンティール諸島のサン・バルテルミ島のみを領有しており、これらもこの時期は自由港として外国船を受け入れた。

アメリカ世界の植民地体制の大きな転機は、一七六三年の七年戦争終結、一七七〇年代から一八二〇年頃にかけてのアメリカ合衆国・ハイチ・ラテンアメリカ諸国独立である。この半世紀のあいだに、特権商人・特権貿易会社による植民地貿易独占や、本国による植民地貿易独占、各国領土内自給自足と外国製品排除といったやり方は維持できなくなり、重商主義的植民地体制から自由貿易体制への移行が必然となる。

本章では、イギリス「旧植民地体制」を中心に、フランスやスペインの植民地貿易体制にも言及しつつ、経済をめぐってどのように法が制定され、それが実際の経済を形成していくのかを考える。まず第二節では、十七世紀に制定されたイギリスの五つの航海法とそれによって成立した「旧植民地体制」を解説し、第三節では同時期のフランスやスペインの植民地貿易体制をイギリスとの関係でみていく。第四節では、重商主義的植民地体制の崩壊と自由貿易化の過程をたどる。

なお本章で扱うイギリスの議会制定法には、空位期の一六五一年法以外、通常の引用の仕方に従い、

西インド（カリブ）諸島と周辺地域（国境は現在のもの）

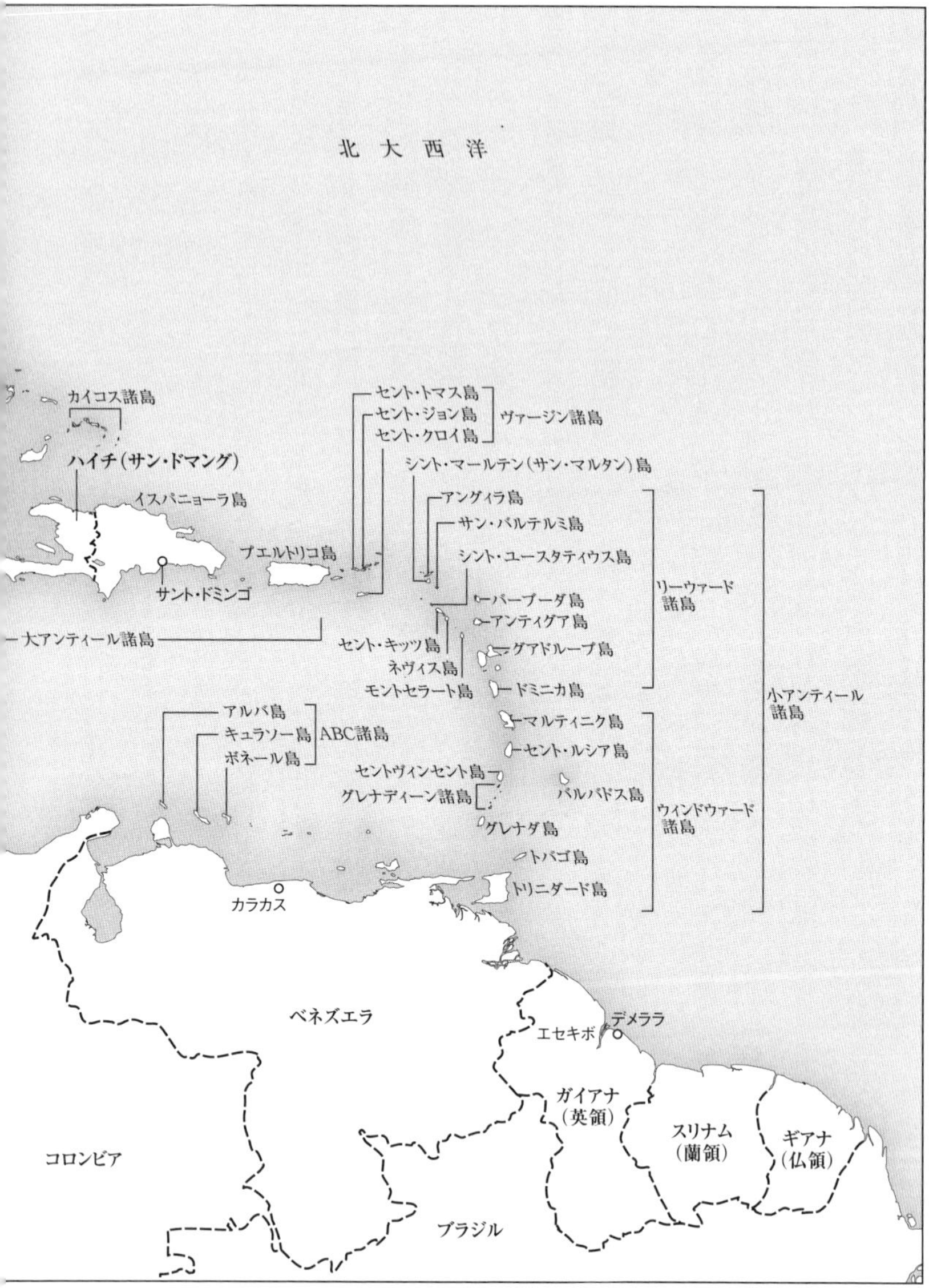
北大西洋
カイコス諸島
ハイチ（サン・ドマング）
イスパニョーラ島
サント・ドミンゴ
プエルトリコ島
大アンティール諸島
セント・トマス島
セント・ジョン島
セント・クロイ島
ヴァージン諸島
シント・マールテン（サン・マルタン）島
アングィラ島
サン・バルテルミ島
シント・ユースタティウス島
バーブーダ島
アンティグア島
セント・キッツ島
ネヴィス島
グアドループ島
モントセラート島
ドミニカ島
リーウァード諸島
マルティニク島
セント・ルシア島
セントヴィンセント島
グレナディーン諸島
バルバドス島
グレナダ島
トバゴ島
トリニダード島
ウィンドウァード諸島
小アンティール諸島
アルバ島
キュラソー島
ボネール島
ABC諸島
カラカス
ベネズエラ
デメララ
エセキボ
ガイアナ（英領）
スリナム（蘭領）
ギアナ（仏領）
コロンビア
ブラジル

ルイジアナ
フロリダ
ニュープロヴィデンス島
バハマ諸島
ナッソー
メキシコ湾
ハバナ
キューバ
ユカタン半島
カンペチェ
ベラクルス
サンチャゴ
ケイマン諸島
モンテゴ・ベイ
ジャマイカ
キングストン
アカプルコ
ベリーズ
(英領ホンジュラス)
カリブ海
カルタヘナ
ポルトベロ
パナマ
N
0
500km

国王治世年・法律番号を付す。

2　イギリスの航海法と旧植民地体制

一六五一年航海法

イギリスでは、広義の航海法、つまり航海や貿易を規制する議会制定法は、十四世紀以来十九世紀まで数百以上にわたって制定されている。しかし狭義には航海法は、十七世紀後半に重商主義思想を基盤として策定された一六五一年、一六六〇年、一六六三年、一六七三年、一六九六年の五つの法を指す。またこの五法のなかでももっとも重要なのは、植民地の主要生産物を本国のみに輸出することを強制した一六六〇年法であり、単数形で航海法といえば、通常この法を意味する。日本の高校教科書では、航海法として一六五一年法のみを取り上げているので、この点課題を残している。一六五一年法には、航海法の中心的内容となっていく植民地貿易規制がまだ盛り込まれていないため、これが日本において、航海法および重商主義と植民地貿易の関係の深さが理解されない原因となっている。

以下では、まずこの五つの航海法を順に取り上げて内容を紹介する。このような作業は、すでに日本でも宇治田や四元、笠井によって十分におこなわれてきているが、本章の行論上重要なので、ここでもおこなっておきたい。

一六五一年法は、清教徒革命による軍事・外交的緊張や、漁業と東西インド貿易におけるオランダとの対立の結果、オランダ船をイギリス海外貿易から排除することを主目的として策定された。同法の第一条は、アジア・アフリカ・アメリカ(植民地、非植民地地域両方含む)産生産物・製品を、英領内(同法ではアイルランドや植民地を含む)に輸入する際には、イギリス船(植民地船を含む)で輸入すべきこと、第二条は、ヨーロッパ産生産物・製品を英領内に輸入する際には、生産国船または最初の積載地船により輸入するべきことを、規定する。また第四、五条は、魚および鯨・鯨製品について、英領内には、イギリス船で捕獲し加工したもののみを輸入するべきこと、輸出する際にはイギリス船でのみ輸出すべきことと規定する。第八条は、イギリス人がイギリス船でスペインとポルトガルの港で両国の植民地からの輸入品を積み込むことを、合法とする。第九条は、イギリスの沿岸交易における外国船の禁止を規定する。最後に、第六、七、一〇、一一条は、レヴァントや東インドからの輸入、金銀、戦利品、生糸絹製品はイギリス船でおこなわれる限り同法の制限は適用されないと、規定される。

同法の第一の特徴は、輸出ではなく、イギリス(領)への輸入のみを取締りの対象としていることである。非ヨーロッパ地域からの輸入は、基本的にイギリス船のみに許可される。ヨーロッパからの輸入は、イギリス船あるいは生産国(または最初の積載地)船である。以上の規定で、オランダの中継貿易が排除される。ただ、特許貿易会社が存在するレヴァント・東インドからの輸入と、イタリア産生糸・絹製品、金銀などイギリスがとくに必要としていた物資、および戦利品に関しては、中継地を経由することが認められる。またスペイン領・ポルトガル領植民地物産(銀も含まれる)も、植民地からの直接貿易だけでなく、スペイン・ポルトガル本国の港からの輸入も合法とする。このほかには、イギリス沿岸交易と漁業からの外国船排除の規定がおかれるのみである。

一六六〇年法

一六六〇年法(12 Car. II. c.18)には、一六五一年法の内容のほかに、①イギリス船の定義の明確化、②ヨーロッパからイギリス本国に輸入する際に使用する船舶制限の緩和、③植民地主要生産物の本国への輸出強制(本章では列挙品目政策と呼称する)の三点が加えられた。このうち①は一六五一年法の補強、②は植民地貿易には関係しないが、③は旧植民地体制の根幹的制度となり、一八二二年まで維持される。

①イギリス船の定義の明確化については、同法はイギリスにアイルランドを含めること、イギリス船に英領植民地船を含めることを確認し、さらにイギリス船とは、所有者・船長・船員の四分の三がイギリス人(植民地人含む)であり、トルコ貿易についてはとくにイギリスで建造されたものであること(第一、三、六、七条)、外国船を取得しイギリス船とする際には、船の持ち分所有者全員が税関役人に宣誓し保証書を得ること、またその保証書を各港湾の税関が保管すること(第一〇、一一条)とする。スコットランドは外国として扱われるが、スコットランド産の小麦と塩およびスコットランド船で輸送され加工された魚には外国船税(Alien duty)を課税しないと定められる(第一一条)。

なお以上のイギリス船・イギリス人の規定はまだ不明確であったため、補強のために一六六二年に詐欺防止法(Statute of Fraud, 14 Car. II, c.11)が制定される。同法は、イギリスにはイングランド&ウェールズ&ベリック・アポン・ツィード(以下ベリックと略)とアイルランドおよび植民地を含み、チャネル諸島やマン島、スコットランドは含まないこと、イギリス船は原則として英領内で建造した船を指すことを規定した。スコットランドの海外貿易にはオランダ船が多用されていたため、一七〇七年合同まではイギリスの植民地貿易からスコットランドを排除することが政策的に重視された。

②ヨーロッパからイギリス本国への輸入に使用する船舶制限の緩和。一六五一年法はヨーロッパからの全輸入についてイギリス船または生産国(最初の積載地)船を用いることを規定していたが、一六六〇年法では特定の製品・生産物のみにこの船舶制限を限定する方針にかわった。ハーパーは、この緩和によって、一六六〇年以降はヨーロッパからイギリスへの輸入はかなり自由化されたと述べる。ここで特定されるヨーロッパ製品・生産物も列挙品目(enumerated goods)と呼ばれたので、つぎの③で扱う英領植民地生産物の輸出制限の話と混同しやすいが、現在の歴史研究では後者の方が列挙品目の名でよく知られているので、本章でも後者のみを列挙品目と呼ぶことにする。

イギリス船・生産国(積載地)船使用を強制されたヨーロッパ製品・生産物は、全ロシア産商品、全トルコ産商品、海軍軍需物資(タール・ピッチ・ロジン・麻・亜麻・帆柱)、ポタシュ(炭酸カリウム)、木材・製材、外国産塩、乾燥果物(レーズン・カラント・イチジク・プルーンなど)、オリーブ油・穀物・砂糖・ワイン・酢・蒸留酒(アクアヴィタエ・ブランデー)で、イギリスのヨーロッパからの輸入の五割前後を占めた。これらの品目が特定された理由は、かさ高商品でイギリス船舶利害に貢献する、ワイン輸入に対する伝統的規制の維持、海軍軍需物資などの必需品の確保、特許貿易会社(ロシア会社・イーストランド会社・レヴァント会社)や友好国ポルトガル商人の保護などであった。

一六六〇年法第九条は、以上のヨーロッパ輸入品が外国船(生産国や積載地船)で輸送される場合には外国船税を課すことを定めている。この外国船税は、イギリス船使用を優遇する特恵関税としての機能をはたした。

③植民地主要生産物の本国のみへの輸出強制政策(列挙品目政策)は、輸送をイギリス船が独占するこ

ととは別の独占、すなわち植民地重要生産物の独占という新しい目的を導入した。これこそがイギリス植民地体制の根幹となる政策であり、それゆえに一六六〇年法は、もっとも重要な航海法と考えられている。第一八条は、アメリカ・アジア・アフリカ産の「砂糖・タバコ・綿花・インディゴ・生姜・ファスティックその他の染料木」は、イギリスか英領植民地以外のどこにも輸送してはならないと定めた。アメリカ・アジア・アフリカ産とはいっても、以上はすべてアメリカの生産物で、タバコ以外はカリブ諸島産であり、アメリカ植民地の生産物がとくに重視されていたことは明らかである。列挙品目政策のねらいは、こうした植民地重要生産物を本国に集中させ本国をその中継貿易港とすることにあり、また重要生産物のイギリス領土内での自給化やそれを使った本国製造業の振興も目標とされていた。インディゴ・綿花・生姜(胡椒の代替材)の指定は、東インドからの同種の作物の輸入量を抑制することがねらいであり、砂糖・タバコ・染料は、それらの加工業や繊維産業の振興が目されていた。

列挙品目の本国のみへの輸出を厳守させるためには、すべての船の船荷・航路・目的地を調べ固定する必要があり、そのための制度もつくられた。第一九条は、イギリスからアジア・アフリカ・アメリカの植民地に赴く船は積載地の税関に保証人(surety)一名をつけた保証書(bond)を提出し、積み荷の量に応じて一定金額を積載地の税関に供託すること(一〇〇トン以下は一〇〇〇ポンド、それ以上は二〇〇〇ポンド)、これらの船が列挙品目を積載する場合には海上の危険のない限りイギリスにそれら品目を運ぶこと、英領植民地間を航行する船も列挙品目を積載している場合には上記と同様の保証書・供託金を提出すること、総督はこれらの保証書の写しを年二回ロンドンの税関に提出することを、定めた。同法第二条は、アジア・アフリカ・アメリカの英領植民地において外国人が商人または代理商になってはならないことも定めた。

一六六三年法(市場法)

以上のように、一六六〇年法は植民地の輸出に関して、本国経由の原則(列挙品目政策)を確立したが、一六六三年法(15 Car. II. c.7)は、植民地の輸入に関して、やはりイギリス本国経由の原則を打ち出す。同法第四条の「本王国(イギリス)を、植民地の物産だけでなく、そこに供給されるほかの国や地域の物産についても指定取引所(staple)とするためである。ほかの国家も、自分たちの植民地や通商を自分たちのものにとっておくのが慣例である」という文言は、本国を植民地の全貿易活動の中継地とすることが目標であることを、明確にいいあらわしている。またここでは、ほかの国家も同様のことをしていると述べられている。本国が全植民地貿易のハブとなることは、近世西欧諸国の植民地体制共通の目標であったのである。

一六六三年法のほかの重要な特徴は、イギリスの範囲内からアイルランドを排除したことである。アンドリュウズは、これは、この前年にアイルランドがアイルランドにおける砂糖とタバコの輸入関税をイングランドの半額にしたためであったとしている。イギリスは、さらに一六七一年法(22 & 23 Car. II. c. 26)により、一六八〇年までにすべての列挙品目輸送の保証書の目的地からアイルランドを除外することを定めることで、アイルランド排除を完全なものとした。列挙品目輸入からのアイルランド排除は、じつに一七八〇年まで維持される。

ただ一六六三年法は第五条でいくつか例外を設けた。その例外は、ニューイングランドとニューファウンドランドの漁業に用いるヨーロッパ産塩と、生産地で積載されるポルトガル領マデイラ諸島およびアゾレス諸島産ワイン、スコットランドとアイルランドで積載される年季奉公人と馬、スコットランド・アイルランド産食糧である。

第六条では、植民地に輸入する際の手続きが定められる。陸路で商品を植民地へ輸送した者は二四時間以内に商品リストをもって植民地総督のもとへ出頭すること、海路の場合は船長が総督に到着を報告するまで船荷の陸揚げ・積載をおこなわないこと、また船長は船がイギリスに所属し船長と船員の四分の三がイギリス人であることを証明する証書と、船荷の品目・積載地を明記したリストを提出することなどが、定められている。第七条は、一六六〇年法が規定する列挙品目の植民地から外国(領)への輸出禁止を繰り返す。第九条は、貨幣または金銀なしでは有利な通商はできず、貨幣や金銀は「経験上明らかに、自由に輸出できる場所にこそもっとも大量に集まる」と述べた後、「イギリスにおける通貨量を維持し増大させるために」、外国貨幣・金銀のイギリス外への持ち出しに自由を認める。第一三条は、漁業における外国船使用の禁止を繰り返す。第一五、一六、一七条は、別な法ですでに禁止されていたイギリスにおける医療用農園以外のタバコ栽培禁止についての条項である。

一六七三年法

一六六〇年法と一六六三年法によって、本国を全植民地貿易の中継地とする重商主義的植民地貿易体制は完成した。しかし両法には、イギリスの範囲内に植民地を含めた結果必然的に発生する欠陥があった。植民地の主要生産物である列挙品目は、イギリス本国に送られた場合は、そこで輸入関税を支払い、ヨーロッパへ再輸出の際もこの関税は半額しか払い戻されなかったため、その分高価格でヨーロッパ市場において販売された。しかし、列挙品目が、本国ではなく英領植民地に輸送される場合には、その植民地政府が課すわずかな税しか払わずにすみ、そこからヨーロッパに再輸出されると、本国経由より圧倒的に有利となった。実際英領西インド産の列挙品目がニューイングランドに輸送され、そこからニューイングランドの船舶や外国船によりヨーロッパ向けに再輸出されることは、普通におこなわれていた。

この欠陥を補うため、一六七三年のグリーンランド・イーストランド貿易促進法(25 Car.Ⅱ, c.7)では、第五条で、植民地から植民地に品物が輸送された場合でも本国に輸送されたのと同率の課税をおこなうことを定めた。同法のなかでは、列挙品目が植民地から植民地に無関税で輸出され、そこからヨーロッパへ外国船で大量に輸出されており、それによってイギリスの関税収入と通商・海運に多大な損害が起こっているという苦情が述べられている。対策として、列挙品目を積載しているがそれをイギリス本国に運ぶという保証書をもたない船は、積載地で一定額の納税をおこなうことが定められた。この税金は、その後植民地輸出税(Plantation duties)という名称で呼ばれるようになった。第六条はこれが植民地政府の課税ではなくイギリス本国が課し、本国に納入される税金であることを言明し、第七条は貨幣がない場合は物納でもよいとした。

この一六七三年法の後にも、問題が残される。それは、ある植民地から別の植民地に運ばれた列挙品目をヨーロッパに再輸出してよいかどうかという問題である。ニューイングランド商人たちは、英領西インドからイギリス本国に運ばれた列挙品目が輸入関税支払い後ヨーロッパに再輸出できるのと同様に、英領西インドからニューイングランドに運ばれた列挙品目は、植民地輸出税の支払い後はヨーロッパに再輸出できると解釈していた。

しかしこれは、本国を全植民地貿易の中継地としようとする本国の意図からみると、不都合な解釈だった。こうした植民地側の解釈と行為を防止するため、本国の枢密院・税関・財務省は一体となって、官僚の宣誓や船舶証書の書式の改善、それらの各部局への送付や保管、照合などの規則づくりに努めるようになった。一六七八年には、もっとも反抗的なニューイングランドに、厳格な能吏エドワード・ランドルフを植民地輸出税徴税官として派遣した。ランドルフは九五年に帰国し、ニューイングランドの状況を枢密院に詳細に報告し、その結果つぎの一六九六年の第五の航海法「植民地貿易における詐欺を防止し濫用を規制する法」が制定される。

一六九六年法

一六九六年法(7&8 Gul. Ⅲ, c.22)は、これまでに発布された航海法の遵守のための規則を制定した。同法は、冒頭で一六六〇年、一六六三年、一六七三年法などが現在十分に遵守されていないと述べ、植民地=本国貿易と植民地間貿易は輸出入ともにイギリス船または植民地船に限定するとする。その後、法を遵守するための制度として、植民地総督および船舶監督官に義務遵守の宣誓や保証金を課すこと(第三、四条)、税関役人に船舶・倉庫の調査権を付与し、埠頭主や艀《はしけ》業者には協力義務を課すこと(第五条)、遠洋航海用船舶の帰属港湾への登録と一人以上の船舶所有者の宣誓の義務化(第一六、一八条)、船舶売買の際の登録抹消・更新手続きや一部の船舶持ち分が売買されたときの手続き(第一九条)などを定めた。

同法のなかでは、航海法違反の事例が非常に具体的に述べられている。例えば第七条では、「アメリカ植民地の一部では、(法により互いに不足の際は植民地間で輸送が認められている)列挙品目に、一定額の税を課しているチャールズ二世治世二五年法(一六七三年法)について迷いや誤解が生じており、あたかも、ある植民地で税金を支払えばチャールズ二世治世二二〜二三年法(一六七一年法)の意図する証書提出の義務を免除され、イングランド&ウェールズ&ベリックに来港することなくヨーロッパの外国市場に行く自由を得るかのように考えられている」とあるが、これは一六七三年法のところでみたように、列挙品目が英領西インドからニューイングランドに運ばれ、植民地輸出税を支払った後、そこからヨーロッパに輸出されている点についての苦情である。また第九条では、スコットランド人などが偽造証書を用いて「イングランド&ウェールズ&ベリックで積載することなく、スコットランドや他のヨーロッパの商品を植民地に運び、また植民地物産を直接スコットランドや他のヨーロッパ市場に運んでいる」として、スコットランド=植民地間貿易が存在していることを批判する。また第一三条では、「国王陛下のアメリカ植民地のタバコや砂糖その他の生産物を積んだ数隻の船が、天候や食糧不足その他の災害のためにその場所に追いやられ航海を継続できないという口実のもとに、現在施行されている諸法や議会法に違反して、スコットランドやアイルランドの港湾で陸揚げされている」とも述べられ、災害時の緊急避難を口実とした密貿易が常態化していると指摘する。

以上五つの航海法をみてきたが、航海法は、一六五一年のオランダ船中継貿易排除・イギリス船舶利害保護から出発したが、一六六〇年以後本国を全植民地貿易の中継地とすることを主目的とした内容に転換したと結論できよう。

十八世紀の航海法――列挙品目の拡大

十八世紀における航海法のおもな方向性は、列挙品目――植民地から外国(領)への直接輸出が禁じられ、本国にすべて輸出しなければならなかった植民地生産物――の拡大である。

一六六〇年法で指定された七品目のほかに、一六八八年に糖蜜、一七〇四年にコメ、一七〇五年および二九年に海軍軍需物資(タール・ピッチ・ロジン・テレビン油・麻・帆柱・帆げた・船首斜《せんしゅしゃ》しょう)、一七二一年に銅と毛皮(ビーバー・ヘラジカ・シカ・山猫・熊・アライグマ・オオカミ・カワウソ・ミンク・マスクラット・イタチ・テンなど)が、列挙品目に追加される。

列挙品目拡大の目的は、本国を植民地生産物の中継拠点とすることのほかに、関税収入の増大、本国産業の保護や振興、植民地における重要産業の育成もあった。最初に追加された糖蜜は、本国酒造業保護がおもな目的だった。糖蜜はアイルランドやオランダに自由に輸出され、そこでイングランドより安くラム酒がつくられていたので、それがイギリスの蒸留酒製造業に悪影響を与えていると考えられ、列挙品目となった。

コメの場合は、イギリス内ではほとんど消費されず、すぐに再輸出されたので、列挙化の主要な目的は輸入関税の徴収だった。コメの列挙品目化は、生産地のサウスカロライナやヴァージニアから大きな不満を呼び、両植民地はコメの消費地であるポルトガルやスペインへの直接輸出を認めるよう運動した。その結果一七三五年には、両植民地はフィニステレ岬(スペイン北西部)以南のヨーロッパにはコメ

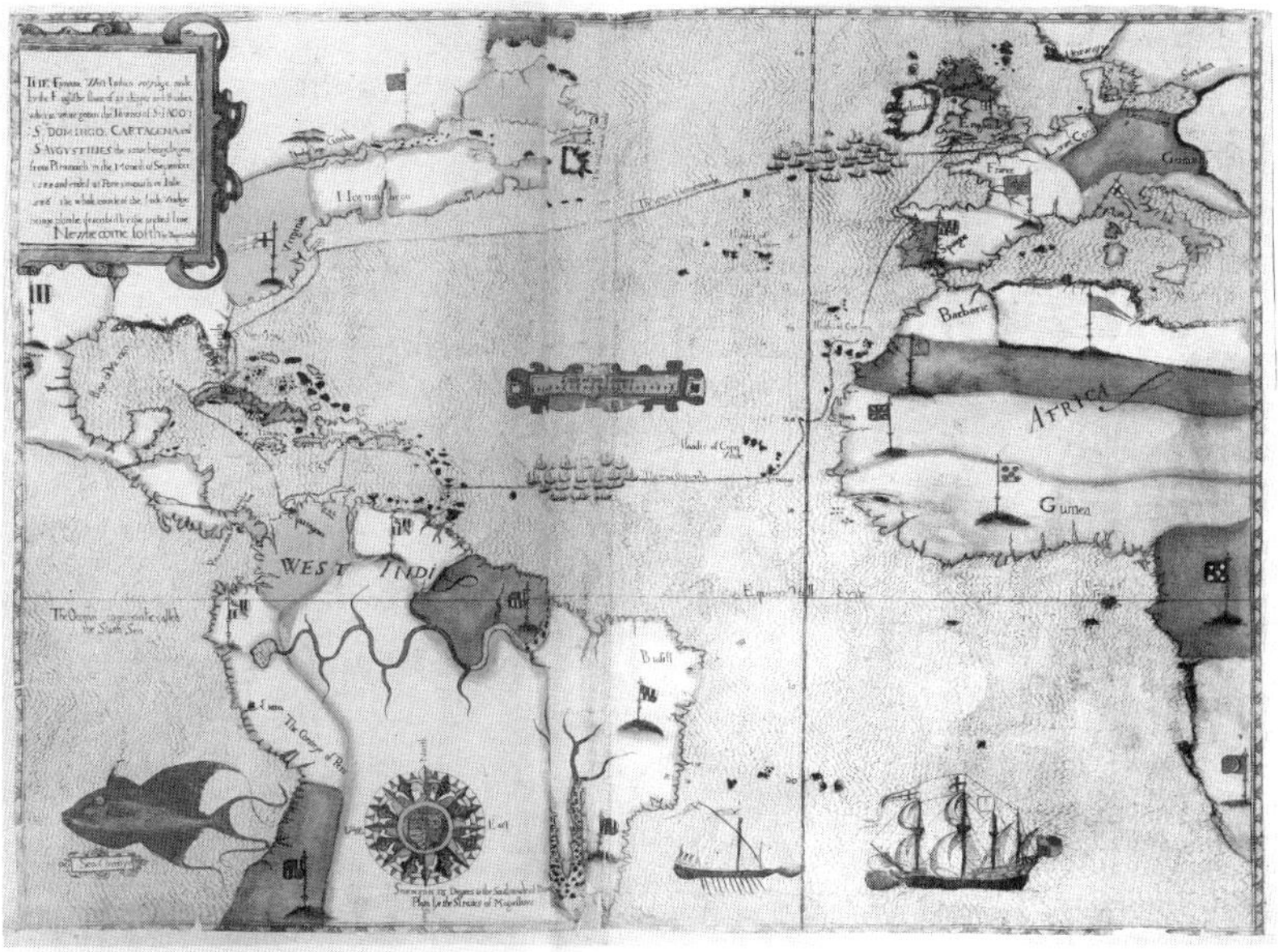

探険時代の大西洋世界(フランシス・ドレークの航海による作図，1580年代)

を直接輸出することが認められた。ただし、外国領カリブ諸島・南米・アフリカ植民地への直接輸出は一七六四〜六五年まで容認されなかった。

海軍軍需物資の列挙化は、植民地におけるこれらの生産拡大が目的であった。海軍軍需物資は十八世紀初頭にはもっぱら北欧・ロシアから輸入されていたが、この輸入額は膨大であり、イギリスはこれらの重要物資を自領内で生産したいと考えた。そこで、イギリスは、海軍軍需物資を列挙品目にするだけでなく、植民地がこれらを本国に輸出する際に奨励金をつけた。これと同様の扱いを受けたのは、インディゴである。インディゴは、最初はジャマイカ、その後はサウスカロライナ・ジョージア・フロリダでさかんに生産されるようになり、一七四八年から輸入奨励金制度ができた。銅や綿花も同様であり、植民地での生産が期待された。しかし銅はニュージャージーで少し産出された以外は、英領アメリカではほとんどとれなかった。綿花も、アメリカ世界での生産量が伸びるのは、十九世紀以降の自由貿易時代にはいってからである。

このほか、列挙品目同様の扱いを受けたのは、北米中部植民地で生産された鉄や小麦・小麦粉・塩漬け肉である。錬鉄は一七五〇年、食糧は一七六八年から、外国産の同種の物資に高関税をかける政策によって保護されるようになった。

イギリス本国は、列挙品目政策を非常に重視していた。アンドリュウズは、一七二六年のある商務省メンバーの言葉として、「イギリスの植民地には存在するが他の地域にはほとんどなく、しかもヨーロッパで常に需要があるような価値ある商品はすべて、今後はイギリスと他国との貿易収支を改善するため、列挙されるべきである」という一文を紹介している。以上のような全植民地物産の列挙化という考え方は、七年戦争後の一七六〇年代には、財政的必要を背景に、より強まる。一七六四年の砂糖法は、コーヒー・ピメント(ジャマイカ産胡椒)・ココア・鯨ヒレ・生糸・皮革・炭酸カリウム(ポタシュ・真珠灰)・木材・ゴム(これはアメリカ産ではなくセネガンビア産を想定)を、新たに列挙品目に追加した。また一七六六〜六七年法は、非列挙品目も原則としてイギリスか英領植民地に輸出すること、直接外国に輸出するのはフィニステレ岬以南のみに限定するとした。

列挙品目政策には、本国への輸入を強制された植民地生産物の本国市場における保護——外国領産列挙品目のイギリス(領)への輸入禁止、または高関税による輸入制限——も、ともなっていた。タバコの場合、すでに十七世紀初頭にはポルトガル・スペイン領産のタバコ輸入は全面禁止され、本国での栽培も禁止された。一六二〇年代には、嗜好の観点から外国領産タバコの輸入は一部解禁されたが、これらには高関税が課せられた。列挙品目政策が始まった一六六〇年に制定された関税表では、英領産生姜・インディゴ・綿花・砂糖・タバコは外国領産よりも大幅に低い関税が定められた。その後もある品目が列挙化されるたびに、このような保護関税政策がとられた。

この外国領産列挙品目輸入に対する高関税は、本国では徴収されていたが、植民地は一六六三年法などでそもそも外国(領)からの外国(領)産生産物の直接輸入を制限されていたので、徴収されていなかった。しかし実際には、英領北米植民地は、仏領西インドから砂糖・糖蜜・コーヒーなどを輸入していた。英領北米植民地は、一七七〇年代には人口二〇〇万人を超え、英領内では消費しきれない食糧・家畜・木材などを生産する一方、英領西インドが供給するよりも大量の砂糖や糖蜜(ラム酒製造の材料)を必要としていた。他方、仏領北米植民地は、人口は七〜八万人に過ぎず、とうてい仏領西インド植民地の必要とする食糧などの需要を満たすことができず、また仏領西インドの生産する砂糖・糖蜜を十分に消費することができなかった。仏領西インドは、十八世紀初頭から砂糖・糖蜜の生産量が増大しており、それらは英領産よりも安価であり、さらに仏領内でのラム酒製造を禁止されていたため糖蜜の使い道がなく、英領北米植民地にそれらを輸出することに大きなメリットがあった。こうして、英領北米植民地と仏領西インドは利害が一致し、そのあいだではさかんな交易がおこなわれていたのである。

そのため、一七三三年糖蜜法(6 Geo. Ⅱ, c. 13)は、英領アメリカにおいて、外国産糖蜜・砂糖が輸入される際に、本国と同じ高関税を課すことを定めた。また一七三五年には、英領植民地は外国産コーヒーを輸入することを禁止され、以後本国経由で輸入しなければならなくなった(5 Geo. Ⅱ, c.24)。最後に一七六四年の砂糖法(4 Geo. Ⅲ, c.15)は、一七三三年糖蜜法を恒久法にしたほか、英領アメリカに外国産ラム酒・蒸留酒を輸入することを禁止した。

英領北米植民地が強い不満をいだいたのは、列挙品目政策自体というより、それにともなったこの外国領産生産物の輸入禁止・制限であった。さらに北米植民地が不満を募らせたのは、列挙品目の拡大にともなって貿易手続きが実現不可能なほど複雑化したことであった。一七六四年砂糖法は、ほぼすべての航海に商品の積載前に税関で許可をとることや、保証書の作成と提出を義務化した。同法以前には、大洋の海運のみが航海法の対象だったが、一七六四年法は二リーグ(約一〇キロ)以上航行する船すべてが税関の印証を得なくてはならなくなり、内陸の河川交易にもこの要件が適用された。一七六四年法はまた、列挙品目についての保証書のほか、非列挙品目しか積載しない場合でも外国産糖蜜を外国領で積載しないことを約束する保証書を用意することを求め、それ以外にも鉄用・製材用などの保証書が必要となった。一七六四年砂糖法が非常に厳密に施行されたことは、ベアやディカソンの研究で確認されている。

以上のように強制と保護の両面をもつ列挙品目政策は、全体として植民地に有利だったのか、不利だったのか。ベアとディカソンは、列挙品目政策は植民地に有利だったという意見である。彼らは、輸出奨励金を付与されていたもの――海軍軍需物資やインディゴ、七年戦争後に列挙化された生糸・木材・樽桶素材・麻――については、イギリス本国は独立戦争までに総計一七〇万ポンドもの奨励金を支払ったとしている。またディカソンは、これらの奨励金産業は、独立後にイギリスからの奨励金を失うとすべて衰退したと指摘している。ディカソンは、北米植民地にとって列挙品目政策が真に重荷になったのはようやく一七六四年法以降のことであり、列挙品目化自体よりも外国産輸入禁止や貿易手続き・関税徴収の厳格化が北米には負担であったとする。

ただ列挙品目政策が、とくに西インドの生産物に関しては、植民地生産者を本国商人に極端に依存させるようにしたこと、植民地から外国(領)と自由に交易をするチャンスを奪ったこと、イギリス経由という迂回貿易を強制することで船舶利害に奉仕する一方で、英領植民地産生産物の価格を引き上げてその国際競争力を低下させたことは、否定できないだろう。アンドリュウズや宇治田も、同様のことを指摘している。また列挙品目政策ゆえに、植民地の生産活動が、本国の恣意的貿易政策やそれにともなう面倒な貿易手続きに翻弄されたことも、否めない。また航海法違反は船荷没収の対象となったが、没収された船荷は、通報者・総督・本国財務省の収入となり、植民地政府の収入とはならなかった。

3　スペイン・フランスの植民地体制とイギリスとの関係

スペインの植民地貿易体制

　以上のように航海法体制は、わずかの商品や空間を除いて英領植民地に外国や外国領植民地との直接貿易を禁止していたが、にもかかわらず極めてさかんだったのが、イギリス本国および英領植民地とスペイン領アメリカ間の貿易である。この貿易は、イギリス・スペインどちらからみても非合法であったが、イギリス側は第一には銀獲得、第二にはイギリス製品輸出の観点から、積極的に黙認していた。そこでここでは、スペインの植民地貿易体制を概観し、なぜこのような非合法貿易が繁栄していたのかを考える。

　スペインは、一五〇三年にはセビーリャに商務院を設置して、インディアス(アメリカ)と航行する船の登録、護衛艦の組織、地図作成、アメリカで死亡したスペイン人の遺産管理などをおこなうようになった。セビーリャの商人は、国王よりインディアス貿易の独占権を付与され、公式には一港で全アメリカ貿易を担うようになる。セビーリャからは、毎年二つの商船隊が出された。一つはフロタ(flota)と呼ばれ、四月にメキシコのベラクルスに向けて出港したが、一部商船はサント・ドミンゴなどのカリブ諸島やホンジュラスにも赴いた。もう一つはガレオネス(galeones)と呼ばれ、こちらはペルー副王領にはいるため八月にパナマのノンブレ・デ・ディオス(のちにポルトベロ)に向けて出港した。ガレオネスの一部は、カルタヘナやベネズエラ北部海岸にも寄港した。メキシコやペルーから輸入されるのは圧倒的

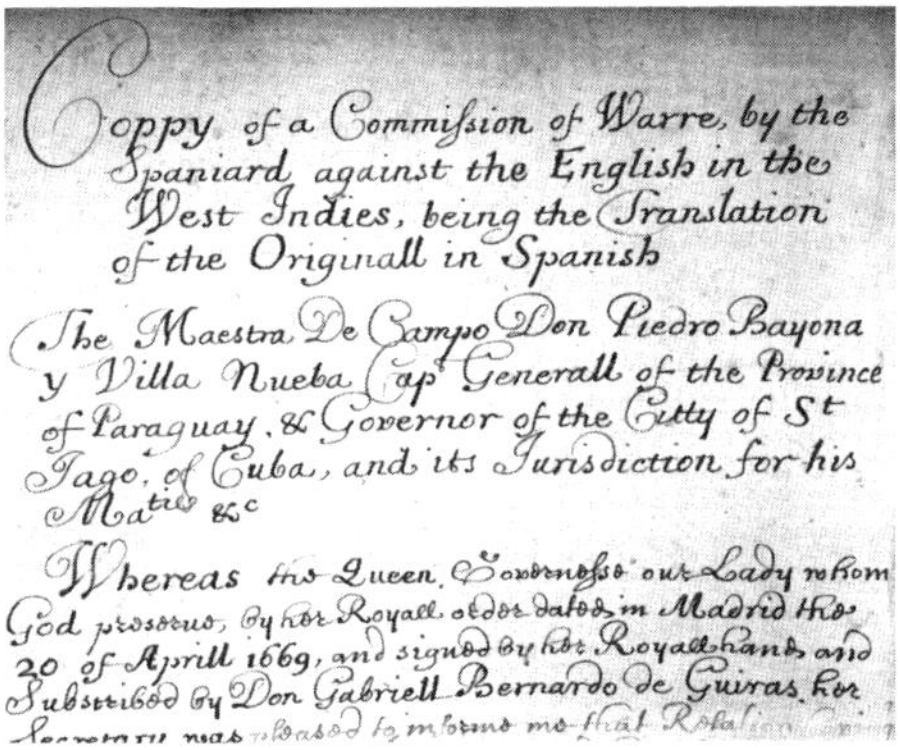
Coppy of a Commission of Warre, by the Spaniard against the English in the West Indies, being the Translation of the Originall in Spanish

The Maestra De Campo Don Piedro Bayona y Villa Nueba Capt Generall of the Province of Paraguay, & Governor of the City of St Iago, of Cuba, and its Jurisdiction for his Maties &c

Whereas the Queen Governess our Lady whom God preserve, by her Royall order dated in Madrid the 20 of Aprill 1669, and signed by her Royall hand, and Subscribed by Don Gabriell Bernardo de Guiras her Secretary was pleased to inform me that

スペインの対イギリス戦争令状
（1670年）の英訳版

に銀であり、スペインからは農業生産物やヨーロッパ製品が送られた。

十八世紀にはいる頃にはアメリカ貿易指定港はカディスに移ったが、一港による植民地貿易独占体制は維持された。アメリカ側でも、フロタ、ガレオネスが船荷を陸揚げできる港は、ポルトベロ、ベラクルスほか数港に限定された。十六世紀後半にはスペインはフィリピンとメキシコ間の貿易も開始したが、これもメキシコ側はアカプルコ港一港に限定され、貿易船の派遣は年二回と定められ、取引額も上限が設定された。

このようなスペインの植民地貿易体制は、外国人・外国船を排除するだけでなく、スペイン人・スペイン領植民地人のなかでもごく一部の商人に独占権を付与するものであり、このスペイン内部での排他性は、アメリカ貿易については全イギリス人に門戸を開いていたイギリスとは大きく異なる。この対内的排他性が、スペインの植民地貿易を不活発にしたことは否定できない。アメリカ貿易の独占権をもつセビーリャやカディスの商人、植民地側のベラクルスやポルトベロの商人は、ビジネスや通婚を通して密接な関係と資産を築く一方、公式貿易さえ熱心におこなわず、植民地側はつねに物資不足と高価格に悩まされた。十七世紀後半にはスペインの公式植民地貿易体制は停滞し、一六六九〜一七〇〇年の三二年間には年一回派遣されるはずのガレオネスは一四回しか派遣されなかった。

結局スペイン領植民地は、不足する物資を現地での生産か外国領との密貿易により入手するほかなかった。植民地の生産活動は、本国農業・製造業利害のためにスペイン政府から活動を制限されて衰退したものもあったが、外国との自由な競争が欠如しているがゆえに繁栄したものもある。下級毛織物や金属製品、陶器、家具、荷車など日用品は、かなりさかんに生産され、消費された。造船もおこなわれ、太平洋貿易用の大型船も植民地で造られた。他方で、ペルーで生産されメキシコやパナマに輸出されたワインやオリーブ油に関しては、スペイン政府は、本国農業利害を守るため一六三一年にペルー＝メキシコ貿易を全面禁止し、これは正式には十八世紀まで続いた。またメキシコでは、十六世紀中葉から生糸生産もさかんになったが、スペインは本国産業を守るため一五九六年には桑栽培を禁止し、一六七九年にも桑および絹織維工場の破壊を命じている。

スペイン領植民地は、周辺にイギリス・フランスの植民地が成長し始める十七世紀中葉になると、それらと密貿易をさかんにおこなったが、これはイギリスやフランス側からは黙認された。イギリスの場合は、一六六七年および七〇年にスペインとのあいだで結んだ条約が、平和的な密貿易発展の契機となった。この条約は、スペインがアメリカ世界における英領土の存在とイギリス船の航行を承認する一方で、スペイン、イギリス両国に互いの植民地との交易を禁止したが、各君主がライセンスを与えた船舶や悪天候・難破時の互いの領土への船舶入港を認めていた。これらの条約が提供した平和と通商の抜け道の結果、スペイン船に対するイギリスの海賊・私掠行為は低下し、ジャマイカなどスペイン領に近い英領とスペイン領との交易がさかんになった。一六八〇年代のジャマイカのポート・ロイヤル港では、入港する船舶の五割から七割がスペイン貿易をするためのものであったという。

イギリスほかの諸国は、本国側を通じてもスペイン植民地貿易に参加した。スペインでは自国の植民地にはスペイン産生産物・製品のみを供給すべきであるという考え方があったが、実際にはカディスには大量に外国製品が密輸されており、植民地に輸出されていた。一六八九年のある統計によれば、カディスからアメリカに向かう商品のうち、スペイン製はわずか五・五％だった。この時期には、これらの外国製品ではフランス製品がもっとも多く二一〜四割を占めたが、イギリス製品も一割前後を占めていた。

アシエント

スペインが自己の植民地に自前で供給できなかったもっとも重要なものが、奴隷である。トルデシリャス条約によってアフリカはポルトガル領となり、その後オランダ・イギリス・フランスもアフリカ西岸に進出するが、スペインはついにアフリカに奴隷貿易拠点をもつことはなかった。スペイン領でも大西洋側のラプラタ川流域には、ポルトガルやオランダ人によってアフリカやブラジルからの奴隷が供給され、そこからペルーなどに奴隷が輸送されていたが、スペイン政府はこの貿易をなかなか公認しなかった。他方でスペイン政府は、スペイン領に奴隷を供給する権利を、外国に販売した。これがアシエントである。

アシエントは、ポルトガルやフランスにも販売されているが、イギリスも十七世紀からアシエントを得ようと積極的に行動する。イギリスは一六六〇年に王立アフリカ冒険商人会社を設立すると、六三年にはスペイン植民地に毎年三五〇〇人の奴隷を供給するアシエントに調印している。しかしこの時は、アフリカの奴隷貿易拠点をオランダ人に攻撃されたため、契約はまったく履行できなかった。その後イギリスは七二年に王立アフリカ会社を再興し、同社は八九年にジャマイカでスペイン人に二〇カ月間で二〇〇〇人の奴隷を供給する契約を結んだが、これも戦争勃発のおかげで履行できなかった。

ただアシエントなしでも、イギリス人は奴隷をスペイン領に供給していた。王立アフリカ会社は一六九八年以降、奴隷貿易のライセンスを会社メンバー以外の個人商人にも販売するようになったが、こうした個人商人が年に数千人規模でスペイン領に奴隷を販売しているという証言も残っている。またジャマイカ議会も、スペイン人が同島で奴隷をさかんに購入していることを認識していた。アシエントなしのスペイン領への奴隷貿易は非合法だったが、イギリスでは本国においても植民地においても政府文書内にこれらの貿易についての記述があり、イギリス政府はその存在を十分知りつつも黙認していたのである。

一七〇一年にはフランスのギニア会社が、一〇年間毎年四八〇〇人を供給するというアシエントを契約した。ただこのフランス・ギニア会社もこの人数は達成できず、イギリス側は同社に奴隷を売ること まで考えていた。その後一七一三年、スペイン王位継承戦争後の和平交渉のなかで、イギリスは三〇年間スペイン領に奴隷を年四八〇〇人、総計一四万四〇〇〇人供給すること、またこの奴隷輸入に対しスペイン王に関税をおさめることを約束したアシエントを得た。イギリスは、このときスペイン領三港に毎年一隻多種の商品を積載した船を送る権利も獲得した。

イギリスは、このアシエントの履行を、一七一一年に中南米との貿易独占権を付与されて設立されたイギリスの特許貿易会社、南海会社に委任した。だが同社も、スペイン側のイギリスへの強い不信や、一七一八〜二一、二七〜二九、三九〜四八年におこなわれたイギリスとスペインとの戦争などで、契約を十分履行できなかった。そのかたわらで、個人イギリス人商人による奴隷貿易がさかんになる。アフリカに奴隷貿易拠点をもっていなかった南海会社は、一七三〇年代からはアフリカではなくジャマイカやバルバドスなどアメリカの英領内で奴隷を購入するようになったが、これら英領アメリカ植民地はそもそもイギリス個人商人によって奴隷を供給されていた。南海会社は、こうした個人商人が輸送してきた奴隷を英領アメリカ内で購入し、スペイン領内のカルタヘナ、ブエノスアイレス、ベラクルス、ハバナ、サンチャゴ・デ・キューバ、ポルトベロ、パナマ、カラカスなどに構えた商館でこれらの奴隷を売却した。しかし南海会社でなく、イギリス個人商人もまた直接スペイン領にはいって奴隷販売をおこなっていた。研究者パーマーは、南海会社はスペイン領でも大きな貿易拠点にしか商館をもたず、小規模な市場での奴隷販売については個人商人にライセンスを売っていたと述べる。また正式なアシエントではなく、現地の官憲と個人商人の結託による非合法の奴隷貿易もおこなわれていた。正式ルートでは関税や商館使用料が奴隷価格に上乗せされていたからである。

フランスやポルトガル、オランダもスペイン領への奴隷供給をおこなった。イギリスの契約したアシエントの第一八条には、一七一三年五月一日以降フランス・ギニア会社はスペイン領に奴隷を供給してはならないと規定されていたが、ギニア会社はスペイン領向けの奴隷貿易を続け、仏領サン・ドマングでもスペイン領に向けて奴隷が販売された。ポルトガル人はブエノスアイレスとペルーで売り、オランダ人はキュラソー島やシント・ユースタティウス島で奴隷を販売した。パーマーは、イギリス南海会社がアシエント契約をもっていた期間、非合法奴隷貿易も増加し、大規模になっていったとしている。

フランスの植民地貿易体制

フランスも、一六六〇年代頃から自領植民地貿易からオランダやその他外国を駆逐するための取り組みを開始した。フランスでは、西インド貿易に関しても一六七四年までは特許貿易会社が維持され、一部の商人に限定した独占体制がとられた。アメリカ諸島会社は六四年には西インド会社に再編され、六六年には同社はメンバーシップをフランス人のみに規定した。六八年フランス政府は、同社に全植民地貿易の権限を付与し、七〇年には植民地への外国船来訪を禁止している。

他方でフランスは、植民地を本国製品・生産物市場とすべく、一六七一年には西インド会社がもっていたアイルランド産塩漬け牛肉の中継貿易の権利を停止し、七二年には植民地に外国製品の取引を禁止した。

ただ当時のフランスには、本国から植民地に十分に物資を供給し続けるだけの海運力がなかった。プリチャードは、一六七〇年のフランスの船舶総トン数は全ヨーロッパの六%に満たなかったと述べている。また、六〇年代には西インドに赴くフランス船はオランダ船の一〇%にも満たず、八六年には英領西インドでは三万トンの船舶が利用できたのに対し、仏領では一万トンしかなかったという。

その結果仏領植民地では恒常的な物資不足が生じ、不満も高まった。一六六六年にはマルティニク、七〇〜七二年と八〇年にはサン・ドマングで、白人入植者による大きな反乱が起こっている。フランス政府は、七三年には再びフランス商人に限ってアイルランド産塩漬け肉の販売を許可し、植民地にも外国産肉輸入を認めた。七四年には西インド会社は解散され、仏領アンティール諸島は全フランス人にとって自由貿易地域とされ、フランス政府がマルティニクにアンタンダン(地方長官)職を設置して、植民地貿易規制の実施状況を監督することとなった。他方で、奴隷貿易に関しては、セネガル会社とギニア会社が独占権を保持した。一六八〇年にはコルベールは、アイルランド牛肉とマディラワインを植民地から排除することを最終的に断念し、植民地がこれらを外国船で直接に輸入することは禁止する一方で、フランス経由で関税を支払った後に植民地に輸出することを許可した。

フランスは、イギリスと同様に、植民地の砂糖生産の振興と、その砂糖の独占、本国精糖業の振興もおこなっている。フランスは、一六六〇年代以降奨励金によりマルティニク、グアドループでの砂糖生産を奨励し、特恵関税によってフランス市場において保護しつつ、植民地に対し本国に全生産物を売却することを強制した。またフランスは、砂糖を粗糖のまま本国に送付させ、本国の精糖業を振興しようとした。しかしフランスでは、すでに一六七〇年には本国の製糖能力が追いつかず、粗糖が大量にあまるようになる。余剰粗糖をヨーロッパ市場に再輸出すると、高い精糖技術をもつオランダが加工し利益を得ることがわかっていたため、同年コルベールはアンティール諸島内部に製糖所をつくること、植民地産精製糖が本国経由で再輸出される場合に戻し税をおこなうことを認める。八三年の段階では、本国に二九カ所の製糖所がある一方で、マルティニクに三、グアドループに一カ所の製糖所がおかれていた。しかし植民地の精糖業は奴隷労働によっておこなわれて本国よりも安価であったため、フランス本国の製糖業者は政府に働きかけて、八二年には植民地精製糖の関税を五〇％増税させ、八四年には植民地での新しい製糖所建設に三〇〇〇リーブルの負担金を課し、また植民地産精製糖への戻し税制度も廃止させている。

これに対してフランス植民地は、粘土濾過により精度の高い粗糖をつくることで対抗した。本国は一六九八年一月には、植民地産の粘土濾過糖と精製糖に対する関税を引き上げる一方、植民地産の粗糖については関税を削減し、植民地に精度の低い粗糖のまま本国に輸出するよう促した。しかし高価格で容積が小さく、また糖蜜をたくさん抽出することのできた粘土濾過糖は、その後もつくられ続けた。十八世紀以降も、仏領植民地の砂糖生産量は、フランスの輸送力と国内需要を上回る速度で増大し続けた。

植民地間貿易においては、フランスは、最初はイギリス航海法よりも厳格な措置をとり、本国船のみにこれを限定し、植民地船を排除しようとした。これは、本国のごく一部の商人を優遇しようとした措置であった。プリチャードは、一六七〇〜一七〇〇年の間に七五隻しかケベックと仏領西インド間を航行していなかったこと、しかもその船のほとんどがラ・ロシェルの同じ商人一族に所有されていたことを指摘している。

十七世紀最末期には、フランスの植民地貿易に従事する船舶はかなり増加していた。だがこの頃でも、アメリカに向かうフランス船の多くは北大西洋漁業に従事し、植民地には赴いていなかったという見方もある。オランダ人はアメリカ世界で排除された後、フランスの港湾に在住して、そこから植民地貿易船を出港させるようになった。フランス政府自身も、一六七四年の西インド会社廃止後、外国船にパスポートを発給して仏領西インド貿易への参加を認めたので、ベルゲン、ロンドン、リマリック、ギャロウェイ、ジャージー島などから出港した外国船がフランス植民地貿易に参加した。フランス政府は、六二年から九八年には、とくにデンマークに対し仏領と交易することを許可した。一方、仏領カリブ諸島の中心地マルティニクは、オランダ領シント・ユースタティウス、英領アンティグアと隣接しており、夜間小舟を使った密輸が常態化していた。

フランスもまた、イギリスと同様、政府自らスペイン領アメリカとの貿易を黙認していた。イスパニョーラ島の西半分に仏領サン・ドマング植民地（ハイチ）が成長すると、同島東半分のスペイン領サント・ドミンゴとの交易がさかんにおこなわれた。スペイン領南米本土との交易については、コルベールは一六八二年に禁令を出しているが、しかしコルベールは同時に、マリ・ガラント島（グアドループ島に隣接する小島）総督であったマントノン侯爵に四年間スペイン領南米に毎年五〇万リーブルの砂糖を輸出する権利を付与している。フランスは、一六九〇年代以降はサン・ドマング南岸をスペイン領との貿易拠点としようとも計画する。ただし英領ジャマイカ商人がサン・ドマングに来港してスペイン領に輸出する動きの方がさかんであった。

スペイン王位継承戦争が始まると、植民地＝本国貿易は停滞したため、英領・仏領・スペイン領植民地は相互にさかんに貿易をおこなった。本国側も、植民地の窮乏を看過できず、敵国領土も含め外国領との貿易を緩和せざるをえなかった。

戦後フランスは、植民地における徴税を強化しようとし、一七一三年に奴隷所有者に課する人頭税を設置するほか、外国領植民地との貿易を特別に許可するパスポートをつくって販売しようとした。植民地は憤慨し、一七一七年マルティニクではガウレと呼ばれる暴動が起こり、市民軍が総督を拉致して本国に送還したほか、自分たちはすべての国との通商に開かれていると宣言した。サン・ドマングでも反乱が起こり、人頭税の廃止が宣言された。本国はこれらの暴動を鎮圧したが、反乱首謀者をほとんど処罰しなかった。それほど本国の政策を植民地に強制することは困難だったといえる。

一七一七～二七年には、海軍大臣モールパを中心に、フランス植民地体制の再編がもくろまれた。まず本国側においては、独占体制を緩和し、植民地貿易向けの船舶を用意できる港湾を、一五港に拡大した。また植民地間貿易における植民地船の使用を、許可した。一方、一七二七年十月には、これまでに発布された植民地貿易規制の法規を統合したフォンテーヌブロー勅令を発布し、植民地＝外国貿易の全面的禁止を徹底しようとした。これによって、仏領一リーグ以内にはいってきた外国船はすべて捕獲対象となり、スペイン領との貿易も公式には禁止された。

ただ植民地は、一七一七年にも二六年にもフランス商人が植民地に質量ともに十分な牛肉の供給をしないなどと苦情を述べ、このような状態では外国との貿易は防げないと本国に通告しており、本国も結局は植民地の外国貿易を黙認していた。また植民地間貿易への植民地船使用が認められた結果、植民地の造船業は発展し、ケベックや、ロワイヤル島(ケープ・ブレトン島)のルイブール(ルイスバーグ)を拠点として、仏領内の貿易だけでなく、仏領＝英領間の貿易もさかんとなった。先述したように、フランスの植民地体制の欠陥は仏領北米植民地の生産性の低さにあり、その結果仏領西インドだけでなく仏領北米植民地自体も、ニューイングランドから魚や樽桶資材、英領中南部植民地から小麦(粉)・トウモロコシ・豆・コメなどを輸入した。他方で英領北米植民地は、英領西インド産よりも安価な仏領西インドの砂糖や糖蜜を歓迎した。結局一七三三年にはモールパは、ロワイヤル島にニューイングランドとの交易を許可した。

ただ一七三〇年代には、フランスはヨーロッパ市場への砂糖やコーヒーの再輸出において優位を確立し、自領植民地の生産物を十分に吸収できるようになっていた。つまりこの時期になってようやくフランスは、本国を植民地生産物中継拠点として確立することに成功したのである。この頃から七年戦争までの時期がフランスの植民地体制の完成期であった。

4　植民地体制の変容と終焉

七年戦争終了とスペインとフランスの植民地独占体制の緩和

七年戦争敗北後、スペイン政府内には、スペインが強国の地位から脱落しつつあり、その原因は誤った植民地貿易政策にあるという認識が生じていた。とくに、イギリスがキューバ島のハバナを一年間占領したあいだにこの港の商業活動が活性化したことが関心を集めた。この間、同港の関税収入はじつに一三倍になったともいわれている。ハバナ返還後、スペイン政府はこの理由を分析し、問題は植民地＝本国間の貿易が過剰に規制されていることにあり、カディス一港の独占体制、フロタ・ガレオネスの公式商船隊システム、高関税政策をやめるべきとの結論に達した。銀の輸入のみを重視してきたことにも反省が生じ、今後は植民地農業開発とスペイン国内産業の保護育成、そのための原材料調達に力を入れるべきだと考えられた。

一七六五年には、カリブ諸島との貿易に限ってではあるが、カディス以外の複数の港に植民地貿易を開放した。この政策は、自由貿易(Commercio Libre)と呼ばれた。この政策はその後、ルイジアナ、ユカタン半島やカンペチェ港にも拡大された。ただし、メキシコ主要部とペルーに関しては、カディスから出港する商船隊システムが維持された。

一七七八年には、カルロス三世のもとに、自由貿易地域は南米に拡大され、チリ、ペルー、リオ・デ・ラプラタが含められた。またスペイン側の港も全一三港に植民地貿易が開かれた。七八年十月にはこれまでの譲歩をまとめた法令が出され、新関税表も作成された。八八、八九年には、自由貿易地域にベネズエラ、メキシコ主要部も含められたが、ベラクルス港については輸出できる総トン数が限定されるなど制限が残った。

一七八九年には、カディスやメキシコ商人の根強い抵抗が残ってはいたものの、スペイン人内部での特権や排除の論理は除去された。しかし外国人、外国船、外国製品を植民地貿易から排除する論理は堅持され、正当な貿易原理として支持されていた。またスペイン本国＝植民地貿易の船は、スペイン船(スペイン人所有、スペイン人船長、乗組員三分の二がスペイン人、スペイン建造)でなければならなかった。外国(領)＝スペイン領植民地貿易は原則禁止であり、特別なライセンスがなければできなかった。スペイン本国から植民地への外国製品輸出も基本的に禁止されており、一部の輸出可能な外国製品は、まずスペインに輸入する際に輸入関税をはらった後、スペイン領植民地に輸出する際にも、スペイン製品(通常三%の輸出税があった)よりも高い輸出税(七%)を支払うことになっていた(カリブ向けにはスペイン製品は一・五％、外国製品は四％）。

だが十八世紀前半には、カディスから植民地に輸出されるヨーロッパ製品の九割以上が外国製品であった。十八世紀後半も事情は同じであり、例えば毛織物に関しては、スペイン産はイギリス産よりも三分の二ほど高く、イギリス産毛織物の輸入を禁止しても密輸が増えるだけであった。そのため一七八九年五月には、スペイン織物とイギリス毛織物二対一の比率で、植民地に輸出してよいという許可が出ている。

スペイン政府は、フィリピン会社が扱うアジア産綿織物に関しては、スペイン本国経由で植民地に輸出することを強制したが、その関税はスペイン製品と同率とした。一七九三年には本国経由強制も放棄し、フィリピン会社にマニラからペルーに直接商品を送ることを許可している。同年には、外国産モスリン（綿織物）輸入も解禁された。

以上のカルロス三世の改革は一定の成功をもたらし、スペイン植民地貿易は三倍に増え、関税収入は二倍に増えたと、当時から高い評価を受けた。現代の研究者も、この時期たしかに植民地貿易は拡大し、とくにバルセロナ港やマラガ港は国内製品や小麦粉を輸出して成長し、その後背地の製造業や農業も活発化したと考えている。ただその一方で、植民地貿易の八割前後はまだカディス港に集中したままであり、スペイン国内製造業は全体としてはあまり成長せず、相変わらず植民地向けには圧倒的に外国製品の輸出が多かった。植民地＝外国（領）貿易の禁止もあまり効果がなく、密貿易だけでなく、スペイン政府や植民地政府が発行する外国貿易のライセンスをもつ船による外国領との貿易もさかんであった。

フランスも、七年戦争後に植民地貿易の自由化に乗り出す。フランスは、すでに戦時中、仏領アンティール諸島に、食糧補給と砂糖・コーヒーの輸出のために中立国と交易することを許可しており、戦後もこのような性格の貿易を残す必要を感じていた。一七六四年には、フランスは、新たにマルティニクに赴任する植民地官僚に、外国人への糖蜜とラム酒の販売、および外国人からの塩づけタラの購入を認める指示を出した。また一七六七年と六九年には、セント・ルシア島とサン・ドマングに外国貿易に門戸を開いた自由港(port d'entrepôt)を設置した。

これらの港は、とくに英領北米一三州植民地から木材・家畜・皮革・毛皮・ロジンなどを輸入し、かわりに糖蜜とラム酒、ヨーロッパ製品を輸出することを許された。さらにアメリカ独立戦争が勃発すると、フランスは一七七八年二月に一三州と友好条約を結び、仏領カリブ諸島およびフランス本国の港をアメリカ人に開放することを約した。戦後になるとフランスは一七八四年八月の国務会議採定により、仏領カリブ諸島に七つの自由港を設置し、無制限の塩漬けタラ・塩漬け肉の輸入と、製造品・植民地物産の輸出を認めた。これらの自由港の利用者は圧倒的にアメリカ合衆国であり、一七八八年の段階では、自由港への輸入においては五割、輸出においては四割のシェアを占めた。

フランスは、東アフリカ沖合のインド洋上のマスカレン諸島(レユニオン島およびモーリシャス諸島)においても、一七八四年にアメリカ合衆国の自由な出入りを認めており、合衆国はここにも食糧などを供給する一方で、東洋の商品をここから持ち帰っている。

自由港開設は、七年戦争後のアメリカ世界の全体的趨勢でもあった。オランダ領のシント・ユースタティウス島やキュラソー島は十七世紀から自由港として活動していたが、その他にデンマークも、一七六四年にヴァージン諸島のセント・トマス島とセント・ジョン島を自由港としている。イギリスも、つぎにみるようにこの時期自由港を開設する。

イギリスの自由港体制

イギリスの自由港開設の第一の目的は、英領植民地とスペイン領植民地との貿易を合法化することにあった。十七世紀以来英領とスペイン領のあいだの非合法貿易はさかんにおこなわれてきたが、戦時中はとくに活発になり、七年戦争中はイギリスのハバナ占領期にそこでイギリス製品が銀と交換でスペイン領に輸出された。イギリスは戦後もこのイギリス製品とスペイン銀の貿易を合法的におこないたいと考え、しかもスペイン領のハバナではなく英領ジャマイカの港を拠点としようと構想した。

一七六六年法(6 Geo. Ⅲ, c.49)は、ジャマイカ五港とドミニカ二港を自由港とし、そこに甲板一層の小規模な外国船が来港し交易することを認めた。同法は、ジャマイカにはスペイン領、ドミニカには仏領との貿易を想定し、それぞれ別の貿易規則を定めた。ジャマイカは砂糖など列挙品目の重要生産地だったので、自由港体制が列挙品目政策に抵触しないような規則がつくられた。まずジャマイカが生産する列挙品目(砂糖・コーヒー・ピメント・生姜・糖蜜・タバコ)については、外国船は外国産のこれらをジャマイカに持ち込むことは禁止された。ほかのジャマイカが生産していない列挙品目は、外国船が外国産を持ち込むことは認められたが、それらはジャマイカからはイギリス本国に輸出され、英領植民地には輸出してはならなかった。以上は、関税率が別である外国産列挙項目と英領産列挙項目が混じることを防ぐ措置だった。一方ジャマイカからの輸出品としては、本国への直接輸出が強く求められていた北米産海軍軍需物資・タバコ以外は、合法的に輸入されたイギリス(領)製品・生産物、ジャマイカ産生産物、イギリス船で輸入された黒人が外国船で輸出されることが認められた。

ドミニカは、七年戦争後に英領となった島で、仏領マルティニクとグアドループのあいだに位置していたために、これらとの交易が期待された。当時イギリスでは、英領西インドはイギリスや英領北米植民地の需要を下回る砂糖しか生産していないため、英領産より安価で大量に生産されている仏領産砂糖を輸入し、それと引き替えにイギリス製品や英領北米植民地生産物を仏領に輸出することが、イギリスや英領北米植民地にとって有利だとする意見があった。イギリスは、そのような交易活動をドミニカに期待した。その結果ドミニカでは、ジャマイカとは正反対に、外国領産砂糖・コーヒー・ピメント・生姜・糖蜜・タバコの輸入が認められ、それと交換でイギリス製品や北米生産物を輸出できるとされた。ドミニカに輸入された外国領産植民地生産物と英領産が混じるのを防止するため、これらの外国産植民地物産をドミニカからほかの英領植民地へ輸出することは禁止された。さらにドミニカからイギリスに輸出される全植民地物産生産は、外国産とみなすことになった。しかし、ドミニカは土壌が豊かで急速に島内で砂糖生産が普及したので、こうしたドミニカ産の砂糖・糖蜜・ラム酒に関してはドミニカ産であることを証明する保証書を付して輸出することとなった。だが、外国領産と英領産に異なる輸入関税を適用するためにおかれたこのような区別は、現実には遵守されず、外国領産の多くがドミニカ産と偽って輸出されていたと考えられている。

自由港貿易は、自由港設置国からみると合法であるが、来港する外国船の所属国からは違法であった。どの国も、自国の植民地には外国(領)との直接貿易を禁止していたからである。ただ他国の自由港に出入りする自国船を取り締まることは、なかなか困難だった。スペインは、沿岸警備隊を加増して、他国の自由港に出入りする自国船を取り締まろうと努力したが、それでも多くのスペイン船がイギリス・フランス・デンマーク・オランダの自由港を訪れた。一方でスペイン政府やスペイン領植民地政府は、外国領との交易を認めるライセンスも発行したので、こうしたライセンス船は合法的に自由港を訪れることができた。またこの頃奴隷貿易のアシエントをもっていたスペインのカディス会社は、拠点をプエルトリコからハバナに移し、そこからジャマイカに来港して奴隷を購入した。ペアースは、十八世紀後半のスペインの植民地貿易の成長には、本国での改革だけでなく、イギリスの自由港体制が大きく貢献していたとしている。

アメリカ合衆国独立と緩和の加速化

一七七五年アメリカ独立戦争が始まると、イギリスはただちに忠実な植民地と反乱一三州植民地とのあいだの交易を禁止した。一方、一三州と同盟したフランスとスペインは、自国領植民地と一三州や中立国デンマークが戦時中自由に交易することを認めた。

一三州独立後のアメリカ世界の貿易事情は、戦前とは大きく異なっていた。第一に、英領西インドへの食糧・森林資源の供給地であった合衆国の独立は、英領植民地内部の自給自足体制を崩壊させた。戦後の貿易政策としては、合衆国と英領植民地の貿易自由化も一つの選択肢だったが、イギリス政府は正反対の政策をとり、合衆国を英領植民地貿易から締め出し、自由港での貿易さえも禁止する。この政策は一八二二年まで堅持される。

合衆国独立の第二の大きな影響は、独立戦争中にスペイン領植民地と外国領や合衆国とのあいだに、中立国船や同盟国船による自由な交易が発展し、それが不可逆の現象となったことである。戦後スペインは、再び外国船貿易を排除して自国船のみで植民地貿易をおこなおうとした。しかしもはや植民地は、本国の方針に従わなかった。ベネズエラやヌエバ・グラナダでは、現地のインテンデンテ(代官)や副王の黙認のもと、外国領との貿易は急速に拡大した。またスペイン政府自身も、奴隷貿易に関しては、個人に取引を認めるという思い切った自由化に乗り出した。一七八九年二月の勅令で、キューバ、ついでカラカス地方(ベネズエラ)、プエルトリコ、サント・ドミンゴのスペイン人入植者に、金銀または生産物と交換で、外国植民地で奴隷を購入し、無税でスペイン領に輸入することを認めたのである。一七九一年十一月には、この勅令はサンタ・フェ(アルゼンチン)やブエノスアイレスにも適用された。また以上の勅令は、期間を限定しながらも、外国人にこれらの交易に加わることを認めた。奴隷貿易の自由化は、貿易全体に波及効果をおよぼし、スペイン領アメリカと外国領の貿易はますますさかんになった。

つぎに、英領植民地からの合衆国排除とスペイン領植民地=合衆国・外国領貿易の事実上自由化のこの時代に、イギリスの航海法体制がどうなっていくかみておく。

戦後イギリスとアメリカ合衆国の通商条約締結は大幅に遅れ、戦時中の貿易禁止政策が長期にわたって維持された。一七九四年にようやく締結された合衆国との通商条約(ジェイ条約)は、第一二条で、七〇トン以下のアメリカ合衆国船に、合衆国産生産物の英領西インドへの輸出と、英領西インド産物産の輸入を認めたが、この第一二条はアメリカ上院の承認を得られず、最終的に批准された条約では効力を停止された。

アメリカ独立後最初に制定されたイギリスの自由港法は、一七八七年法(27 Geo. Ⅲ, c.27)である。これは、一七六六年法のスペイン領との貿易に関する方針を継承していた。同法は、第一に、自由港に入港できる外国船を、外国ヨーロッパの国家に属する植民地の船舶と規定し、アメリカ合衆国船を明確に排除した。つぎに同法は、自由港にはいれる外国船の大きさを七〇トン以下と定めたが、この大きさの制限は一七九〇年に廃止される。第三に、同法は、ジャマイカ・ドミニカ七港のほかに、グレナダ、バハマ諸島ニュープロヴィデンス島ナッソーを自由港に追加した。今回の法では、ドミニカはジャマイカと同様に生産植民地として扱われた。これらの自由港では、輸入は、綿花のほかは、英領で生産されていないもの――羊毛・藍・コチニールなど全染料や薬品・ココア・ログウッドやファスティック他の全染料木・皮革・ビーバーなど全毛皮・べっ甲・硬木・製材・マホガニーその他タンスに使用される木材・馬・ロバ・ラバ・牛――に限定された。一方輸出は、ラム酒・奴隷・海軍軍需物資とタバコ・英領産の鉄を除く合法的に輸入されたものすべてであった。また、自由港を通して、ほかの英領に東インド産やヨーロッパ産製品・生産物が輸出されてはならなかった。

イギリス政府は、一七八七、八八年には別に法を定めて、自由港に合衆国船と合衆国産食糧・木材がはいってこないようにする措置をとった。まず一七八七年には英領西インドと外国領植民地間のすべての食糧貿易を禁止する法(27 Geo. Ⅲ, c.7)が制定され、八八年には、アメリカ合衆国船の英領西インド・ニューファウンドランドからの排除、英領カナダ産食糧・木材による英領西インドの供給、英領カナダからの合衆国産生産物排除を定めた法(28 Geo. Ⅲ, c.6)が制定されている。さらに九一年にも、自由港へのパン・ビスケット・粉・豆・ジャガイモ・小麦・コメ・燕麦・大麦ほかの穀物の輸入を禁止している(31 Geo. Ⅲ, c.38)。自由港への外国船による食糧輸入を禁じる措置は一八〇八年まで持続した。

一七六六年法のもう一つの目的――外国領産砂糖・コーヒーを輸入しそれと交換でイギリス製品を輸出する――のためには、一七九二年法(32 Geo. Ⅲ, c.43)が用意された。これはバハマ諸島とバーミューダ島に、外国船で全外国領産砂糖・コーヒーを輸入することを認めたもので、翌年にはカイコス諸島も追加された。これらの島は生産植民地ではないため、ここに輸入された外国領産植民地生産物はすべて外国産として扱われた。ただ一七九三年三月にはフランス革命政府とイギリスが戦争を開始したため、自由港設置のねらいであった仏領との貿易はさかんになることはなかった。

ジャマイカと新しく自由港に追加されたグレナダは、スペイン領への奴隷輸出によってこの時期非常に繁栄した。ジャマイカのキングストン港では、一七九〇年には来港する船舶の三分の一が外国船であり、そのうちもっとも多いのは、奴隷を購入しにくるスペイン船であった。グレナダも、トリニダードやベネズエラのカラカスから、多数のスペイン船が奴隷を購入しに訪れた。一七九〇年頃には英領西インドからの奴隷輸出は年に一万人近くにのぼったが、その半数はグレナダが担っていた。イギリスは、自由港に寄港するスペイン船のほか、アシエントをもつカディス会社から契約をとってイギリス船でも奴隷輸送をおこなっていたので、この時期スペイン領に非常に多くの奴隷を供給していたと考えられる。

一方、独立後のアメリカ合衆国は、ヨーロッパにもアジアにも直接赴くようになり、ドイツからは麻織物、東インドからもアジア物産をアメリカに持ち帰り、それをアメリカ世界に供給した。マニングは、これらはイギリス産やイギリス経由で輸出されるものよりも安かったとしている。とくにアジア物産の場合は、イギリスの東インド会社は、航海法の規定によって全輸入品を本国に持ち帰り、そこからアメリカに再輸出していたので、合衆国には太刀打ちできなかった。このように合衆国は、ヨーロッパ製品やアジア物産の中継地として急速に力をつけてくる。イギリスが合衆国を英領植民地体制から締め出そうとした一つの原因は、このような合衆国中継貿易の成長にあった。

フランス革命期の対仏戦争と英西戦争

フランス革命の勃発とそれに続く全ヨーロッパを巻き込んだ対仏戦争は、スペイン領植民地体制にもっとも打撃を与えた。スペインは、この戦争を通して植民地への経済的支配力を完全に喪失し、その植民地独占体制は消失する。また一八〇八年にスペイン本国がフランスの支配下にはいったことで、スペインは植民地に対する政治的支配力も喪失する。

以下、イギリスとの関係を軸に、スペインの植民地体制崩壊の過程をみておく。

スペインは、一七九二〜九五年には、フランス革命政府と敵対し、イギリスとは同盟関係にあった。しかしスペインは、たびたびの禁令にもかかわらず、スペイン本国でのイギリス製品の密輸や植民地での英領との非合法貿易を防止できず、またイギリスがそれを黙認していることにいらだち、一七九六年秋にはイギリスに宣戦布告する。これに対して、イギリスはカディス湾に軍艦を差し向け、海上封鎖した。この海上封鎖は完璧であり、カディスから出港する船は九割以上減少する。全植民地貿易の八割を占めていたカディスがほぼ完全封鎖されたことは、スペインの植民地貿易が途絶したことを意味した。

スペイン領植民地は、本国との貿易がとだえたため、外国領と交易せざるをえない状態に陥り、各植民地の副王や総督は現地で法令を発布して、外国領との貿易や外国船入港を認めた。スペイン政府も、一七九七年十一月に勅令を出し、友好国(同盟国・中立国)船によるスペイン本国＝スペイン領アメリカ植民地貿易を認めた。ここで友好国として想定されたのは、第一にはアメリカ合衆国であった。ただこの勅令は、合衆国船に、ベラクルス港からの銀とハバナ港からの砂糖に関しては、合衆国その他のアメリカ領土に輸送してはならず、すべてスペイン本国まで輸送することを要件とした。しかし実際には海上封鎖中のスペイン本国にこれらを輸送することは不可能であり、合衆国はこの要件を無視し、銀・砂糖を自国やその他のアメリカの諸地域に運んだ。またペアースによると、ジャマイカやナッソーのイギリス人商人も、アメリカ人と称してこの貿易に参加していたという。

一七九九年四月にスペイン政府は九七年勅令を撤廃するが、植民地側はカディス貿易が復活するまでは植民地の外国貿易はやむなしとして、この撤廃を無視し、植民地の港湾を中立国船に開放した。また外国貿易用のライセンスを、植民地の船舶に広範に発布した。スペイン政府は、一八〇〇年七月には中立国船貿易禁止令を再度発布するが、まったく効果はなかった。そこで翌〇一年には、スペイン政府は、中立国船貿易禁止の対象からキューバとベネズエラを除外し、それらにドイツ・アメリカ合衆国・スペイン船に対してスペイン領との貿易のライセンスを販売することを認めた。ただドイツ船がハンブルクで積載する商品はほとんどがイギリス製品であり、また合衆国もイギリス製品を多く輸送していたので、合衆国やドイツのスペイン領貿易を認めることはイギリス製品輸入を容認するに等しかったと、ペアースは述べている。

スペインの中立国船政策の最大の受益者は合衆国であり、合衆国の輸出は一七九五〜一八〇一年に六倍にも増加した。ただイギリスも、スペインと戦争する一方で、スペイン領との貿易を諦めなかった。一七九七年にはイギリスはトリニダード島をスペインから奪い、同年中に同島のサン・ホセ港を自由港に追加する法(37 Geo. Ⅲ, c.77)を可決した。同法によれば、スペイン船はトリニダード総督からライセンスを取得すれば同島と自由に交易できるようになり、イギリスの軍艦や私掠船はこれらのスペイン船の襲撃を禁じられた。イギリス政府は一七九七年暮れから九八年にかけてジャマイカ、バハマ諸島、グレナダでも同じ措置をとり、これら植民地の総督に、スペイン船とイギリス船に交易を認めるライセンスを発行する権限を与える指示を送った。バハマ諸島のナッソー港は、一七八七年法の認める品目のほかに砂糖とコーヒーを輸入することも許可された。一七九八年中にはこの制度は全英領に適用される。同年にはイギリスはオランダ領キュラソー島も奪取し、この島も含めて征服した外国領の主要港に自由港法の枠組みによるライセンス貿易の権利を認めた。こうして不思議なことに、イギリスはスペインと交戦中に、英領やイギリスの占領地の自由港を訪れるスペイン船を平和的に遇し、その交易を維持するべく努力した。

アミアンの和平のあいだには、スペイン本国とスペイン領アメリカとの貿易は回復し、英領自由港を通した貿易や中立国貿易は低下した。しかし一八〇四年には第二次英西戦争が開始し、〇七年末のフランスのスペイン侵攻まで続く。第二次英西戦争の開始とともに、英領自由港におけるスペイン船へのライセンス発行は復活した。自由港の総督は、イギリス海軍や私掠船による拿捕・掠奪から守るため、自領の港湾にいるスペイン船に速やかにライセンスを発行し、スペイン領との貿易関係を維持することに努めた。

よく知られているように、イギリスは、自己の交戦国と貿易する中立国船を拿捕する権利を主張しており、イギリス海軍は仏領やスペイン領と交易する中立国船、とくに合衆国船を拿捕していた。しかし、これらの中立国船は多くがイギリス製品を輸出しており、この点に大きな矛盾があった。さらに矛盾することに、イギリス政府は一八〇五年以降、イギリス商人に中立国船を使用してスペイン領アメリカの一部地域と交易することを認めるライセンスを発行する。これらのライセンスは、カディスに大量の在庫をもつイギリス商人が中立国船を使ってスペイン領に在庫を出荷する場合、イギリスとスペイン領間を直接行き来する場合、ハンブルクやリスボンなど中立国港で外国製品を積載してスペイン領に輸出する場合など、さまざまなケースに対して発行された。時にはこれらのライセンスは、中立国船だけでなくスペイン船の使用さえ認めた。このようなイギリス政府の恣意的な政策は、海上封鎖をおこなっていた現場のイギリス海軍にとってさえ悩みの種であった。ペアースは、スペインがフランスと同盟してイギリスと戦争している最中に、イギリス政府から貿易許可のライセンスを得たスペイン船が、フランス私掠船の攻撃から逃れるためイギリス海軍の護衛を要請するような事例があったことを紹介している。

以上、一七九六〜一八〇八年の二回の英西戦争中に、イギリスのスペイン領アメリカとの貿易は、英領自由港貿易、中立国貿易、イギリス商人による中立国船を利用した貿易、あるいはイギリス船によるスペイン領との直接の密貿易など、さまざまなチャンネルをとおしておこなわれ、大量のイギリス製品がスペイン領アメリカに輸出された。一八〇六年末以降のナポレオンの大陸封鎖期には、ヨーロッパとの貿易が困難になったイギリス船はさらにアメリカに向かったため、イギリスのアメリカ世界での交易はますますさかんになった。

一八〇七年秋のフランス軍のスペイン侵攻により、第二次英西戦争は終わり、イギリスとスペイン領間の貿易は平時の状態に戻った。スペイン政府は、この時期においても、植民地と外国の直接貿易を禁止する方針を撤回しなかった。しかし、フランス軍はスペインのほぼ全土に展開し、カディスも数カ月にわたって包囲されたので、スペインは植民地にわずかの船しか送ることができなかった。一方スペイン領アメリカ植民地は本国を無視するようになり、現地支配者が現地立法で植民地と外国の直接貿易を承認した。この時期スペイン領植民地との貿易でもっとも利益を得たのは、英領植民地の自由港である。アメリカ合衆国がイギリスの中立国船攻撃に悩まされた結果、国民に海外貿易を禁じる貿易禁止法(Embargo Act)を発布したことや、米英戦争(一八一二～一五年)も、自由港、とくに合衆国に近いバハマ諸島ナッソー港にプラスに働いた。

ただ合衆国の貿易禁止法は、英領西インドのなかでも砂糖生産に集中し、合衆国産食糧に依存していた地域には、打撃を与えた。そのためイギリスは、一八〇八年に外国船で自由港に食糧が持ち込まれることをはじめて認め、コメ・穀物・穀物粉の輸入を許可した。このとき合衆国船の入港は認められなかったが、スペイン船によって大量の合衆国産食糧が英領に運び込まれるようになる。イギリスは、一二年にはバーミューダを自由港に再追加し、また一七年には北米本土としてはじめてノヴァスコシアとニューブランズウィックに自由港を開き、しかもここにはアメリカ合衆国船が一部の生産物を運び込むことを認めた。

重商主義から自由貿易主義へ

ナポレオン戦争後は長い不況が到来する。この不況を背景に、一八二〇年頃から自由貿易主義が出現し、重商主義的植民地貿易体制は終焉を迎える。この時期はもはや本巻の対象時期ではないが、近世の貿易体制の最終段階であるのでごく手短に概観し、その後に重商主義期における法と経済の関係について再度振り返りたい。

一八二〇年五月八日、アメリカ貿易の代表的商社を率いるアレクサンダ・ベアリングは、ロンドン商人を代表して、外国貿易のさまざまな規制からの解放を求める請願をイギリス議会に提出した。ここでは、貿易の大原則はもっとも安価な市場で購入しもっとも高い市場で売ることであり、この原則に基づき交易することが各国の相互利益になること、外国産物産の輸入が自国の生産活動の縮小に繋がるという論理は誤りであることなどが、主張された。この請願を受けて、上下両院に委員会が設置され、一八二二年に航海法関連で五法案が可決される(3 Geo. Ⅳ c.41, 42, 43, 44, 45)。これらの法は、第一に、十四世紀以来一六六〇年までの膨大な外国貿易にかかわる議会制定法を廃止し、一六六〇年以降の法を一つにまとめるなどの航海法の整理をおこなった。つぎに、アメリカ・西インド貿易について重要な規則が二つ定められた。一つは、列挙品目を含め英領植民地生産物を、自由港から外国に直接輸出することを認めたことである。これは、一六六〇年以来の列挙品目政策の放棄であり、航海法体制からの離脱を画するものであった。二つ目は、合衆国船の自由港への入港を認めたことである。その他に同法は、自由港に、外国産の食糧(穀物・穀物粉・野菜など)や家畜・木材・海軍軍需物資などこれまで禁止されていた物資の輸入を認めたが、以上はみな合衆国で生産されるものであり、合衆国船入港の承認と同趣旨であった。実際には、合衆国とは関税などをめぐって折り合いがつかず、合衆国と英領植民地の貿易が真に自由になるのは一八三〇年からであるが、しかしイギリスの貿易政策の転機としては、この二二年が重要であった。

以降イギリスは、互恵主義を掲げ、イギリスと互恵通商条約を締結し相互に同じ交易条件を課すことを約した国に対しては、英領内でイギリス船と同じ条件で交易することを認めていく。また外国にも、英領植民地生産物の第三国への輸出、つまり中継貿易を認めるようになる。さらに一八四〇年代には、穀物法廃止などとともに、英領植民地生産物に対する特恵関税も廃止され、外国産との関税の同率化が推し進められ、自由貿易体制は完成する。

航海法の諸規制のなかで最後まで残されたのは、イギリス船優遇である。イギリスは、自由貿易体制の初期段階においては、自国船優遇の制度は、貿易自由化とは別の論理、つまり国家防衛の観点から考えるべきであって、絶対に堅持すべき最重要の政策と認識していた。このように自国船優遇を貿易政策としてよりも国防制度として考える見解は、すでにアダム・スミスにみられ、十九世紀のイギリスの政治家は皆この考え方を継承していた。このイギリス船優遇の方針が廃止されるのは、一八四九年六月の「イギリス船舶と海運を奨励するために施行中の諸法を修正するための法」を待たねばならない。

航海法体制あるいはその対極の自由貿易体制が、イギリス本国・植民地の経済にとって有益だったかどうかについては、多くの議論がなされてきた。砂糖などの西インド植民地の商品作物栽培に関していうと、世界各地にこれらの生産が拡大し生産地間の競争が激化した十九世紀半ばに、重商主義から自由貿易体制への転換がおこなわれたことは、深刻なマイナスの影響を与えた。英領植民地生産物は、本国市場での保護を失う一方、世界的競争力はもてないまま敗退していった。

だからといって、航海法体制が植民地の農業や産業を保護していたのかというと、そうではない。航海法体制の目的は、植民地の生産者利害の保護ではなく、本国の商業利害、そして最終的には本国の船舶利害の保護であった。海軍力の維持、そのためにできる限り多くの船舶と訓練された船員を保有すること、このような軍事的意図が航海法には込められており、だからこそ同法廃止の過程ではそれが最後に残った。

ただイギリスの航海法は、スペインやフランスとは違い、最初からその保護の対象に本国船舶だけでなく植民地船舶も含めた。スティールは、一六六〇年以降はイギリスだけでなくニューイングランドにおいて急激な造船業の発達がみられたとする。十七世紀末には、北米の沿岸貿易だけでなく北米大陸＝西インド間の交易も、ほとんどがニューイングランド製の船舶でおこなわれた。それだけでなく、英領アメリカ植民地とフィニステレ岬以南の南欧・地中海・アフリカとの直接交易にも、ニューイングランド船は進出した。スティールは、イギリス航海法体制の最大の受益者はニューイングランドの船舶利害であったともいう。だからこそ合衆国は、独立して航海法体制の傘下からはずれた時にはすでに、世界各地との直接貿易をおこないうる実力を備えていた。航海法体制は、西インドなどのプランテーション型植民地を踏み台としながら、イギリス本国と合衆国を利し、それらを自由貿易時代の勝者へと導いたと結論することが、できるのかもしれない。

Williams, Judith Blow, *British Commercial Policy and Trade Expansion 1750–1850*, Oxford: Clarendon Press, 1972.

■図版出典・提供一覧

Campeche: Artes de México, 46. Ciudad de México, 1999. 145, 155
Chardin, Jean, *Voyages de monsieur le chevalier Chardin en Perse et autres lieux de l'Orient*, 10vols. Amsterdam: Jean Louis de Lorme, 1711. 91
Craton, Michael, *Founded upon the Seas, A History of the Cayman Islands and Their People*, Kingston, Jamaica: Ian Randle Publishers, 2003. 237, 243
Gaastra, Femme S., *The Dutch East India Company: Expansion and Decline*, Zuphen: Walburg Pers, 2003. 23下
Garnier, Derick, *Ayutthaya: Venice of the East,* Bangkok: River Books, 2004. 49, 51
Heuken, Adolf SJ, *Historical Sites of Jakarta*, Jakarta: Yayasan Cipta Loka Caraka, 2007. 42
Kuipers, Jan J.B., *De VOC: een multinational onder zeil, 1602–1799*, Zuphen: Walburg Pers, 2014. 23上, 27
Masefield, John(ed.), *Dampier's voyages*. London, 2017 (1906). 113
Olearius, Adam, *Moskowitische und Persische Reise:die holsteinische Gesandtschaft beim Schah; 1633–1639*, Stuttgart: Thienemann, 1986. 76
Pérez Sosa, Artemio. *Historia de Campeche. 460 años después de su fundación*. iudad de México, 2013. 125
Rouffaer, G.P., J.W.Ijzerman (eds.), *De eerste schpivaart der Nederlanders naar Oost-Indië onder Cornelis de Houtman, 1595–1597: journalen, documenten en andere bescheiden*, Vol. 1, 's-Gravenhage: Martinus Nijhoff, 1915. 35
Vail, Gabrielle, Anthony Aveni(ed.), *The Madrid Codex*. Boulder, 2004. 158
インディアス総合文書館提供 123上, 下, 165
三木聰提供 197
守川知子提供 67下, 83

Allen, Joseph, *The Navigation Laws of Great Britain: Historically and Practically Considered: with Reference to Commerce and National Defense*, London: Baily Brothers, 1849.

Andrews, Charles M., *The Colonial Period of American History. England's Commercial and Colonial Policy.* Vol. 4, New Haven: Yale University Press 1938.

Armitage, David, *The Ideological Origins of the British Empire*, Cambridge University Press, 1997.（平田雅博・岩井淳・大西晴樹・井藤早織訳『帝国の誕生　ブリテン帝国のイデオロギー的起源』日本経済評論社 2005 年）

Armytage, Frances, *The Free Port System in the British West Indies. A Study in Commercial Policy, 1766–1822*, Longmans, London: Green And Co., 1953.

Beer, George Louis, *The Origin of the British Colonial System 1578–1660*, New York: Macmillan, 1908.

Beer, George Louis, *The Old Colonial System 1660–1754*. Part1 & Part 2, New York: Macmillan, 1912.

Blerald, Alain-Philippe, *Histoire economique de la Guadeloupe et de la Martinique du XVIIe siècle à nos jours*, Karthala, Paris, 1986.

Dickerson, Oliver M., *The Navigation Acts and the American Revolution*, University of Pennsylvania Press, 1951.

Fisher, John R., *The Economic Aspects of Spanish Imperialism in America, 1492–1810*, Liverpool University Press, 1997.

Harper, Lawrence A., *The English Navigation Laws. A Seventeenth-Century Experiment in Social Engineering*, New York: Columbia University Press, 1939.

Haudrère, Philippe, *L'Empire des Rois 1500/1789*, Paris: Denoël, 1997.

Manning, Helen Taft, *British Colonial Government after American Revolution, 1782–1820*, Yale University Press, 1933.

Palmer, Colin A., *Human Cargoes. The British Slave Trade to Spanish America, 1700–1739*, University of Illinois Press, Urbana, 1981.

Pearce, Adrian J., *British Trade with Spanish America, 1763–1808*, Liverpool University Press, 2007.

Pritchard, James, *In Search of Empire. The French in the Americas, 1670–1730*, Cambridge University Press, 2004.

Schuyler, Robert Livingston, *The Fall of the Old Colonial System. A Study in British Free Trade 1770–1870*, Oxford University Press, 1945.

Stahl, Kathleen M., *The Metropolitan Organiazation of British Colonial Trade. Four Regional Studies*, London: Faber & Faber Limited, 1951.

科学研究所 1993 年
松丸道雄・池田温・斯波義信・神田信夫・濱下武志（編）『世界歴史大系　中国史 4 明～清』山川出版社 1999 年
三木聰『明清福建農村社会の研究』北海道大学図書刊行会 2002 年
三木聰『伝統中国と福建社会』汲古書院 2015 年
三木聰「明清交替期の地方士大夫と旅――福建寧化県の李世熊を中心として」守川知子（編）『移動と交流の近世アジア史』北海道大学出版会 2016 年
三木聰・山本英史・高橋芳郎（編）『伝統中国判牘資料目録』汲古書院 2010 年
森正夫『森正夫明清史論集　第 2 巻　民衆反乱・学術交流』汲古書院 2006 年
森正夫『森正夫明清史論集　第 3 巻　地域社会・研究方法』汲古書院 2006 年
戴一峰『区域性経済発展与社会変遷――以近代福建地区為中心』岳麓書社 2004 年
傅家麟（編）『福建省農村経済参考資料彙編』福建省銀行経済研究室　1942 年
傅衣凌『傅衣凌著作集　明清農村社会経済／明清社会経済変遷論』中華書局 2007 年
福建省地方志編纂委員会（編）『福建省歴史地図集』（中華人民共和国地方志・福建省志）福建省地図出版社 2004 年
福建師範大学歴史系（編）『明清福建経済契約文書選輯』人民出版社 1997 年
王業鍵『清代経済史論文集（二）』稲郷出版社 2003 年
楊国楨『明清土地契約文書研究　修訂版』中国人民大学出版社　2009 年
楊国楨・陳支平『明清時代福建的土堡』国学文献館 1993 年
C'hu, T'ung-tsu, *Local Government in China under the C'hing*, Harvard University Press, 1962.

5章　近世西欧諸国のアメリカ植民地体制における法と経済

宇治田富造『重商主義植民地体制論 I・II』青木書店 1972 年
藤井真理『フランス・インド会社と黒人奴隷貿易』九州大学出版会 2001 年
笠井俊和『船乗りがつなぐ大西洋世界　英領植民地ボストンの船員と貿易の社会史』晃洋書房 2017 年
豊原治郎「セントローレンス河商品流通史序説」『（山崎紀男教授古稀記念特集）関西大学商学論集』関西大学商学会編 19 巻 3・4 号 1974 年
木村和男「イギリス「旧植民地体制」の崩壊とカナダ――「自由貿易帝国」下の植民地」『土地制度史学』27 巻 3 号 1985 年
立石博高「「自由貿易」規制（1778 年）とスペイン経済」『地中海論集』1989 年
服部春彦『フランス近代貿易の生成と展開』ミネルヴァ書房 1992 年
浜忠雄「フランス旧植民地体制の諸問題（II）」『北海道教育大学紀要』27 巻 2 号 1977 年
四元忠博『イギリス植民地貿易史研究』時潮社 1984 年

Hanna, Mark G., *Pirate Nests and the Rise of the British Empire, 1570–1740*, Chapel Hill, University of North Carolina Press, 2015.
Jones, Grant D., *The Conquest of the Last Maya Kingdom*, Stanford, Stanford University Press, 1998.
Juárez, Juan, *Piratas y Corsarios en Veracruz y Campeche*, Sevilla, Escuela de Estudios Hispanoamericanos, 1972.
López Lázaro, Fabio, *The Misfortunes of Alonso Ramírez: The True Adventures of a Spanish American with 17th-Century Pirates*, Austin: University of Texas Press, 2011.
Marichal, Carlos & Grafenstein, Johanna von, *El Secreto del Imperio Español: Los Situados Coloniales en el Siglo XVIII*, México, El Colegio de México, 2012.
Molina Solis, Juan Francisco, *Historia de Yucatán durante la dominación española*, 3 vols., Mérida, Imprenta de la Loteria del Estado, 1904–13.
Patch, Robert, *Maya and Spaniards in Yucatan, 1648–1814*, Stanford, Stanford University Press, 1993.
Pearce, Adrian J., *The Origins of Bourbon Reform in Spanish South America, 1700–1763*, London, Palgrave MacMillan, 2014.
Restall, Matthew, *The Black Middle: Africans, Mayas, and Spaniards in Colonial Yucatan*, Stanford, Stanford University Press, 2009.
Roys, Ralph L., *The Book of Chilam Balam of Chumayel*, Washington D.C.: Carnegie Institution, 1933.
Villagutierre Sotomayor, Juan de, *Historia de la conquista de la provincia del Itza*, Madrid, 1701.

４章　中国福建省の社会空間

吾妻重二(訳注)『馮友蘭自伝 1――中国現代哲学者の回想』平凡社 2007 年
今村仁司「社会空間の概念」西井涼子・田辺繁治(編)『社会空間の人類学――マテリアリティ・主体・モダニティ』世界思想社 2006 年
岸本美緒「明清契約文書」滋賀秀三(編)『中国法制史――基本資料の研究』東京大学出版会 1993 年
北村敬直『清代社会経済史研究　増補版』朋友書店 1978 年
蔡驎『汀江流域の地域文化と客家――漢族の多様性と一体性に関する一考察』風響社 2005 年
滋賀秀三『清代中国の法と裁判』創文社 1984 年
寺田浩明『中国法制史』東京大学出版会 2018 年
夫馬進「明清時代の訟師と訴訟制度」梅原郁(編)『中国近世の法制と社会』京都大学人文

Society, 1902.
Thomas, David and John Chesworth (eds.), *Christian-Muslim Relations: A Bibliographical History, Vol 10 Ottoman and Safavid Empires (1600-1700)*, Leiden and Boston: Brill Academic Publishers, 2017.

３章　海賊と先住民に悩まされるスペイン領ユカタン植民地

青山和夫『マヤ文明――密林に栄えた石器文化』岩波新書 2012年
青山和夫『マヤ文明を知る事典』東京堂出版 2015年
コーディングリ，デイヴィッド(編)(増田義郎監修，増田義郎・竹内和世訳)『図説海賊大全』東洋書林 2000年
コルテス，エルナン(伊藤昌輝訳)『コルテス報告書簡』法政大学出版局 2015年
ダンピア，ウィリアム(平野敬一訳)『最新世界周航記(上・下)』岩波文庫 2007年
ディーアス・デル・カスティーリョ，ベルナール(小林一宏訳)『メキシコ征服記』(大航海時代叢書エクストラ・シリーズ)岩波書店 1986年
増田義郎『略奪の海カリブ――もうひとつのラテン・アメリカ史』岩波書店 1989年
ランダ，ディエゴ(林屋永吉訳)『ユカタン事物記』(大航海時代叢書第Ⅱ期 13)岩波書店 1982年
レディカー，マーカス(和田光弘他訳)『海賊たちの黄金時代――アトランティック・ヒストリーの世界』ミネルヴァ書房 2014年
Andrews, Anthony A., *Maya Salt Production and Trade*, Tucson, University of Arizona Press, 1983.
Baskes, J., *Indians, Merchants, and Markets: A Reinterpretation of the Repartimientos and Spanish-Indian Economic Relations in Colonial Oaxaca, 1750-1821*, Stanford: Stanford University Press, 2000.
Benton, Lauren, *A Search for Sovereignty: Law and Geography in European Empires, 1400–1900*, Cambridge, Cambridge University Press, 2009.
Bracamonte y Sosa, Pedro, *La conquista inconclusa de Yucatán. Los mayas de la montaña, 1560-1680*, México, Miguel Ángel Porrúa, 2001.
Contreras Sánchez, Alicia del C., *Historia de una tintórea olvidada: El proceso de explotación y circulación del palo de tinte, 1750-1807*, Mérida, Universidad Autónoma de Yucatán, 1990.
Eugenio Martínez, María Angeles, *La defensa de Tabasco, 1600-1717*, Sevilla, Escuela de Estudios Hispanoamericanos, 1971.
Farriss, Nancy, *Maya Society under Colonial Rule. A Collective Enterprise of Survival*, Princeton, Princeton University Press, 1992.

Bournoutian, Costa Mesa: Mazda Publishers, 2010.
Aslanian, Sebouh D., *From the Indian Ocean to the Mediterranean*, Berkeley, New York and London: University of California Press, 2011.
Baghdiantz-McCabe, Ina, "The Socio-Economic Conditions in New Julfa Post-1650: The Impact of Conversions to Islam on International Trade," *Revue des etudes arméniennes* 26, 1996–97.
Baghdiantz-McCabe, Ina, "Princely Suburb, Armenian Quarter or Christian Ghetto?: The Urban Setting of New Julfa in the Safavid Capital of Isfahan (1605–1722)," *Revue des mondes musulmans et de la Méditerranée* 107–110, 2005.
Baibourtian, Vahan, *International Trade and the Armenian Merchants in the Seventeenth Century,* New Delhi: Sterling Publishers, 2004.
Carswell, John, *New Julfa: The Armenian Churches and Other Buildings,* Oxford: Oxford University Press, 1968.
Chaudhury, Sushil and Kéram Kévonian (eds.), *Armenians in Asian Trade in the Early Modern Era*, New Delhi: Manohar, 2007.
Der Hovhanian (Ter Hovhanian), Harootun, *Tārīkh-i Julfā-yi Iṣfahān (History of New Julfa)*, Trans. by L. Minassian & M. Fereydani, Esfahan: Zende Rood & Naghsh-e Khorshid, 2000.
Ghougassian, Vazken S., *The Emergence of the Armenian Diocese of New Julfa in the Seventeenth Century,* Atlanta, Ga.: Scholars Press, 1998.
Höltzer, Ernst, *Persien vor 113 Jahren*, Tehran: Kultur-und Kunstministeriums Zentrum fur die Persische Ethnologie, 1975.
Hovannisian, Richard (ed.), *Armenian Smyrna/Izmir: The Aegean Communities,* California: Mazda Publishers, 2012.
Hovannisian, Richard and Simon Payaslian (eds.), *Armenian Constantinople*, California: Mazda Publishers, 2010.
Khanbaghi, Aptin, *The Fire, the Star and the Cross: Minority Religions in Medieval and Early Modern Iran*, London: I. B. Tauris, 2006.
Krusiński, T. J., *The History of the late Revolutions of Persia*, 2 vols., London: printed for J. Pemberton, 1728.
Malcolm, John, *The History of Persia*, 2 vols., London: John Murray, 1829.
Tavernier, Jean Baptiste, *Les six voyages de Turquie et de Perse*, 2 vols. Paris: François Maspero, 1981.
Teixeira, Pedro, *The Travels of Pedro Teixeira with his kings of Harmuz and extracts from his kings of Persia*, Trans. by W. F. Sinclair with D. Ferguson, London: The Hakluyt

Reid, Anthony, *Southeast Asia in the Age of Commerce, 1450–1680*, Vol. 1: *The Lands below the Winds*, Vol. 2: *Expansion and Crisis*, New Haven: Yale University Press, 1988, 1993. 邦訳：アンソニー・リード(平野秀秋・田中優子訳)『大航海時代の東南アジア：1450–1680 年』全 2 巻，法政大学出版局 2002 年

Shimada, Ryuto, *The Intra-Asian Trade in Japanese Copper by the Dutch East India Company*, Leiden and Boston: Brill Academic Publishers, 2006.

Souza, George Bryan, *The Survival of Empire: Portuguese Trade and Society in China and the South China Sea, 1630–1754*, Cambridge: Cambridge University Press, 1986.

Vries, Jan de, "Connecting Europe and Asia: A Quantitative Analysis of the Cape-route Trade, 1497–1795," in: Dennis O. Flynn *et al.* (eds.) *Global Connections and Monetary History*, 1470–1800, Aldershot: Ashgate, 2003.

Yao, Keisuke, "Two Rivals on an Island of Sugar: The Sugar Trade of the VOC and Overseas Chinese in Formosa in the Seventeenth Century," in: Leonard Blussé (ed.) *Around and About Formosa: Essays in honor of Professor Ts'ao Yung-ho*, Taipei: Ts'an Yung-ho Foundation for Culture and Education, 2003.

2章　あるアルメニア人改宗者の遍歴にみる宗教と近世社会

シャルダン(佐々木康之・佐々木澄子訳)『ペルシア紀行』(17・18 世紀大旅行記叢書 6)岩波書店 1993 年

シャルダン(岡田直次訳注)『ペルシア見聞記』平凡社東洋文庫 1997 年

羽田正編『シャルダン『イスファハーン誌』研究――17 世紀イスラム圏都市の肖像』東京大学出版会 1996 年

ブルヌティアン，ジョージ(小牧昌平監訳・渡辺大作訳)『アルメニア人の歴史――古代から現代まで』藤原書店 2016 年

ブロー，デイヴィッド(角敦子訳)『アッバース大王――現代イランの基礎を築いた苛烈なるシャー』中央公論新社 2012 年

三代川寛子編『東方キリスト教諸教会――研究案内と基礎データ』明石書店 2017 年

守川知子「地中海を旅した二人の改宗者――イラン人カトリック教徒とアルメニア人シーア派ムスリム」長谷部史彦編『地中海世界の旅人』慶應義塾大学 2014 年

Abgar ʻAlī Akbar, *Iʻtirāf-nāma*, Ed. by M. Sefatgol, Tehran: Ketābkhāne-ye Majles-e Showrā-ye Islāmī, 2010.

A Chronicle of the Carmerites in Persia: The Safavids and the Papal Mission of the 17th and 18th Centuries, Ed. and Trans. by H. Chick, 2 vols., London: Tauris Academic Studies, 2012.

Aṛakʻel of Tabriz, *Book of History*, Introduction and Annotated Translation by G. A.

会社——『スレイマーンの船』との関連で」『史朋』47 2014年
鈴木康子『近世日蘭貿易史の研究』思文閣出版 2004年
スミス，アダム（杉山忠平訳）『国富論』全4巻，岩波文庫 2000-2001年
対外関係史総合年表編集委員会編『対外関係史総合年表』吉川弘文館 1999年
長島弘「「訳詞長短話」のモウル語について——近世日本におけるインド認識の一側面」『長崎県立国際経済大学論集』19(4) 1986年
長島弘「17世紀におけるムスリム商人の日本来航について」『東西海上交流史研究』1, 1989年
永積洋子『唐船輸出入品数量一覧 1637〜1833年：復元唐船貨物改帳・帰帆荷物買渡帳』創文社 1987年
永積洋子『朱印船』吉川弘文館 2001年
ハウトマン，ファン・ネック（渋沢元則訳）『東インド諸島への航海』岩波書店，1981年
蓮田隆志「朱印船貿易・日本町関連書籍所載地図ベトナム部分の表記について」『資料学研究』12 2015年
羽田正『東インド会社とアジアの海』講談社 2007年
守川知子「インド洋海域世界のイラン人——シャムにわたった人びとを中心に」守川知子編『移動と交流の近世アジア史』北海道大学出版会 2016年
八百啓介『近世オランダ貿易と鎖国』吉川弘文館 1998年
和田郁子「インド・ゴールコンダ王國における君主と港市・海上交易の関係——スルターン・アブドゥッラー（1626-72）の治世を中心に」『東洋史研究』66(1) 2007.
Blussé, Leonard, *Strange Company: Chinese Settlers, Mestizo Women and the Dutch in VOC Batavia*, Dordrecht and Riverton: Foris Publications, 1986.
Fujita, Kayoko, "Metal Exports and Textile Imports of Tokugawa Japan in the 17th Century: The South Asian Connection," in: Kayoko Fujita, *et al.* (eds.), *Offshore Asia: Maritime Interactions in Eastern Asia before Steamships*, Singapore: Institute of Southeast Asian Studies, 2013.
Gaastra, Femme S., *The Dutch East India Company: Expansion and Decline*, Zutphen Walburg Pers, 2003.
Garnier, Derick, *Ayutthaya: Venice of the East*, Bangkok: River Books, 2004.
Jacobs, Els M., *Merchant in Asia: The Trade of the Dutch East India Company during the Eighteenth Century*, Leiden: CNWS Publications.
Heuken, Adolf SJ, *Historical Sites of Jakarta*, Jakarta: Yayasan Cipta Loka Caraka, 2007.
Kuipers, Jan J.B., *De VOC: een multinational onder zeil, 1602-1799*, Zuphen: Walburg Pers, 2014.
O'Kane, John (trans.), *The ship of Sulaimān*, London and New York: Routledge, 2008.

■参考文献

総論　近世世界の変容

青木敦「「近世」と「アーリー・モダン」」青木敦編『世界史のなかの近世』慶應義塾大学出版会 2017年
荒野泰典「近世的世界の成熟」荒野泰典・石井正敏・村井章介編『近世的世界の成熟』吉川弘文館 2010年
アレン，R.C.(眞嶋史叙・中野忠・安元稔・湯沢威訳)『世界史のなかの産業革命——資源・人的資本・グローバル経済』名古屋大学出版会 2017年
岸本美緒『東アジアの「近世」』(世界史リブレット 13)山川出版社 1998年
岸本美緒「中国史における「近世」の概念」『歴史学研究』821 2006年
島田竜登「オランダ東インド会社のアジア間貿易——アジアをつないだその活動」『歴史評論』664 2003年
永井和「東アジア史の「近世」問題」夫馬進編『中国東アジア外交交流史の研究』京都大学学術出版会 2007年
奈良修一『鄭成功——南海を支配した一族』(世界史リブレット人 42)山川出版社 2016年
ポメランツ，K.(川北稔監訳)『大分岐——中国，ヨーロッパ，そして近代世界経済の形成』名古屋大学出版会 2015年

1章　アジア海上貿易の転換

石井米雄，吉川利治『日・タイ交流六〇〇年史』講談社 1987年
岩生成一「三百年前に於ける台湾砂糖と茶の波斯進出」『南方土俗』2(2) 1933年
大橋厚子『世界システムと地域社会——西ジャワが得たもの失ったもの 1700-1830』京都大学学術出版会 2010年
栗原福也「十七・八世紀の日本=シャム貿易について」『経済と社会——東京女子大学社会学会紀要』22 1994年
島田竜登「唐船来航ルートの変化と近世日本の国産代替化——蘇木・紅花を事例として」『早稲田経済学研究』49 1999年
島田竜登「18世紀におけるオランダ東インド会社の錫貿易に関する数量的考察」『西南学院大学経済学論集』44(2/3) 2010年
島田竜登「銅からみた近世アジア間貿易とイギリス産業革命」水島司編『グローバル・ヒストリーの挑戦』山川出版社 2008年
島田竜登「17・18世紀におけるアユッタヤー朝のアジア域内貿易とオランダ東インド

三木　聰(みき　さとし)
1951年生まれ。北海道大学大学院文学研究科博士後期課程単位取得退学，博士(文学)
専攻　中国明清史。北海道大学名誉教授
〈主要著書〉
『明清福建農村社会の研究』(北海道大学図書刊行会，2002)
『伝統中国と福建社会』(汲戸書院，2015)
『宋-清代の政治と社会』(編著)(汲古書院，2017)
『伝統中国判牘資料目録』(共編)(汲古書院，2010)

川分圭子(かわわけ　けいこ)
1963年生まれ。京都大学大学院文学研究科博士後期課程退学，博士(文学大学)
専攻　イギリス近代史。京都府立大学文学部教授
〈主要著書・訳書〉
『ボディントン家とイギリス近代——ロンドン貿易商1580-1941年』(京都大学出版会，2017)
『商業と異文化の接触——中世後期から近代におけるヨーロッパ国際商業の生成と展開』(共編著)(吉田書店，2017)
ロン・ハリス『近代イギリスと会社法の発展——産業革命期の株式会社1720-1844年』(訳書)(南窓社，2013)

著者紹介(執筆順)

島田竜登(しまだ　りゅうと)
1972年生まれ。早稲田大学大学院経済学研究科博士後期課程退学, Ph.D.(ライデン大学)
専攻　南・東南アジア史, アジア経済史, グローバル・ヒストリー。東京大学大学院人文社会系研究科准教授
〈主要著書〉
The Intra-Asian Trade in Japanese Copper by the Dutch East India Company during the Eighteenth Century. (Leiden and Boston: Brill Academic Publishers, 2006)
『アジア経済史研究入門』(共編著)(名古屋大学出版会, 2015)
『歴史に刻印されたメガシティ』(共編著)(東京大学出版会, 2016)
『グローバル経済史』(共著)(放送大学教育振興会, 2018)

守川知子(もりかわ　ともこ)
1972年生まれ。京都大学大学院文学研究科博士後期課程研究指導認定退学, 博士(文学)
専攻　イラン史, 西アジア社会史。東京大学大学院人文社会系研究科准教授
〈主要著書〉
『シーア派聖地参詣の研究』(京都大学学術出版会, 2007)
『移動と交流の近世アジア史』(編著)(北海道大学出版会, 2016)
Vestiges of the Razavi Shrine, Āthār al-Rażavīya: a Catalogue of Endowments and Deeds to the Shrine of Imam Riza in Mashhad (共編著)(The Toyo Bunko, 2017)

伏見岳志(ふしみ　たけし)
1972年生まれ。東京大学大学院総合文化研究科博士課程修了, 博士(学術)
専攻　大西洋史, ラテンアメリカ史。慶應義塾大学商学部准教授
〈主要著書〉
La economía marítima en España y las Indias. (共著)(Ayuntamiento de San Fernando, 2015)
『女性から描く世界史――17〜20世紀への新しいアプローチ』(共編著)(勉誠出版, 2016)
『ラテンアメリカ出会いのかたち』(共著)(慶應義塾大学出版会, 2010)

歴史の転換期7

1683年　近世《きんせい》世界《せかい》の変容《へんよう》

2018年12月20日　1版1刷　印刷
2018年12月25日　1版1刷　発行

編者――――島田竜登

発行者―――野澤伸平

発行所―――株式会社　山川出版社
〒101-0047　東京都千代田区内神田1-13-13
電話　03(3293)8131(営業)　8134(編集)
https://www.yamakawa.co.jp/
振替　00120-9-43993

印刷所―――図書印刷株式会社

製本所―――株式会社ブロケード

装幀――――菊地信義

　ISBN978-4-634-44507-9

1683年の世界

ロシア帝国
モスクワ
神聖
ローマ帝国
ウィーン
ヴェネツィア
トラブゾン
アルメニア
イスタンブール
タブリーズ
サファヴィー朝
オスマン朝
イスファハーン
ムガル朝
コルカタ
ゴア
コチ
清
北京
日本
福州
厦門
マカオ
太平洋
ホイアン
アユタヤ
アチェ
マラッカ
スマトラ島
マルク諸島
バンテン
ジャワ島
バタヴィア
インド洋